# 自由の条件

The Constitution of Liberty:
Part I
The Value of Freedom

F・A・ハイエク
気賀健三・古賀勝次郎［訳］

## Ⅰ 自由の価値

（普及版）

春秋社

F.A.Hayek

# The Constitution of Liberty

# 凡例

一．原典のページは下部欄外に示した。

一．本文中のイタリックの箇所は原則として黒丸の傍点・・・を付した。ただし、書名、雑誌名は『　』で示し、表題および表題に類するもの、およびギリシャ語、ラテン語などには傍点を付していない。

一．原典で、人名、地名などの固有名詞、習慣的に大文字で書く名詞を除き、本文中に出てくる大文字は白丸の傍点○○○を付した。

一．原注は（1）のように示し、本文の後にまとめた。訳者注は〔　〕で示し、本文中またはその近くに挿入した。

一．引用符は「　」で、二重引用符は『　』で示した。

一．各巻のなかに出てくる他巻の参照ページは、原典のページで示した。

一．人名、地名などの固有名詞は原則として原語読みにしたがって表記した。

一．人名・事項索引は、Ⅲの巻末に一括した。

# 解題

本書は、一九六〇年に刊行された *The Constitution of Liberty*, Routledge & Kegan Paul（London）の全訳であるが、邦訳に際して、分量の関係上、三部からなるものをそれぞれの部ごとに分冊とした。同書は同年、University of Chicago Press（Chicago）と University of Toronto Press（Toronto）からも出版されている。一九七二年には、Henry Regnery Co. Gateway Edition（Chicago）からペーパーバックが出された。外国語訳も多く、スペイン語訳、ドイツ語訳、イタリア語訳、中国語訳などがある。

本書には、はじめ種々の雑誌に載せた論文を修正した章も数章ある。初出誌名などは原注の各章のはじめに記されているので参照されたい。また、第一一章、第一三〜一六章は、一九五五年に刊行された小冊子 *The Political Ideal of the Rule of Law*（Cairo: National Bank Egypt）にかなり手が加えられているが、内容に大きな異同はない。

なお、本書の書名の邦訳については、I（本書）の旧版解説を参照されたい。

（古賀勝次郎）

# 目次

# 自由の条件

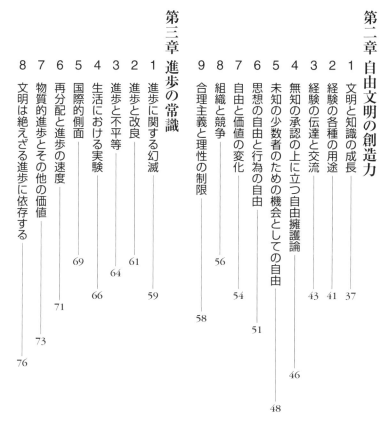

## 第二章　自由文明の創造力



## 第三章　進歩の常識

## 第六章　平等、価値およびメリット



## 第七章　多数決の原則

## 第八章　雇用と独立

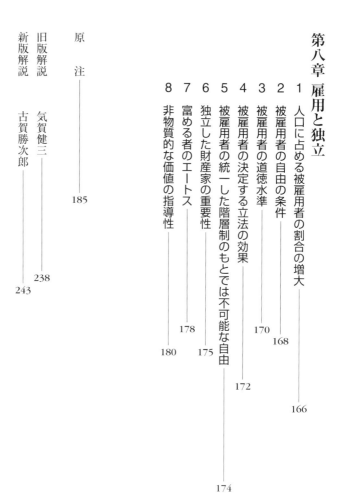

# 自由の条件

われわれの研究は完全なものを追い求めるのではない。そういうものが人間のなかに発見されないことをわれわれはよくわきまえている。われわれが求めるのは、不便を伴うことのもっとも少ない、あるいは、もっとも許容できるあの人間の条件（human Constitution）である。

アルジャーノン・シドニー（Algernon Sidney）

アメリカに
成長しつつある
未知の文明のために

# まえがき

本書の目的は序言で説明してある。そしてわたくしの受けた恩恵については巻末の文章で謝意をあらわした。わたくしにとってなすべくしてなお残っていることは、一つの警告を発することと、一つの弁明を述べることである。

本書は科学がわれわれに説くことにはあまりかかわっていない。もしわたくしが経済学の研究に生涯の大半を捧げなかったならば、またいくつかのその他の社会科学の結論をもっと最近になってよく身につけるよう努めなかったならば、この本を書くことはできなかったかもしれない。とはいうものの、わたくしは本書では事実にのみかかわってはいないし、また因果関係の叙述にとらわれてもいない。わたくしの目的は一つの理想を描くこと、どうすればそれが実現できるかを明らかにすること、そしてその実現が現実において何を意味するかを説明することである。そのためには、科学的議論は一つの手段であって目的ではない。わたくしは自分たちの住んでいる世界について知っていることを正直に利用した。読者である皆さんは、わたくしが科学的知識を用に供したいくつかの価値を承認するかどうかは、自分自身で決めなくてはならない。

弁明というのは、特別の事情のために、わたくしがその努力の結果を読者に提供する決心をしたことについてである。仕事が野心的であればあるほど、その成果が不適当なものになるのは止むをえないことであろう。本書のごとく主題が包括的なものについては、それをできる限りよいものにしようとすれば人の能力のつづく限り試みても決して完成されるものではない。これをいうべきであったとかあれをいうべきであったとかは必ずあとで気がつくし、またもしもっと長く努力を払っていたらこう訂正しただろうということもあとでわかってくるに違いない。読者への尊敬を示すには、自分で満足しうる程度に完了した作品を提供しなくてはならない。しかしながらそうだとすれば、もうこれ以上の改良を望みえないところまで待つべきだということにならざるをえないのではないか。少なくとも問題が多くのほかの人たちが積極的に取りあげている種類のものである以上、もうだれもまったく改良のできる余地がないと確信するまで出版を遅らせることは、自分自身の重要性を高く評価しすぎることだと受けとられさえするであろう。もしもある人が分析を一歩進めた——わたくしは自分ではそうしたと思っている——のであれば、その人によるより一層の努力は急速に収益を逓減する傾向があるようである。多分、別の人がさらに優れた資格をもって、わたくしの貢献しようとした考案物にもう一段煉瓦を置くことになるであろう。わたくしが主張しようと思うのは、どうすればこの主要な議論をもっと簡略な形で適切に表明できるかわからなくなるまでこの書物に苦心をしたいということだけである。

また読者も知っておいていいと思うことは、本書をアメリカで書き、そして約一〇年間アメリカの住人となってはいるものの、一人のアメリカ人として書くのだとは主張できないことである。わたくしの心は故郷オーストリアで過ごした一青年として、それからイギリスにおける壮年期の二〇年間によって形成されてきた。わたくしはイギリスの一市民となった、そしていまもイギリスの一市民である。わたくし自身についてこの事実を報告することは、読者にとっていくらかの助けになるかもしれない。というのは、本書は大部分こうした背景の産物だからである。

一九五九年五月八日　シカゴにて

F・A・ハイエク

# 序　言

われわれを現在の位置に到達せしめた途は何であったか。われわれの偉大さを育てあげた政治形態は何であり、それを生みだした国民的習慣は何であったのか。……法律について考えれば、それらは、個々において異なるすべての人間に対して平等なる正義をもたらしている。……われわれが政府のもとで享受している自由は、われわれの日常生活にまで及んでいる。……しかし、人間関係における気安さが、われわれを市民として野放図なものにしているということではない。それどころか、われわれの安全を保障しているのは、主にそうした懸念とは正反対のものである。調停人やさまざまな規則、とりわけ怪我人の保護といったことに従うようにと教えることである。文書にはっきりと記されたものであろうと、あるいは成文化されてはいなくても、不名誉をみずから認めることなしには犯すことのできない規律に属するものであろうとに、かかわらずである。

ペリクレス（Pericles）

もし古い真理を人びとの心裡に留めておこうとするならば、後につづく世代の言葉と概念をもってそれを繰り返しておかなければならない。あるときにきわめて有効な表現であるものも、しだいに使い古されてくると明確な意味が伝わりにくくなる。その中に含まれている考えはいつまでも有効かもしれないが、その言葉は現在のわれわれにかかわる問題について述べる場合、もはや同じ確信を伝えるものではなくなる。議論はわれわれに身近な文脈の中では進行せず、古い言葉はわれわれの問うている疑問について、ほとんど直接的な解答を与えてくれない。[1]これは止むをえないことかもしれない。というのは、人びとの心を支配するような一つの理想を完全に述べることはできないからである。それはある一定の世論の空気に適応しなければならないし、その理想がその時代のすべての人びとによって受けいれられているということを前提にしなければならず、さらにはかれらに関心のある問題によせて一般的原則を説明しなくてはならないからである。

近代西欧文明を奮いたたせた自由の理想、その部分的な実現によりこの文明はさまざまな成果を挙げることができたが、それが効果的に再叙述されて以来すでに久しい時が経っている。[2]事実ほぼ一世紀にわたり、この文明のよって立つ基本原則はますます無視され忘却されてきている。人びとは文明の基礎となる諸原則に関する理解や利用法を改良しようと試みるよりも、それに代わる社会秩序を求めることのほうが多かった。[3]われわれはある全然違った体制に直面してはじめて、自らの目的についての明白な概念をすっかり失っていたことに、敵対者の教条主義的なイデオロギーに対抗できる確固たる原則をもっていないことに気がついたのである。

全世界の人びとの道徳的支持を得ようとする闘いにおいて、確固たる信念を欠くことは西欧にとって非常な不利益をもたらしている。西欧の知的指導者たちの気分を久しく特徴づけてきたものは、西欧文明の原則に対する幻滅、もたらされた成果に対する過小評価、そして「よりよい世界」の創造に専心することであった。これでは後継者を得ようと望むことのできる状態ではない。もし現におこなわれているイデオロギーの大いなる闘争に勝利しようとするならば、われわれは自らの確信を何よりもまず知らなくてはならない。もしわれわれが漂流状態から身を守ろうとするならば、自ら保持しようとするものが何であるかについて、自分自身の心のなかでもまた明白にならなくてはならない。他の諸国との関係において、われわれの理想を明白に説明することが同様に必要である。今日の外交政策は、どの政治哲学が相手にたいして勝利を収めるかの問題であることが多い。そしてわれわれが本当に生き残りうるかどうかは、世界のなかで十分強い部分を再び共通の理想のもとに結集する能力に依存するであろう。

われわれはこの仕事をまことに不利な条件のもとで遂行しなければならないであろう。世界の大部分の国民が西欧の文明から借用し西欧の理想を取りいれたのは、ちょうど西欧が自らに自信がもてなくなり今あるものをもたらした伝統にたいして大いに信念を失ってしまったときなのである。それは西欧の知識人が自由にたいする確固たる信念を広範囲にわたって放棄してしまったときであった。この信念が西欧において全文明の成長の要因たる諸力を十全に活用できるようにすることにより、それまでになかったほど急速な成長を可能にしたのである。したがって、発展途上国から来て自国民にたいする思想の唱道者となった人たちが西欧で学んでいるあいだに覚えたことは、西欧がその文明をいかにして構築したかではなく、主としてその文明の成功から派生した別の選択肢を空想することであった。

この展開はとくに悲劇的である。というのは西欧に学んだ人たちの活動の基となっている信念は、西欧の成果のいくつかをより迅速にその国へ模倣させることを可能にするかもしれないが、かれら独自の貢献を自国にもたらすことを妨げることにもなるからである。西欧の歴史的発展の結果であるすべてを別の文化的基盤のもとへと移殖することはできないし、またすべきでもない。そして西欧の影響下にあるこれらの地域において最終的に生ずるいかなる種類の文明であろうとも、それが上からあてがわれる場合よりはむしろ成長にまかされる場合のほうがより早く適切な形をとることになるだろう。ときに反論されることもあるが、もし自由な進化の必要条件――個人的創意の精神――が欠けるということが真であるなら、その精神なしにはたしかに活力ある文明はいずこでも育たない。この精神が実際に欠けている場合には、最初の仕事はそれを覚醒させることである。これは自由な制度のもとでならおこなわれるが、統制的な制度のもとではそうではない。

西欧に関するかぎり、ある種の基本的な価値について、今なお広い一致がここに存在することを望まずにはいられない。しかしこの一致はもはや明白ではない。もしこれらの価値の力を回復させようとするのならば、包括的な再叙述と再立証がただちに必要である。首尾一貫した自由主義の見解の拠り所となりうる全哲学を十分に説明している著作、すなわち自由主義の理想を理解しようと思って紐解くことのできる著作はないように思われる。「西欧の政治的伝統」がいかにして育ったかに関する歴史的叙述については、いくつかの立派なものがある。しかしこれらの著作がわれわれに語るものは「大部分の西欧の思想家の目的は、すべての個人が支配者の自由裁量権に依存することを最小限にしつつ、過去において定められた権利と義務の中で、自らの行動を決定する特権と責任を享受できるような社会を建設することにあったのだ」[4]ということである。ところが、わたくしの知るかぎりでは現在の具体的な問題に適用したなら、これが何を意味するのか、あるいはこの思想を究極的に正当づける根拠は何であるかを説明するものはない。

近年、自由社会における経済政策の原則に関して久しく広がっていた混乱を整理しようとする優れた努力がおこなわれてきている。わたくしはその分析を過小評価するつもりはない。しかし、わたくしは今でも主として経済学者を自認してはいるものの、現代の切迫した多くの社会問題にたいする解答は、技術的な経済学や他のどんな単一の学問分野であろうとも、究極的にはそれらの領域外にある原則を認めることにこそ求められるべきだ、とますます感じるようになってきた。それはわたくしがもともと経済政策問題への興味からはじめたことに由来するものであるが、徐々に自由の哲学の基本原理を包括的に再叙述することにより、これらの問題にアプローチするという野心的でおそらくは出過ぎた仕事に導かれるようになってきたのである。

しかし、わたくしはこうして自ら技術的な細部にいたるまですっかり熟知していると主張できる範囲を超えてまで冒険を試みるにあたって、弁解しようとは思わない。われわれが自らの目的について首尾一貫した構想を取りもどそうとするなら、同じような試みをおそらく幾度でも繰り返さなければならない。事実、本書の著述でわたくしが学んだことがある。それは多くの分野において自由が脅かされている理由は、われわれがあまりにも気安く専門家に決定をまかせてしまったり、問題のわずかな一面だけしか詳しく知らないような専門家の意見をあまりにも無批判に受け入れてしまうからである。しかしながら、経済学者と他の専門家とのあいだに繰り返される争いの種が本書でも繰り返し生じてくるので、わたくしはこの際こうはっきりいっておきたい。すなわち、経済学者はすべての他の専門家の努力を調整する資格があるほど特殊な知識を主張することはできない、と。経済学者の主張しうることは、専門職として広範囲にわたる諸目的のあいだの対立に注意を傾けているので、他の人に比べて次の事実によりいっそう注意を払うようになっているということである。すなわち、いかなる人間知性であろうとも社会の運行を司る知識をすべて理解することはできない。したがって、個別の人為的な判断に依存せず個人の努力を調整する非人格的なメカニズムが必要だということである。経済学者の関心は、ある一個人あるいは組織された人間集団のもつ以上の知識が利用されるような非人格的な社会過程にある。それゆえ経済学者は他の専門家たちが自分たちの特別の知識が十分考慮されないことを理由に、統制力を要求する野望にたいしてたえず反対するのである。

一面において本書は、読者が期待するであろう以上に野心的であると同時に、それ以下でもある。本書は特定の国における問題や特定の時代における問題にはほとんどかかわっていないが、少なくともその初めの部分において、普遍的妥当性をもつ諸原理を取りあげている。本書における構想と企画は、呼び方が違っていたり偽装していたりしたとしても、世界中で、ある同一の知的傾向が自由の信念を脅かしてきたという認識に負っている。われわれがこの傾向にたいして有効に立ち向かおうとするならば、それらの表現のいっさいの基底にある共通の要素を理解しなければならない。またわれわれが忘れてならぬことは、自由の伝統がある特定の国における独創物ではなく、いかなる国も今なおその秘訣を自国だけで占有しているのではないということである。わたくしの主たる関心は、合衆国や大英帝国の特定の制度や政策にあるのではなく、これらの国が古代ギリシャ人、初期ルネッサンスのイタリア人、オランダ人によりもたらされ、フランス人やドイツ人が重要な貢献をなした基盤の上に発展させた諸原理にある。またわたくしの目的は、ある詳細な政策綱領を提示することではなく、むしろ特定の施策が自由の制度に適合するかどうかを判断する基準を述べることである。もしわたくしが自分に包括的な政策綱領を設計する資格があると思っているとすれば、それは本書の精神全体に背くことになろう。そういう綱領は、結局一つの同じ哲学をその時代の問題に適用することから生じるものである。

ある理想をたえず他の理想と比較することなくして適切に表現することはできないが、わたくしの目的は単なる批判ということではない[5]。わたくしの意図は将来の発展のために扉を開くことであり、他の扉を閉すことではない。あるいはむしろこういったほうがよい。すなわち国家がある発展について唯一の支配力をもつときに必ず起こるような門扉閉鎖を防止することにある。わたくしが力説するのは、われわれの制度を改良するという積極的な仕事である。そして、仮にわたくしがわずかに発展の望ましい方向を示すことができるだけであったとしても、わたくしは切り屑を取り除くことよりは、なんとか道を切り開くことに関心をもつよう努力してきた。

一般的原則の叙述として、本書は主に政治哲学の基本問題を取りあつかわなくてはならないが、議論の進行につれてもっと具体的な問題にもアプローチする。本書を構成する三部のうち、第一部は、なぜわれわれは自由を欲するか、そして自由とはどういうことかを説明しようとする。これにはすべての文明の成長を決定する諸要素の検討が含まれる。第一部の議論は主として理論的、かつ哲学的にならざるをえない。ただし哲学的という言葉が政治理論、倫理学および人類学の出会う領域を指すのに適当であるとしてだが。これに続いて、第二部では西欧の人間が個人的自由を保障するために発展させた制度について検討する。この場合われわれは司法の領域に立ち入ることになり、この問題を歴史的に研究していく。しかしその発展を検討するのは、法律家の見地からでもないし、歴史家の見地からでもない。われわれが関心を抱くのはある理想の成長であり、その理想は多くの場合、姿をかすかにしかあらわさず、不完全にしか実現されず、それを現代の問題の解決の指針として役立てようとするならば、さらに一段と明瞭にする必要がある。

本書の第三部では、これらの原則を今日の危急の経済的ならびに社会的問題の一部のものに応用してこれを吟味してみる。わたくしが選んだ論題は、われわれの直面する可能性のうちで選択を誤ると自由を危うくする怖れのもっとも大きいと思われる領域のものである。その議論のねらいは、同じ目標を追求しながら方法を異にするとき、自由を促進することも、あるいは自由を破壊することもいかに多いかを説明することにある。この種の論題の大部分は、技術的な経済学だけでは政策の樹立に十分な案内役を務められず、もっと広い枠組みの中でのみ適切に取りあつかわれるものである。しかしそのうちのどの一つにせよ、それが提出する複雑な論点は、もちろん本書では十分に論じ尽くすことはできない。それらの議論は、本書の主要目的が何であるかを例示するためにもっぱらもちいられるのであり、その目的とはすなわち、自由の哲学、法学、および経済学の融合が今なお必要であるということである。

本書の意図は理解を助けることであり、熱情を焚きつけることではない。自由について書いていると、感情に訴えかけようとする誘惑に、しばしば抗しがたくなるのだが、わたくしは議論をできるかぎり冷静な気持ちでおこなおうと努めた。「人間の尊厳」や「自由の美しさ」のような用語にあらわされている感情は高貴で称賛に値するものではあっても、合理的な説得をおこなおうとする場合にはそぐわない。多くの人にとって神聖な感情であり、多くの人によって強く守られ、さらに多くの人にとってはかつて一度も理性的な問題であったことのないような理想について、こうした冷血で純粋に理知的なアプローチを取ることの危険性にわたくしは気がついている。わたくしは感情が抑制されているなら自由主義は広がる、とは考えていない。しかし自由のための闘いにおいてつねに栄養分となってきた強い本能は不可欠の支えではあるものの、安全な案内役でもなければ、誤りにたいする確実な防止役でもない。同じく高貴な感情がはなはだしく歪んだ目的へ奉仕するよう利用されたこともある。より重要なことは、自由を浸食してきた議論は主として知的領域に属するものであり、したがってわれわれは以下でそれらに反論しなければならない。

一部の読者は、わたくしが個人的自由の価値を議論の余地のない倫理的前提とせず、その価値を説明する際、これを支持する議論を一つの便宜的なものとしてしまうこともあるのでは、という印象を抱いて戸惑われるかもしれない。それはおそらく誤解である。しかし、これまでわれわれの道徳的前提を共有していない人びとを説得しようとするなら、それらを単純に仮定してしまってはいけないということは真実である。われわれは自由が単にある特定の価値であるばかりでなく、大部分の道徳的価値の源泉であり、条件であることを明らかにしなければならない[6]。自由社会が個人に与えるものは、かれのみが自由であった場合にかれがなしうるものよりもはるかに大きい。それゆえ、われわれが自由の価値を十分に評価するためには、自由人の社会が、不自由のいきわたっている社会と比べて、全体としていかに異なるのかを知らなければならない。

さらにわたくしは、議論がいつも高い理想や精神的価値の面にとどまることを期待しないよう読者に警告しなければならない。自由は実践的にはきわめて平凡な事柄に依存しており、自由の維持に熱心な人たちは、公共生活における日常的な関心事に注意を払い、理想主義者たちがしばしば、卑しいといわないまでも、普通のこととして取りあつかいがちな問題の理解に備えて努力することにより、自分の情熱を証明しなければならない。自由のための運動の知的指導者はみな、これまで自分の心情にもっとも近い自由の用途に関心をかぎることが多すぎた。そして自分に直接に影響しなかった自由にたいする制限のもつ意義を理解する努力をほとんどしなかったのである。[7]

本書を通じて、議論の主要な部分が事実にかかわるものであり、可能なかぎり非感情的なものであるべきならば、その出発点は必然的にさらに散文的なものにならざるをえない。いくつかの必要不可欠な用語の意味は今やきわめて曖昧になっているので、まず手始めにそれらをもちいる際の意味を一致させておくことが必要である。"Freedom"と"Liberty"という言葉はそのうちでも最悪の例である。それらは濫用され、その意味は歪められ、ついには「自由（liberty）という言葉は、特定の内容が与えられるまでは無意味であり、少し注釈を加えれば、どんな意味内容でも付与できる[8]」とさえいわれている。したがって、われわれが考える自由とは何であるのかを説明することからはじめなければならないだろう。さらに自由について論議する際、不可欠となる「強制」「恣意」および「法」といった同じように漠然とした用語を検討しないかぎり、自由の定義は正確なものにはならない。しかしこれらの概念についての分析は第二部の冒頭まで延ばしたので、用語の定義という無味乾燥な努力はもっと実質的な論点に達するまではあまりに大きな障害とはならずにすむであろう。

二千年以上を通じてゆっくりと発展してきた人びとの共同生活の哲学をここに再述しようとするにあたり、わたくしはこの哲学が新たな力を得てしばしば逆境から蘇ってきたという事実に鼓舞される思いがしている。最近の数世代にわたり、その哲学は衰退の時代を過ごしている。一部の人びと、とくにヨーロッパの人びとにとって、もし本書がもはや存在しないある体制の根拠を問う審問の一種に見えるとすれば、われわれの文明の衰退を望まないかぎり、この体制を復活させなくてはならぬというのが本書の回答である。その根底に潜む哲学は、追い詰められたときにしばしば前進したように、もっとも勢力の強かったときに停滞的となった。最近の百年間はたしかにほとんど進歩を示さず、そしていまは守勢に立っている。しかも激しい攻撃により、その伝統的な形のうちどこが脆弱なのかということがわかってきた。個人的自由の本質的な条件を理解するにあたり有利な位置につくために、過去の偉大な思想家たちより賢明でなくてはならぬということはない。最近百年間の経験は、マディソン、ミル、トクヴィル、あるいはフンボルトといった天才的な個人でさえ気がつかなかった多くのことをわれわれに教えてくれたのである。

この伝統が復活しうるときが到来しつつあるかどうかは、われわれがこれを改良するのに成功するかどうかだけではなく、われわれの世代の空気にも依存する。この伝統が棄てられたのは、人びとがその野心に限界を認めようとしなかったときのことであった。というのは、この伝統は控え目で内気とさえいえる信条であり、人びとの英知と能力に関しては低い評価を基礎にし、われわれの計画しうる範囲内では最善の社会といえども願望をすべて満たすものではないであろうことに気づいているからである。それは完璧主義からは距離をおいているし、情熱的な変革者のもつ性急さと焦燥からも距離をおいている。変革者は特定の災禍について憤激のあまり、自分の計画の実現によって生じがちな害悪と不正にたいして盲目になることが多いものである。野心、焦燥、性急は、個人の場合にはときに称賛すべきものとなることもある。しかしそれが強制的な権力を導くものとなるとき、そして権威を譲与される人びとがその権威のうちに優越した英知があって、自分たちの信念を他人に押しつける権利があると思いこむとすれば、そういう人びとに改革がまかされるときは有害なものとなるのである。完璧主義というものは、どんな種類のものにせよ、社会がこれまでに育んできた良識をしばしば徹底的に破壊してしまうものであるということを現代の世代に知ってもらいたいとわたくしは希望する。[9] もっと限定された目的、もっと多くの忍耐、それからもっと深い謙遜を備えておれば、われわれはこれまで「この時代における超越的な知性と洞察の中に見られる傲慢で思い上がった自信[10]」に従ってきた場合よりも、より遠くに、より早く前進することができるであろう。

# 第一部　自由の価値

今日にいたるまで、数々の雄弁家と詩人たちが自由をほめそやしてきたが、だれひとりとして自由がなぜそれほど重要であるかをわれわれに説いたことはない。こういう問題にたいするわれわれの態度は、文明を固定的にみるか、あるいは前進的にみるかによってちがってくる。……前進する社会においては、自由にたいするどんな制限も、新しい試みの数を減少させ、したがって進歩の速度をにぶらせる。こういう社会では、個人に行動の自由が許されるのは、自由によって個人の満足が大きくなるからではなく、自分自身の途を歩むことを許されると、だいたいにおいて、個人は、われわれがどんな命令をどうやって与えればよいかがわかっている場合よりも、ほかのひとたちの役に立つことになるからであろう。

H・B・フィリップス（H.B. Philips）

# 第一章　自由と個別的自由

自由という言葉の適切な定義は、いまだ世界のどこでもなされていない。今こそアメリカ人はその必要にせまられている。われわれはすべてみな自由を求める姿勢を表明する。しかし、同じ言葉をもちいながら、同じことを意味してはいない。……そこには、同じ自由の名を称しながら、異なっているだけでなく、たがいに相容れがたい二つのことがある。

アブラハム・リンカーン（Abraham Lincoln）

## 1　自由とは強制がないこと

この書物で取りあつかうことは、社会において、一部の人が他の一部の人によって強制されることができるかぎり少ない人間の状態のことである。この状態を、われわれは本書を通じて自由（liberty あるいは freedom）の状態として説いてゆく。[1] この二つの言葉は、生活上の多くの他の何かよいことをあらわすためにも使用されている。したがって、それが実際に何を意味しているのかという問いから議論をはじめるのは、あまり役に立つとはいえない。[2] まず、われわれ

われわれがこの言葉を使うときに意味している状態を述べ、その後にわれわれの採っているその自由の状態をいっそう明確に定義するためにのみ、この言葉の他の意味を考えるのがよいであろう。

ある人が他人の恣意的な意志による強制に服していない状態を、(3) ときに「個人的」または、「私的」自由として区別することがある。自由という言葉をこの意味にもちいることを読者に注意させたいときには、必ずこの表現を使うことにしよう。時には同じ意味で「市民的自由」という用語も使われることがあるが、われわれはそれを避けたい。というのは、この用語は「政治的自由」と呼ばれるものとすこぶる混同されやすいからである。それは、「市民的 (civil)」と、「政治的 (political)」という言葉が、それぞれまったく同じ意味をもつラテン語とギリシャ語に由来するという事実から不可避的に生じる混同である。(4)

われわれのいう「自由」の意味の一応の説明からわかるであろうが、自由とは仲間に囲まれて生活している人間ができるだけ接近しようと望みながら、完全に実現することがほとんど期待できないある状態をあらわすのであろう。したがって、自由のための政策課題は強制あるいはその有害な影響を最小にすることでなければならない。たとえ完全にこれを取り除くことができないにしても。

われわれが採用した自由の意味は、まさにこの言葉の本来の意味であると思われる。(5) 人間、少なくともヨーロッパの人間は、自由人と非自由人とにわかれて歴史に登場している。そして、この区別はきわめてはっきりした意味をもっていた。自由人の自由には幅広い差があったであろうが、それは独立の程度においてのみのことであり、その独立は奴隷にはまったく与えられなかったのである。自由とは、つねに人が自分自身の決定と計画にしたがって行動する可能性を意味し、他人の意志に服従せざるを得ない人の立場と対照をなすものであった。この他人は恣意的な決定によって、特定の仕方で行動するようあるいはしないように人を強制することができたのである。古くからの言葉で、この自由をしばしば表現してきたのが、「他人の恣意的意志からの独立」である。

自由に関するこの最古の意味は、時にはその世俗的な意味だと解釈されたことがある。しかしながら、哲学者たちがその意味を洗練あるいは改良しようとして、そのために引き起こした多くの混乱を考慮するならば、われわれはこの解釈を受けいれるのがよいと思う。けれども、この解釈が本来的意味であるということよりもっと重要なことは、それが一つの明確な意味をもち、一つのこと、しかもたった一つのことをあらわしている点である。この点は別のことを自由と呼ぶのを望ましいとする理由とは違った理由で望ましいのである。厳密にいえば、こういういろいろな自由は同類中の異種のものではなくてまったく異なった状態であり、しばしば相衝突するのであるからはっきりと区別されるべきものなのである。ただし、これとは別の意味で「……からの自由」と「……への自由」という異なった種類の自由について述べることも不当ではないが、われわれのいう「自由」は一つの種類のもので、程度を異にするが種類を異にするものではない。

この意味で「自由」は、人と人との関係にのみかかわるのであり[6]、自由にたいする侵害は人びとによる強制だけである。ということは、人がある一定時点で選択しうる物理的可能性の幅は、とくに自由となんらかの直接的関係をもたないことを意味している。難しい傾斜点にいる岩登りは自分の生命を救うただ一つの方法しか知らなくても、たしかに自由である。ただし、その者に何か選択の道があるとはまずほとんどいえないであろう。さらになお、多くの人は「自由」という言葉の本来的意味の感じを次のことから十分わかるだろう。すなわち、同じ岩登りがクレバスに落ちてそこから抜け出すことができないとすれば、かれは単に比喩的に「不自由」と呼ばれるのであって、かれのことを「自由を奪われている」とか「捕われの身である」とかいうのは、これらの言葉を社会的関係に適用する場合とは異なる意味で使われているのである[7]。

ある人にとっていく通りの行動の路が開かれているかという問題はもちろん重要である。しかし、それは行動に際して、かれがどれほど自身の計画と意図にしたがうことができるか、どの程度まで自らの構想にもとづいているか、たえずかれが追求してきた目的に向けられたものであって他人の欲するところをかれにさせようとしてつくりだされた必要に向けられたものでないか、というのとは別の問題なのである。かれが自由であるかないかは、選択の範囲によるのでなく、かれの現在の意図にしたがってその行動進路を形成することを自ら期待できるかどうか、あるいは誰か他の人が本人自身の意志よりもむしろその人の意志にしたがってかれを行動させるよう、状況をあやつる力をもっているかどうかに依存している。すなわち、自由の前提として、個人はある確実な私的領域をもっており、その環境のなかには他人が干渉することのできないある種の事情があるのである。

自由のこの概念をさらにいっそう正確にできるのは、関連する強制の概念を検討した後のことである。なぜこの自由がそれほど重要であるかを考察した後に、この検討を体系的におこなうことにしよう。しかしながら、これを試みる前にも、われわれの概念を少しでも正確に描写することに努め、自由という言葉に付着している他の意味とこれを対照してみよう。それらの他の意味は本来の意味と一つだけ共通点をもっている。それはそれらもまた大部分の人が望ましいと考えている状態をあらわしていることである。そして同じ言葉が違った意味に使われる理由は、それらのあいだに何か別のつながりがあるからである(8)。けれども、われわれのさしあたりの課題はその相違点をできるかぎり明確にあらわすことでなければならない。

## 2　政治的自由との比較

われわれ自身の用語法と比較しなければならない「自由」の最初の意味は、一般に明白なものとして認識されている使い方である。それは通例「政治的自由」と呼ばれるものであり、政府の選択において、立法の過程において、また行政の管理において人びとが参加することをいう。それはわれわれの概念を全体としての人間の集団に適用することに由来するもので、一種の集合的自由を集団に与える。しかし、この意味での自由な国民は必ずしも自由な人間からなる国民であるとはかぎらないし、個人として自由であるためには人はこの集合的自由をわけあう必要もない。コロンビア特別区（District of Columbia）〔米国の連邦政府所在地〕の住人、あるいはアメリカに居住する外国人、あるいは投票権をもたない未成年者が政治的自由をともに分かちあわないという理由で、完全な個人的自由を享受していないと主張することはほとんどできない[9]。

また、社会生活にちょうど入ろうとする若い人たちが、その生まれた社会秩序に対して同意を与えたという理由で自由であると論ずることも愚かなことである。その社会秩序はおそらくそれに代わるものがわからないものであるし、また親の世代と違った考え方をするかれらが一世代かけて大人になってやっと変えることのできるものなのである。しかしだからといって、かれらが不自由であるわけではないし、また不自由になるはずもない。このように、政治的秩序へ同意することと個人的自由とのあいだに関係があると考えることが、自由の意味に関する現在の混同の源泉の一つである。もちろん、誰でも「公的な権力と公的な法律の制定に積極的に参加する過程と自由とを同一視する」[10]権利はある。ただその際明確にしておかなければならないことは、もしそう同一視するとすれば、それはわれわれがここで問題としている状態とは違う状態を説明するのに同じ言葉を共通に利用しても、一方が他方に等しいとか、その代用物であるとは、決して意味していないということである[11]。

この場合混同が危険であるのは、こういう使い方のために人が自ら奴隷となることに投票したり契約したりして、それによって本来の意味における自由の放棄に同意するかもしれないという事実を曖昧にする傾向があるからである。ある人が自発的に外人部隊（Foreign Legion）のような軍隊組織へその用役を長期にわたって売りわたして、しかも取り消しができないとすれば、その人がそれ以降われわれの意味において、自由な状態にあると主張することはできないであろう。あるいはまた、イエズス会創始者の理想にとりすがって生き、自分自身を「知性も意志ももたない屍」とみなす信者が同じく自由であると主張することも難しい[12]。あるひとりの圧制者に完全に従属するよう自ら投票した数百万もの人びとをわれわれが知っているという事実は、おのれの政府を選択することが必ずしも自由を保証することにはならないことを、おそらくわれわれの世代に理解させたであろう。そのうえ、もし人びとが承認した制度はどんなものでも、定義によって自由の制度であるとするならば、自由の価値を論ずることは無意味となると思われる。

自由の概念を個人よりもむしろある集合体に適用する明白な例は、ある国民が外国の支配から自由になって、自身の運命を決めたいとする願望について論ずるときである。この場合に、「自由」とは全体としての国民にとって強制がないという意味にもちいられる。個人的自由の擁護者たちは、概してこのような国民的自由にたいする熱望に共感をもっており、そのために一九世紀において自由主義運動と民族主義運動とのあいだに、不断のしかし不安定な同盟が生まれた。けれども国民的自由の概念が個人的自由の概念に類似しているといっても同一ではない。前者を求める努力は必ずしも後者を高めるとはかぎらなかった。そのために、時として国民はある外国の多数者の自由な政府よりも、かれら自身の種族の専制者を選ぶに至った。そして、その結果は少数者の構成員の個人的自由を冷酷に制限する口実を与えることになったのである。一個人としての自由への願望と、その個人の属する集団の自由への願望とは、しばしば同じ感情と情緒にもとづくことがあるとしても、両者を明確に区別しておくことはなお必要である。

## 3 「内面的」自由との比較

「自由」に関するもう一つの別の意味は、「内面的」あるいは「形而上学的」(時には、「主観的」)自由である。[13] これはおそらくなおいっそう、密接に個人的自由と関連するものであろう。したがって、個人的自由とはそれだけ混同されやすい。それは、ある人の行動においてかれを導くものがどの程度まで瞬間的な衝動や事情ではなく、かれ自身で考えた意志なり理性なりあるいは長く抱いている確信なりであるかにかかわっている。しかし、「内面的自由」の逆は、他人による強制ではなく、一時的な感情あるいは道徳的または知的な弱さの影響である。ある人が冷静に反省しておこなおうと決めたことができないときや、自分の意向や強さが決定的瞬間において失われ、なおもなんとかおこなおうと望んでいることできなくなるとき、われわれはかれが「不自由」である、「情念の奴隷である」ということがある。人びとがもしもっとよく事情を知っていたならば実行しただろうと思われることを、無知あるいは迷信に妨げられてそうしない場合にもわれわれはこういう用語を使うことがあって、その際「知識が人を自由にする」と、われわれは主張する。

ある人がいろいろな場合のなかから、理知的に選択することができるかどうか、あるいは自分のした決心に固執できるかどうかは、他の人たちがその意志をかれに強いるかどうかとは別の問題である。それらは明らかにある関係がある。ある人にたいしては強制することとなる状態が、他の人にとっては克服を要する単に日常的な障害にすぎず、それにかかわる人たちの意志の強さに依存するものであることがある。そのかぎりにおいて、「内面的自由」と強制がないという意味での「自由」とは、ともにある人がいくつかの機会についての自分の知識をどれほど利用できるかを決定する。この二つの自由をわけておくことがなおきわめて重要である理由は、「意志の自由」と呼ばれるものについての哲学的混同にたいして、「内面的自由」の概念が関係をもっていることにある。科学的決定論が個人的責任のための基礎を破壊してしまったという誤った信念ほど自由の理想の信用を失わせたものはほとんどないであろう。この問題はのちに（第五章）さらに考察することにしよう。ここでは単にこの特定の混同と、それに関連してわれわれが何かある意味で、おこなうべきことをおこなう場合のみ自由であるという詭弁にたいして、読者の注意を促すにとどめよう。

## 4　権力としての自由との比較

個人的自由に関して、同じ言葉で異なった概念をあらわすことから起こるこうした混同は、いずれもわれわれが先に簡単に述べておいたこの言葉の第三番目の使い方にともなう混乱ほど危険なものではない。すなわち「欲することを実行する物理的能力[14]」や、われわれの欲望を充足する力や、あるいはわれわれに開かれているいろいろな途のうちの選択の範囲をあらわすのに「自由」という言葉を使うことである。この種の「自由」は多くの人たちの夢のなかにあらわれ、飛ぶことができるとか、引力から解放されてどこへでも好きなところへ「鳥のように自由に」飛び回ることができるとか、あるいは思いのままに自分たちの環境を変える力があるというような幻想の形を取るのである。「自由」のこの比喩的な使い方はすでに久しく一般的になっている。しかし比較的最近までは、この障害「からの自由」、すなわち万能を意味する自由を、どんな種類の社会秩序にあっても確保することのできる個人的自由と本気で混同するものはほとんどいなかった。この混同が社会主義者の議論の一部として故意に助長されて以来、ようやくそれは危険なものとなった。ひとたび自由を権力と同一視することが許されると、「自由」という言葉の魅力を利用して個人の自由を破壊する手段を支持する詭弁を押さえるものがなく、[15]人びとに勧めて自由の名のもとにかれらの自由を放棄させる策略にも果てがなくなるのである。環境を支配する集合的な力の観念が個人的自由の観念に置き換えられ、そして全体主義国家において自由が自由の名のもとに抑圧されてきたのは、この曖昧な語法に助長されてのことであった。

個人的自由の概念から権力としての自由の概念への転換が容易に進められたのは、自由の定義に際して、われわれが「強制（coercion）」の語をもちいたところに、「抑制（restraint）」の語をもちいる哲学上の伝統によるのである。「抑制」はおそらくある面ではいっそう適切な言葉であることもあろう。ただしそれには、抑制をおこなう人的要素の活動が厳密な意味において前提とされていることを必ず記憶しておかなくてはならない。[16]この意味で「抑制」という言葉は、主として人びとがあることをするのを妨げられることをわれわれに思い出させてくれる点で有益であるのにたいし、「強制」は人びとが特定の行動をさせられることを強調する。この両面は等しく重要である。正確にいえば、自由を定義して抑制と拘束がないこととするのがたぶんよいであろう。[17]だが不幸にも、この用語はともに人間の行動にたいする影響のうちで、他の人間から生みだされるものでない影響についても使われるようになっている。抑制がないこととする自由の定義から、「われわれの願望の実現にたいする障害のないこと[18]」として、あるいはさらに一般的にいって、「外部的障害のないこと[19]」と定義することへの転換は、あまりにも容易である。これは自由をわれわれが望むことをなんでもする有効な権力と解釈するのと同義である。

自由のこの再解釈はとりわけ不吉の感が強い。というのは、実際に個人的自由がいまなお広く保持されている一部の国における用法のなかにそれが深く浸透しているからである。アメリカではそれは「リベラル派の」人たちの仲間に有力な政治哲学の基礎として広く受け入れられるようになっている。コモンズ（J.R. Commons）[20]やジョン・デューイ（John Dewey）のような「進歩派（progressives）」の有名な知的指導者たちが広めてきたイデオロギーのなかでは「自由は権力である、特定のことをする有効な権力である」、そして「自由の要求は権力にたいする要求である」[21]、また強制のないことは、単に「自由の消極面」にすぎないし、「権力そのものである自由（Freedom）のための一手段としてのみ尊重されるべきものである」[22]とされる。

## 5　これらの概念には共通性がない

このように、自由の本来の意味と自由を権力とする考えとを混同することは、不可避的に富と自由とを同一視することになる。[23]富の再分配にたいする要求を支持するにあたって、「自由」という言葉にともなうあらゆる魅力を利用することが可能になる。しかし、自由と富はともにわれわれの大多数が望んでいるよいことであり、またわれわれが欲するものを得るためにしばしば両者が必要であるとはいえ、両者はなお異なるものである。わたくしが自分自身の主人であり、かつ自分自身の選択に従うことができるかどうかということと、わたくしが選択しなければならない可能性が多いか少ないかということとはまったく別問題である。贅沢三昧に暮すが君主のいいなりになっている廷臣は、自分の生計を維持することも自分自身の有用な機会を選ぶことさえも困難な貧しい百姓や職人より、はるかに不自由かもしれない。同様に、ある軍隊の指揮の任にあたる将軍あるいは大規模な建設計画の監督はある面ではまったく抑制不可能な巨大な力を揮うかもしれないが、極貧の農夫や羊飼いよりも自由が少なく、かれの上司の一言であらゆる意向や計画の変更をせまられることが多く、かれ自身生活の変更が困難であり、あるいは自分自身にとってもっとも重要なことを決めることが難しいこともあるであろう。

もし自由についての議論を少しでも明快にしようとするならば、この種の自由をすべての人がよいこととみなすかどうかに、自由の定義を依存させてはならない。世間にはわれわれが関心をもっている自由を評価しない人、その自由から多大の恩恵を得ていることがわからない人、他の利益を得るためにこれを進んで放棄しようとする人がいることとは確かであろう。かれらにとっては自分自身の計画と決定にしたがって行動する必要が、利益よりもむしろ負担として感じられることもまた事実であろう。しかしながら、たとえすべての人びとが自由を利用するとはかぎらないとしても自由は望ましいものであろう。多数の人びとが自由から得る恩恵は、自由がかれらに与える機会の利用に依存するかどうか、そして自由擁護論は大多数の人びとが自らのために自由を欲することに実際にもとづいているかどうかを、われわれは後に考察しなければならないであろう。たぶんすべての人の自由からわれわれが受ける恩恵は、大多数の人がその効果と認めているものから生じたものではないだろう。つまり、自由がその有益な効果を及ぼすのは、それがわれわれに課す規律を通じてのこともあるし、またそれが提供するより明白な機会を通じてのこともあるであろう。

だがとりわけわれわれは自由であっても、不幸でありうることを認めなければならない。自由とはよいことばかりを[24]、あるいは災いの少しもないことを意味するものではない。自由であることは、ある場合には飢える自由、高価な誤ちを犯す自由、または命がけの危険を冒す自由をたしかに意味するかもしれない。われわれの用語の意味では、たえずその場しのぎで心もとない暮らしを送る一文なしの放浪者は、十分な保障とそれなりの快適さを与えられた徴兵より、たしかにより自由である。しかし、それだから自由が他の財に比べて必ずしも好ましくないとしても、それは特別の名称を要する特別の財である。「政治的自由」と「内面的自由」は、古くから受け入れられてきた代替的な使われ方があって、わずかの注意で混乱を起こすことなくもちいることができるけれども、「権力」の意味に「自由」の語をもちいるのは、許されるべきかどうかは問題である。

しかしいずれにせよ、われわれが同じ言葉を使っているからといって、これらのいろいろな「自由」は、同類のなかの異種であるとする言い方は避けなくてはならない。これは危険な戯言のもとであり、きわめて馬鹿げた結論へ導く言葉の罠である。(25) 権力の意味での自由、政治的自由および内面的自由の意味での自由は、個人的自由と同じ種類の状態をさすものではない。われわれはあるものを多く得るために、他のものを少し犠牲にするやり方によっては、結局自由の共通の要素を得ることはできない。われわれはこのような交換によって、あるよいものの代わりに、別のよいものを得ることもきっとあるだろうと考えるかもしれない。しかし、このような自由のうえでの交換が及ぼす効果について語りうるとき、いろいろな自由のなかに一つの共通の要素があることを指摘することは、まったく蒙昧主義的でもっとも粗野な哲学的実在論である。すなわち、それは同一の言葉でこれらの状態を記述するので、いろいろな自由がある状態のなかにも同じく一つの共通要素があるに違いないと想定するものである。しかし、われわれは多くの場合、違った理由でこれらの状態を要求し、いろいろな自由があるかないかによって違った結果が生まれるのである。もしそれらのなかから選択しなければならないとするならば、自由が全体として増大するかどうかを問うのではなく、違った状態のなかでどれをより高く評価するかを決めることによってのみ、われわれは選ぶことができるのである。

## 6　自由と奴隷

自由についてのわれわれの概念が消極的にとどまることからしばしば反対を受けることがある。[26] 平和もまた消極的概念であり、安全または静けさ、またある特定の障害とか災いのないということも、消極的であるという意味でこのことが当てはまる。自由はこの種の概念に属している。それはある特定の障害、つまり他人による強制がないことをあらわしている。それが積極的になるのは、われわれがそれから生みだすものを通じてのみである。自由はどんな特定の機会をもわれわれに保証するものではないが、自らおかれている環境をなんのために利用するかの決定をわれわれにまかせるのである。

しかし、自由の使い方はたくさんあるけれども、自由は一つである。自由が欠けている場合にのみ、いろいろな個別的な自由があらわれてくる。すなわち、これらの個別的な自由は集団や個人が得るかもしれない特権や免除であって、この場合にはその集団や個人以外のものは多かれ少なかれ不自由なのである。歴史的には、自由への道を通じて特定の個別的な自由が達成されてきた。しかしながら、特定のことをしてもよいというのは自由ではない。ただし、それは「ある一つの自由（a liberty）」と呼ばれることはあるかもしれない。自由は特定のことをしてはならないことと両立するが、人がなし得ることの大部分について許可を必要とする場合には、自由は存在しない。自由（liberty）といろいろな個別的な自由（liberties）との相違は、一般的規則によって禁止されていないかぎりすべて許可させている状態と、明白に許可させていないかぎりすべて禁止されている状態とのあいだの相違に等しい。

もし、われわれが自由と奴隷制のあいだの基本的対比をもう一度見直すならば、自由の消極的性質は決してその自由の価値を減らすものではないことが明瞭にわかる。すでに述べたとおり、われわれがこの言葉を使う意味合いは、そのもっとも古い意味によるのである。奴隷の地位と自由人の地位を区別する現実の相違をながめるならば、この意味を確かめる助けとなる。最古の自由な共同社会――古代ギリシャの都市――の状態に関するかぎりは、この相違について多くのことがわかっている。そこで見いだされる奴隷の解放についての多くの布告は、主要な点に関して明白な姿を示してくれる。自由の獲得によって通例与えられる権利は四つあった。解放の布告は普通かつての奴隷にたいして、第一に「共同社会の一員として保護される法的地位」、第二に「恣意的逮捕からの免除」、第三に「本人の希望にしたがって働く権利」、そして第四に「自身の選択にしたがって移動する権利」を与えた[27]。

この四項目は、一八、一九世紀に自由の本質的条件としてみなされていたものの大部分を含んでいる。それは財産を所有する権利を省略しているが、それは奴隷でさえ財産をもつことができたからにすぎない[28]。この財産所有の権利を加えれば、上記の項目は強制にたいして個人を守るのに必要ないっさいの要素を含んでいる。しかし、それはわれわれが考察してきた他の自由についてはなんら語ってはいないし、まして自由の代用物として近年提供されるようになった「新しい自由（new freedoms）」についてもなに一つ語っていない。奴隷は単に投票の権利を得るからといって自由になることはないだろう。どれほど「内面的自由」があっても、本人を奴隷以外のものにすることはない。いかに観念論の哲学者たちがその反対をわれわれに確信させようと試みたとしても。贅沢、娯楽、あるいは他人または自然資源を支配する力がどれほどのものであっても、奴隷がその主人の恣意的な意志に依存することには変わりはない。もしも奴隷がすべての仲間の市民と同じ法律にだけ服するものとすれば、またもし恣意的な拘束からのがれて仕事を自由に選ぶとすれば、そしてかれが財産を所有獲得できるとすれば、いかなる人間や集団もかれに命令に従うよう強いることはできない。

## 7　自由、強制および法

自由に関する定義は強制という概念の意味に依存するのであり、その用語を定義するまではそれは正確ではない。実際に、ある密接な関係のある観念、とくに恣意性と一般的規則または法に、もっと正確な意味を与えなくてはならないであろう。したがって、論理的には今やこれらの概念に同様の分析をおこなうべきなのである。われわれはこの分析をまったく避けることはできない。しかし用語に正確な意味を与えるという不毛な仕事と見えるかもしれないことに、さらにこれから後もついてきてくれるよう読者に求める前に、われわれが定義した自由がなぜそれほど重要であるのかの説明に努めることにしよう。それゆえに、本書の第二部の初めにおいてのみ、正確な定義への努力を再び取りあげることにし、そこで自由の制度の法的側面を検討する。ここでは、強制についてもっと体系的な検討を加えた結果を先取りして意見をいくつか示すだけで十分であろう。この簡略な形では、意見はいくぶん独断的に見えざるを得ないであろうし、後になって正しい説明を加える必要があるだろう。

「強制」とは、ある人の環境または事情が他人によって支配されていて、より大きな害悪を避けるためにその人が自分自身の首尾一貫した計画に従うのでなくて、他人の目的に奉仕するように行動を強いられることをいう。他人によって強いられている状況のもとでより少ない害悪を選ぶ以外は、かれは自身の知性または知識をもちいることもできなければ自身の目的と信念に従うこともできない。強制が害悪であるのは、まさに考える人、評価する人としての個人をこのように排除し、他人の目的の達成における単なる道具にしてしまうからである。自分の知識が指示した手段によって、自身の目的を追求するという自由な行動は、他人が勝手に形成することのできないデータにもとづくものでなければならない。自由な行動とは、他人が指図する唯一つの選択しか残っていないように、他人が状況を形成してしまうことができないある領域の存在がわかっていることを前提とするのである。

しかし、強制は全面的に避けることはできない。というのは、これを防ぐ道は強制の脅威[29]によるしかないからである。自由社会はこの問題にたいするために国家[30]に強制の独占権を与えた。そして、国家のこの権力を私人による強制を防ぐことが必要である場合だけに限定しようと試みた。このことが可能であるのは、個人の既知の私的領域を他人の干渉にたいして国家が守ることと、これらの私的領域を限定することによるしかない。ただし、私的領域の限定は特定の指示によるのではなく、いろいろな状況のもとで政府が何をするであろうかを個人に知らせる規則にもとづいて、個人が自分の領域を確定することができる条件をつくりだすことによらなければならない。

政府がこの目的のためにもちいなければならない強制は、最小限におさえられ、あらかじめわかっている一般的な規則を通じてこれを抑制することにより、できるかぎり害のないものになる。だから多くの場合、個人は自ら強制されるであろうとわかっている立場に自身をおくことのないかぎり、決して強制される必要はない。強制が避けられない場合でさえ、強制をかぎられた予測できる義務だけに限定するか、あるいは少なくとも他人のある恣意的な意志から独立させることによって、強制のもっとも有害な影響をなくすことができる。非人格的で一般的、抽象的な規則に依存させる政府の強制的な行為が特定の個人にたいして及ぼす影響は、その規則を定めた時点においては予想することはできないが、個人が計画をたてる基礎資料となる。前もってわかっている規則にしたがう強制とは、一般的には強制されるべき人のおかれている状況の産物であり、したがって自分自身の目的の追求に際して各個人を助ける手段となり、他人の目的のために使われる手段となるものではない。

# 第二章　自由文明の創造力

文明は、作戦の数を気にしないで、実行する重要な作戦の数を増やすことによって進歩する。思想の作戦は、戦闘における騎兵の突撃に似ている。それは、数において厳密にかぎられており、新鮮な馬を必要とする。そうして、決定的瞬間においてのみおこなわれなくてはならない。

A・N・ホワイトヘッド（A.N. Whitehead）

## 1　文明と知識の成長

おのれの無知を認めることが叡智のはじまりである、というソクラテスの格言は、社会についてのわれわれの理解にとって深遠な意義をもっている。そのための第一の要件は、目的達成に役立つ多くの事柄についての人間の避けがたい無知に気づくことである。社会生活の利益の大部分は、「文明」と呼ばれる高度に発達した形態においてとくに、自分が知っているよりも多くの知識から個人が利益を受けているという事実に依拠している。自らの目的を追求する個人が、自分で得たよりも多くの知識を利用することができ、そして、自分ではもっていない知識から利益を得ることによってその無知の境界を乗り越えることができるときに、文明ははじまるといってよいであろう。

文明の働きが依拠している多くのことについて人が不可避的に無知であるという根本的な事実は、これまでほとんど注意を払われてこなかった。哲学者や社会研究家たちは一般にこの事実をいいつくろい、些細な欠陥としてこの無知を取りあつかい、多かれ少なかれ無視しうるとみなしてきた。しかし、完全な知識という想定にもとづいて道徳的あるいは社会的問題を論ずることは、論理の初歩的な訓練として時には有用であるかもしれないが、現実の世界を説明しようとするときにはほとんど役に立たない。この種の問題には、われわれの知識が事実上決して完全でないという「現実の障害」に満ちている。おそらく科学者が知っていることを強調する傾向があることは当然のことだが、知らないことがしばしば大変重要な意味をもつ社会的領域においては、この傾向が及ぼす影響ははなはだしい過ちを導くことがあるかもしれない。空想的な構想の多くが無価値であるのは、完全な知識を想定する理論家の指導に従うからである。

しかしながら、われわれの無知がとくに難しい論題であることは認めなければならない。無知についてなにかわかったようなことをいうのは、定義によって最初は不可能とすら思われるかもしれない。われわれは、なにも知らないことについて論じることはできない。だがたとえ答えを知らなくても、少なくとも疑問を述べることはできるに違いない。そしてそれには、われわれが論じている種類の世界に関するなんらかの本物の知識を必要とする。もし社会がどのようにして動いているかを理解しようとするならば、社会についてのわれわれの無知の一般的性格や範囲を規定することからはじめなければならない。暗礁のなかではなにも見ることができないにしても、暗黒の領域の境界を確かめることはできる。

従来の研究方法が誤った結果をもたらしていることを明らかに示すには、人間がその文明を創造したという主張と、したがってその制度を任意につくり変えることができるという主張の意味を吟味してみればよい。この主張が正当化されるのは、おのれのなしたことについて十分に了解をして完全な知識をもって文明を意のままに創造してきたか、あるいは、少なくともいかにして文明を維持するかを明白に知っていた場合にかぎられるであろう。もちろん人間が文明を創造してきたということはある意味では正しい。文明は人間の行動の産物、あるいはもっと正確にいえば数百世代の人びとの行動の産物である。しかしその意味するところは、文明が人類の設計というのではなく、また、文明の機能あるいはその存続が何に依存しているのかを人間が知っているということでもない[1]。

文明を構想しその創造に着手することのできる知性を前もって与えられている、とする人間の概念はすべて根本的に誤っている。人間は知性のなかでつくりあげたある型を世界にそのまま押しつけたのではなかった。人間の知性それ自身、環境適応の努力の結果としてたえず変化する一つの体系である。より高度な文明を成就するには、現にわれわれを動かしている観念をそのまま実行するだけでよいと考えるのは間違いであろう。もしわれわれが進歩すべきであるとすれば、われわれは現在の観念と理想についてたえざる修正の余地を残しておかなければならない。修正はその後の経験によって不可避的に生ずるであろう。われわれの中世の祖先、あるいは五〇年前の祖父たちでさえわれわれの現在の生活様式を予測できなかったように、いまから五百年後、あるいは五〇年後ですら文明がどうなるか、またはどうなり得るかを想像することはほとんどできない[2]。

人間がその文明を恣意的に創造できるという考え方は、人間の理性が自然の外にあるもので、経験とは独立した知識と推理能力をもつものとみなす誤った主知主義からきている。しかし、人間の知性の成長は文明の成長の一部である。人間の目的と価値の範囲と可能性を決定するものは、ある時点における文明の状態である。人間の知性は、それ自身の前進を決して予想することはできないのである。われわれはつねに現在の目的の達成に力を尽さなければならないけれども、その目的のうちのどれが達成されるかを定めるには、新しい経験や未来の出来事のための余地をも残しておかなければならない。

ある近代の人類学者が主張したように「文化を統制するのは人間ではなく、その逆である」と説くのは誇張かもしれない。しかしながらかれの警告、すなわち「文化の性質に関するわれわれの深刻かつ包括的な無知のゆえにこそ、文化を指導し、統制するものがわれわれである、という信仰が成り立ちうるのである[3]」というのは有益である。かれは、主知主義的考え方にたいする重要な修正を少なくとも示唆している。われわれの知性が達成可能として描く像を求める意識的努力と、われわれがめざしたところとはまったく違ったあるものをしばしば共同で生みだす制度や伝統や習慣などの機能とのあいだの絶え間のない相互作用に関するより正しいイメージをつくりあげるには、かれの警告は役立つであろう。

個人の行動を動かしている意識的な知識はその人の目的達成を可能にする条件の一部分にすぎないということについて、二つの重要な側面がある。一つは、人間の知性それ自体が生まれ育った文明の所産であり、さらに知性を形づくる多くの経験、すなわち、習慣、慣例、言語、道徳的信念の具現化によって知性が助けられているという経験に気づいていないという事実である。二つ目は、ある個人の知性によって意識的にあやつられる知識がどんなときにもかれの活動の成功に役立つ知識のほんの一部分にすぎないということである。他人のもつ知識が個々の目的追及の成功にとってどれほど本質的な条件であるかを反省するとき、われわれの行動の結果を左右する状況に関して、われわれの無知はまったく驚くほど大きいことがわかる。知識は個人の知識としてのみ存在する。社会全体の知識について語ることは比喩にすぎない。すべての個人の知識の合計はまとまった全体としてはどこにも存在しない。大事な問題は、部分的で時には相対立する信念として分散しているこの知識から、すべての人がいかにして利益を得ることができるかである。

いいかえれば、文明は個人ではもっていない知識から利益を受けることをたえず助けてくれるので、さらにまた、各個人が特定の知識をもちいることによって見ず知らずの他人の目的達成を助けるので、文明社会の一員としての人間は単独でなしうる以上の成功をおさめることができるのである。社会活動の全体がわれわれの期待しているものを提供するためにたえず順応している特定の事実について、ほとんど知ることはない。個々の行動の適切な調整によってこの調整をもたらす社会全体の力については、なおさら知るところが少ない。そして協調をつくりあげるものについての知識がいかに乏しいかに気づくとき、われわれの気持ちは全体として、驚きまたは好奇心よりもむしろ憤りの気持ちである。文明の絡みあった機械全体を打ちこわそうとする偶発的で衝動的な願望は、多く人間が自分のしていることを理解する能力のないことにもとづくのである。

## 2　経験の各種の用途

しかしながら、もしわれわれが知識の意味を個人の意識された明示的な知識、すなわち、これは何々であると述べることのできる知識だけにかぎるとすれば、文明の成長と知識の成長とを同一視することははなはだしく誤解を生じやすい[4]。ましてこの知識を科学的知識に限定すればなおさらのことである。後の議論の理解のためにも記憶しておくべき重要なことは、いま流行にある考え方とは逆に、科学的知識は社会によってたえず利用される明示的で意識された知識のすべてを含むものでさえないということである[5]。知識を求める科学的方法は、明示的な知識にたいする社会の要求をすべて残らず満たすことのできるものではない。つねに変化する個々の事実に関する知識は、たえず使われてはいるが、すべての組織あるいは体系的な説明に役立つとはかぎらない。その多くは、無数の個人のあいだに分散して存在するにすぎない。同じことは、専門的な知識の重要な部分、すなわち実質的な知識ではなく単に必要な情報を発見する場所と方法に関する知識にとどまるものについても当てはまる。(6)しかしながら、われわれの当面の目的にとってもっとも重要なことは、いろいろな種類の合理的知識についての区別ではない。そして、明示的な知識という場合には、これらのいろいろな種類をひとまとめにしたものとしておこう。

知識の成長と文明の成長が同じものであるのは、知識のうちに環境にたいする人間の適応をすべて残らず含み、その中に過去の経験が取りいれられているものと解釈する場合のみである。この意味での知識がすべてわれわれの知性の一部であることはないし、またわれわれの知性がわれわれの知識の全部であることもない。われわれの習慣と技能、感情的態度、道具、そして制度はいずれもみな過去の経験への適応であり、それは適合性の劣る行為を選択的に排除することによって成長してきたのである。これらのものは、意識的な知識と同じように、成功する行為にとって不可欠の基礎である。われわれの行為の背後にあるこれら非合理的な要素はすべてみな、つねに成功に役立つとはかぎらない。そのあるものは、有効性を失った後にもまた助長するより障害となった時でさえも、なお長く存続するかもしれない。それにもかかわらず、われわれはこれらのものなしに済ますことはできないであろう。われわれの知性それ自体をうまくもちいることでさえ、それらをたえず使用することにもとづいているのである。

人間は自らの知識の増大を誇る。しかし人間自身が自らつくりだしたものの結果として、その意識的知識の限界とその意識的行為にとって意味をもつ無知の範囲はたえず増大してきた。近代科学の初めからずっと、優れた人びとは「承認される無知の範囲が、科学の前進とともに増大するであろう」ということに気づいていた。(7)不幸なことに、この科学の進歩の通俗的な影響として、多数の科学者によっても支持されているように見える信仰が生じてきた。それは、われわれの無知の範囲が着実に減少しつつあり、それゆえすべての人間活動をいっそう包括的かつ目的意識的に統制しようとめざすことができる、という信仰である。この理由のためにこそ、知識の前進に陶酔している人びとはしばしば自由への敵となる。自然についての知識の成長がたえず無知の新しい領域を明らかにする一方、われわれがこの知識によってつくりあげることのできる文明の複雑さの増大は、われわれを取りまく世界の知的理解に新しい障害をもたらしている。人間の知ることが増えるほど、すべての知識のうち、あるひとりの人が吸収することのできる部分はますます小さくなる。また文明化すればするほど、各個人は人間の文明の働きを左右する事実についてますます相対的に無知になるに違いない。知識の分化それ自体が多く知識についての個人の不可避的な無知を増大させるのである。

## 3　経験の伝達と交流

知識の伝達と交流について論じた際には、すでにわれわれが区別してきた文明の過程の二つの面を語る意味があった。すなわち、蓄積された知識の貯蔵分を次世代に伝達することと、同時代人がその行動の基礎としている情報を相互で交流することである。同時代人の交流の道具は、人が目的追求のためにたえず使用する文化的遺産の一部分であるから、これら二つは明確に切り離せるものではない。

知識の蓄積と伝達のこの過程について、もっとも馴染みの深いのは科学の分野である、科学が自然の一般法則とわれわれの住む世界の具体的特徴を明らかにしてくれるかぎりにおいて。しかし、科学はわれわれが受け継いだ知識の貯蔵のもっとも目立つ部分であって、必然的に知るものの主要な部分であるとはいえ、通常の意味での「知るということ」（knowing）においては、それはなお一部分にしかすぎない。というのは、そのほかに、人類が発達させ、われわれの環境を処理することを可能にする多くの道具——もっとも広い意味での——を、われわれは掌中にしているからである。これらは相続く世代の経験の結果であって、さらに受け継がれていくものである。そして、ひとたびより有効な道具が利用できる場合には、それがなぜ優れているか知らず、あるいはその代りのものが何であるかさえも知らずにもちいられることになるであろう。

人間が発達させ、人間環境への適応に非常に重要な部分を構成するこれらの「道具」には、物質的な道具以外のものがはるかに多く含まれている。その多くは人がその理由を知ることもなく習慣的に従っている行為の形態からなっている。これらは「伝統」および「制度」と呼ばれるものからなり、人がそれらをもちいるのは累積的な成長の産物として利用することができるからであって、かつてひとりの人間の知性によって考案されたというものではない。一般に人は使用する道具がなぜその形をしていて別のものではないかを知らないばかりでなく、かれの行為がある形を取り他の形を取らないことにたいして、どれほど多くのことに依存しているかについても無知である。人は通常、気がついてもいない習慣に従うことによって自分の努力の成功がどの程度左右されているかを知らない。このことは、おそらく文明人についても未開人と同様に当てはまるであろう。意識的な知識の成長と同時に、等しく重要なより広い意味における道具の蓄積、すなわち、吟味されて一般的に採用される事物処理の方法の蓄積がつねに起こる。

当面の関心は、このようにしてわれわれに受け継がれてきた知識あるいは将来において使用される新しい道具の形成にあるのではなく、むしろどんな仕方で現在の経験が直接その経験を積まない人びとの援助に利用されるかにあるのである。できるかぎり時間的な進歩の問題は次章に残し、ここではこの散在する知識と種々の技能、社会の個々の成員のいろいろな習慣と機会がたえず変化する環境にたいして、その活動の調整の実現にどんな方法で貢献するか注目することにしよう。

状況のあらゆる変化は、資源の利用、人間の活動の方向と種類、習慣と慣行にある変化を必然的にもたらすであろう。そして初めに影響を受けた人たちの行動の変化の一つ一つはさらなる調整を必要とし、それはしだいに社会全体に広がるであろう。すなわち、あらゆる変化はある意味で社会にたいして「問題」をつくりだす。ただし、どの単独の個人もそのようなものとしてその変化を見てはいない。そして、その問題は新しい全体的な調整が確立されることによってしだいに「解決」されていく。この過程に参加する人びとは自分がなぜそれをしているのかをほとんど考えていない。そして、各段階において誰が最初に適切な動きをするのか、あるいは知識と技能、個人的態度と事情のどんな特定の組合せがある人に適切な答えを示唆するのであろうか、あるいはまた、どんな経路を通じてその人の実例が他人に伝わってその後に続くのであるか、についてはほとんど予測の方法がない。このように、実際に行動を引き起こす知識と熟練の組合せで、しかもひとたび発見されれば一般に受けいれられる適切な慣行または工夫の発見を生みだす組合せを、すべて残らず想像することは難しい。しかし、無名の人たちが変化した事情のもとでありふれたことを繰り返していくうちに、無数の些細な行動を重ねることから広くいきわたる型が発生する。これらの型はそれ自体として明白に認識されかつ伝達される主要な知的革新と同様に重要である。

よりよい方法を発見する才能と機会の正しい結合の所有者が誰であるかは、まさにさまざまな種類の知識と技能がどのような方法と過程を通じて問題解決を達成するために結びつくのかと同様にほとんど予測できない(8)。知識と才能の有効な結合は共通の討議、すなわち共同の努力によって問題解決を求める人びとによって選ばれるのではない(9)。それは自分たちよりも成功した人びとを模倣する個人の産物であり、また個人がその生産物にたいして与えた価格とか、行為の基準をかれらが守ったことにたいして示される道徳的、審美的評価の表現のような、記号またはシンボルによって導かれる個人から生じる産物である。つまり、他人の経験の結果をもちいることの産物である。

この過程が機能するために必要欠くべからざることは、各個人が、少なくともなんらかの特定の環境に関するかぎりでは、必ず個別的な特定の知識にもとづいて行動することができること、そして自分の知る範囲内で、また自分自身の個人的目的のために、自分の個人的な技能と機会を使用できることである。

## 4　無知の承認の上に立つ自由擁護論

いまこの章の主な論点をすぐに理解できる点まで到達した。というのは、個人的自由を擁護するのは、われわれの目的と福祉の成就を支配する非常に多数の要素について、われわれがいずれもみな無知を免れがたいことを認める点にあるからである。[10]

もし全知全能の人間がいたとしたら、すなわち現在のわれわれの願望の達成に影響するすべての要素ばかりでなく将来の欲望と願望をも知ることができるとすれば、自由擁護の理由はほとんどないであろう。そして逆に、個人の自由はもちろん完全な予見を不可能にしてしまうであろう。自由は予想や予言の不可能なことにたいして余地を残しておくために必要不可欠である。われわれが自由を望むのは、目的の多くを実現する機会を自由に期待することを学んできたからである。すべての個人のもつ知識はきわめて乏しいし、またわれわれのうちで誰が最善の知識をもっているか知っていることが稀だからこそ、われわれが望んでいるものに気づいたときそれを出現させる、多数の独立した競争的努力を信頼しているのである。

人間の誇りを傷つけることになるかもしれないが、文明の進歩あるいはその保持さえ、偶然の出来事の起こる機会をできるだけ多くすることに依存しているということを認識しなければならない[11]。これらの出来事は個々人の身につけた知識と態度、技能と習慣の結びつきのなかで生じるものであり、また専門家たちが自ら処理する用意をしている特定の事態に直面した場合にも生じるのである。このように、われわれの無知が避けがたいのは確率的なものや偶然の出来事を主として取りあつかわなくてはならないことを意味するのである。

もちろん、私生活と同様に社会生活においても、好都合な出来事がいつもそのとおり生じないことは確かである。われわれはそのための用意をしておかなくてはならない[12]。しかし、それはなお偶然にとどまるのであって、確実なものにはならない。そこには危険を意図的に冒すことや、個人とか集団が成功して他の人たちと同じような功績がありながら不運にみまわれる可能性、多数にとってさえ重大な失敗または退歩の可能性などが含まれる。しかし差し引きすれば純利益だけは高い確率で予想される。われわれのできることは、個人の資質と周囲の事情のある特殊な結びつきがある新しい道具の形成または古い道具の改良をもたらす機会を高めたり、そのような革新がそれを利用できる人に急速に知られるようになるという見込みを高めることだけである。

すべての政治理論は大多数の個人がまったく無知であると想定している。自由を主張する人びとが他の人と異なるのは無知な者のなかに自分自身と並んでもっとも賢い者をもふくめるところにある。動態的な文明の進化のなかでたえず利用されている知識の全体と比較すれば、もっとも賢い者ともっとも無知な者が意識的にもちいることのできる知識のあいだの差異は相対的に見て些細なものである。

寛容についての古典的議論は、ジョン・ミルトン（John Milton）とジョン・ロック（John Locke）によって定式化され、ジョン・スチュアート・ミル（John Stuart Mill）とウォルター・バジョット（Walter Bagehot）によって再論されたが、それはわれわれの無知の承認の上に立っている。この議論はわれわれの心の働きにたいする非合理主義的な洞察によって開かれた一般的な考え方の、ある特殊な応用である。本書全体を通していおうとすることは、通常は気づいていないことであるが、自由のあらゆる制度が無知というこの根本的な事実への適応、すなわち確実性でなく、偶然性と蓋然性を扱うのに適応しているということである。われわれは人間の事柄に関しては確実性を手にすることはできない。そしてそれゆえに、知識をもっともよく利用するためには、われわれは全体としてもっとも有効であることが経験によって明らかになった規則に従わなければならない。ただし特定の場合において、この規則に従う結果がどうなるかはわれわれには不明である。(13)

## 5　未知の少数者のための機会としての自由

人は期待が失望に終わることから学ぶものである。いうまでもなく、われわれは人間の愚かな制度によって出来事の予言の難しさを増大させてはならない。われわれの目的は、正しい先見の機会を増大させるように人間の制度を可能なかぎり改善すべきことにある。しかしながらなにも増して、われわれは未知の個人にたいして未だ気がついていない事実を学ぶよう、そしてかれらがその行動においてこの知識を利用する機会を最大にするよう図るべきである。多くの人びとによる努力の相互の調整によって、個人が所有する以上の知識、あるいは知的に統合することのできる以上の知識が利用される。そしてこの散在した知識をこのように利用することにより、ある一個人が洞察できる以上のことが達成可能となる。自由とは個人の努力にたいする直接的統制の放棄を意味するからこそ、自由社会はもっとも賢明な支配者の頭脳が包含するよりもはるかに多くの知識を利用することができるのである。

自由のためのこの議論を根拠にして推論されることは、もしわれわれがためになるとわかっている特定の場合だけに自由を限定するならば、自由の目的を達成することができないということになるのである。有益な結果が生じると前もってわかっている場合だけに自由を許すのは自由ではない。どのように自由が行使されるか知っているならば、自由を擁護する理由はほとんど消滅してしまうであろう。ある人による自由の行使が望ましいと思われない場合でもそれが許されるのでなければ、自由の利益を得ることはないし、自由によって与えられる予想しがたい新発展を手にすることもできないのである。それゆえに、個人の自由に反対して、自由がしばしば濫用されるという議論は反論にはならない。自由は必然的に、われわれの好まない多くのことがおこなわれることを意味する。自由にたいするわれわれの信仰は、特定の事情の下での予見できる結果にあるのではなく、差し引きして悪に向かう力よりも善に向かう力を多く解放するであろうという信念にもとづいている。

また以上のことから、ある特定のことを自由にすることの重要性は、われわれあるいは多数の人びとがその特定の可能性を利用する傾向があるかどうかの問題とは無関係である、ということになる。すべての者が実施できることだけに自由をかぎるのは、完全に自由の機能を見誤ることになる。百万人のうちのただひとりだけが利用する自由は、われわれすべてが行使しているどんな自由よりも社会にとって重要であり、大多数の人びとにとってより有益であるかもしれない(14)。

ある特定のことをする自由を利用する機会が少なければ少ないほど、その自由は社会全体にとって貴重であるとさえいえるかもしれない。その機会が少なければ少ないほど、その機会が起こるときに、それを見逃すことはいっそう深刻であろう。というのは、そういう機会がもたらす経験は、独特なものといってよいからである。一個人が自由になすことのできる重要なことの大部分のものに多数の人びとが直接関心をもたないこともおそらく確かである。ある特定のことをする自由が非常に重要であるのは、各個人がかれらの自由をどのように使用するかをわれわれは知らないからである。もしわかっているとしたら、各個人が何をなすべきかを多数の決定にまかせることによって、自由の成果を達成することができる。しかし、多数の行為は当然ながらすでに試みられかつ確かめられたことにかぎられる。すなわち、それは討論の過程においてすでに合意に達している問題に限られている。その場合、討論に先立って、異なった個人によるさまざまな経験と行為がなければならないのである。

わたくしが自由から受ける利益はしたがって、大部分が他人による自由の利用の結果であり、たいていは自分自身では利用できない自由の利用の結果である。それゆえに、わたくし自身にとってもっとも重要なものは、自ら利用することのできる自由とはかぎらないのである。すべての人びとが同じことをなしうるということよりも、誰かがなんでも試みうることのほうがたしかに重要である。われわれが自由を主張するのは、特定のことをなしうるように望むからではなく、特定の自由がわれわれの幸福にとって不可欠とみなすからでもない。また物理的な拘束にたいして反抗をおこさせる本能は有力な味方とはいえ、必ずしも自由の正当化または限定にたいする安全な指針ではない。重要なことは、わたくしが個人的にどんな自由を行使したいかではなくて、社会にとって有益なことをおこなうためにある個人がどのような自由を必要とするのであろうかである。すべての人びとに自由を与えることによってのみ、われわれはこの自由を未知の人びとに保障することができる。

それゆえに、自由の利益は自由人にかぎられるものではない。あるいは、少なくとも人は自ら利用する自由の側面から主に利益を得るのではない。歴史において、不自由な多数者が自由な少数者の存在により利益を受けてきたことは疑いのないことであるし、現在においても不自由な社会は自由な社会から得たり学んだりしたことによって利益を受けていることは疑いない。もちろん自由を利用する人びとの数が増えればそれにつれて、われわれが他人の自由から受ける利益も増大する。それゆえに、一部の者の自由のための議論は、すべての者の自由に当てはまる。しかしながら、一部の者が自由をもつほうが誰ももたないことより優れているし、また多くの者が完全な自由をもつほうがすべての者が制限された自由をもつより優れている。大事な点は、特定のことを実行する自由の重要性がその実行を望む人びとの数には関係しないことである。むしろそれは反比例の関係にあるかもしれない。この議論の一つの帰結として、大多数が自分たちの自由が著しく制限されていることに気がつかないでいるうちに、社会は統制によって活力を失うことになるかもしれないのである。もし多数者の行使する自由だけが重要であるという想定を推し進めるならば、不自由の性質のすべてをもった停滞的社会をつくりだすことは確実である。

## 6　思想の自由と行為の自由

適応の過程においてたえず生まれてくる意図しない新規なこととして第一に挙げられるものは、いろいろな個人の努力を調和させる新しい取り決めまたは様式と、資源の利用における新しい組合せとからなる。これらのものはその性質上、それを生みだした特定の条件と同様に一時的なものであろう。第二には、新しい事情に適応した道具や制度の修正が生じるであろう。そのうちの一部分は同様にその時々の状態への一時的な適応にとどまるが、他の一部分は、現存の道具や用法の融通性を高める改善でもあり、それゆえに長く存続するであろう。この後者は時間と場所の特定の状況にたいしてだけではなく、われわれの環境の永続的な特徴にたいしても、よりすぐれた適応を構成することになるであろう。このような自生的な「形成物」[15]のなかに、自然を支配する一般的法則が知覚されるのである。こうして行動の道具と形態のなかに経験が累積的に具体化されることを通して、明示的な知識の成長すなわち人から人へ言葉によって伝えることのできる系統だった一般的規則が成長してくるであろう。

知的領域において新しいものが生まれてくるこの過程は、結果として新しい考えがもたらされるときにもっともよくわかる。知的領域では少なくともその過程の個々の段階についてはわかっている。そこで何が起こりつつあるか当然知っており、一般的に自由の必要性を認識している。多くの科学者は次のことを自覚している。すなわち、われわれは知識の前進を計画しえないこと、未知の世界への航海——探求がそれに他ならない——においては、個人の天分と環境の気まぐれに大きく依存すること、そして科学的進歩とは、あるひとりの心のなかに育つ新しい考えのように、社会がひとりの人間に与えるさまざまな考え方、習慣、および環境の結合の結果であり、幸運な偶発事の結果でもあれば体系的な努力の結果でもあるということを自覚している。

知的領域における前進はしばしば予想外で意図しないものから生まれてくるということをわれわれはよく知っているので、この領域における自由の重要性を過度に強調し、「行為」の自由の重要性を無視しがちである。しかし、探求と信仰の自由や言論の自由はその重要性が広く理解されているけれども、さまざまな新しい真理が発見される過程の最後の段階で重要な意味をもつにすぎない。行為の自由の価値を犠牲にして知的自由の価値を称賛するのは、大建築物全体のうち最後の仕上げの部分を取りあげているようなものである。われわれが議論すべき新しい考えをもち、調整すべき多様な意見をもつのは、これらがつねに新しい環境のもとにおける個人の努力から生ずるのであって、かれらはその具体的な仕事にさいして自分たちが学んできた行為に関する新しい道具や形式を利用するのである。

この過程の非知性的な部分、つまり新しいものを生みだす変化した物的環境の形成物を理解し評価するためには、主知主義者の見解によって強調された要素よりもずっと大きな想像力を働かせる必要がある。われわれは、時にはある新しい考えを生みだした知的過程の跡を辿ることができるけれども、明示的知識の獲得を導かなかった貢献に関する因果関係を再構成することはほとんど不可能である。つまり、われわれはその過程でもちいられた都合のよい習慣と技能、便宜と機会、および有利な結果をもたらした主要な人物の特定の環境を再構成することはほとんどできない。その過程のこの部分を理解しようとする努力がなしうるのは、単純なモデルによって作用しているさまざまな力を明らかにし、その一般的原理を述べるのがせいぜいであって、特殊な性質にまで及ぶことはできない[16]。人間はつねに自分たちが知っている事柄だけに関心をもっている。それゆえにその過程がすでにはじまっていながら、誰にも意識的には知られていない特徴は通常見過ごされ、詳細に跡を辿ることはおそらくできないのである。

事実、これらの意識されていない特徴はいつも見過ごされているばかりでなく、あたかも一つの妨害物であるかのごとく扱われることが多く、一つの有用物あるいは本質的条件として扱われることは少ない。それらはわれわれの推論のなかに明示的に入ってくるという意味での「合理性」をもたないので、しばしば知的活動に反するという意味で不合理的（irrational）なものとして取りあつかわれることがある。しかしながら、われわれの行動に影響を与える非合理的（non-rational）なものの多くはこの意味で不合理的であるかもしれないが、行動するときに利用し前提とする「単なる習慣」や一見、「無意味な制度」の多くは、われわれが達成しようとする事柄にとって基本的な条件である。すなわち、それらの習慣と制度は社会への成功をもたらす適応であって、たえず改良され、またわれわれの達成しうるものの範囲はそれらに依存するのである。習慣や制度の欠陥を見つけだすことは重要であるが、われわれは一瞬たりともそれらに依存しないですますことはできない。

われわれが自分の日課を定め、着る、食べる、住居を整える、話す、書く、その他無数の文明の道具をもちいることを学んできたその方法は、生産と取引の「ノウハウ」に劣らず、文明の過程にたいするわれわれ自身の貢献のよって立つに違いないその基礎をたえず提供してくれる。どんな文明の利器でも、それがわれわれに提供してくれる新しい用途と改良のなかでこそ新しい考えが生まれ、それが終局的に知的領域で取りあげられるのである。抽象的な思想の意識的な操作はひとたびそれが動きだすとある程度それ自体の生命をもつものである。ただし新しい仕方で行動したり、行動の新しい仕方を試みたり、また変化に適応して文明の全構造を変えたりする人間の能力からたえず挑戦を受けることなしには、このような抽象的な思想は長く存続しかつ発展することはないであろう。要するに、知的過程とはすでに形成された考えの彫琢、選択および排除の過程にすぎない。新しい考えの流れは大部分、行動、それもしばしば非合理的な行動と物質的な事象とが互いにぶつかり合う領域から生ずるのである。もし自由が知的領域だけに限定されるとしたら、この流れは枯渇してしまうであろう。

それゆえ、自由の重要性は自由が可能にする行動の崇高な性質に依存するのではない。行動の自由は取るにたらない事柄においてさえ、思想の自由と同様に重要である。行動の自由を「経済的自由」と呼んで軽蔑することが一般慣例となっている。[17] しかし、行動の自由の概念はその一部である経済的自由の概念よりはるかに広い。さらに重要なことには、単に「経済的」と呼びうる行動があるのか、また自由にたいするなんらかの制限を単に「経済的」側面と呼ばれるものに限定しうるかはすこぶる疑わしい。経済的に考えるとは、単に相異なる目的を調節・調整することを考えることであって、結局は経済的な目的というのはない（ただし、守銭奴、または、金儲けそれ自体が目的となった人を除く）。[18]

## 7　自由と価値の変化

われわれがこれまで述べてきたことの多くは、人間が自らの目的達成の手段を利用することに関してだけではなく、目的それ自体にも当てはまる。自由社会の特徴の一つは、人間の目標が開かれていること、[19] すなわち初めはほんの少数の人びとから起こってきた意識的な努力の新しい目的であったものが、やがて多くの人びとの目的となるということである。われわれが認識しなければならないことは、善あるいは美とみなすものでさえ変化しやすいという事実である。変化しやすいというのは、あるはっきりした形でわれわれに相対主義的立場を取ることを許すという意味ではないにしても、多くの点において後の世代にとって何が善あるいは美と見えるかがわからないという意味である。また、われわれはなぜあれをやこれを善とみなすかも知らないし、あることが善かどうかに関して人びとの意見が異なるとき誰が正しいかすらもわからない。人間が文明の被造物であることはその人間の知識のなかにだけでなく、目的や価値のなかにもある。すなわち結局、これらの個々の願望が持続するか変化するかを決定するのは、その集団あるいは種族の存続にとってそれらが適しているかどうかによる。もちろん、われわれの価値が進化の産物であると実際に理解しているからといって、それらがどうあるべきかに関する結論を引きだすことができると信じるのは誤りである。しかし、こうした価値がわれわれの知性を生みだしてきたものと同じ進化の力によってつくられ、かつ変えられることを疑うのは妥当ではない。われわれが知りうるのは、何が善か悪かを究極的に決定するものが個々の人間の知恵ではなく、「誤った」信念に固執してきた集団の衰亡によるということだけである。

文明のあらゆる種類の装置は、その時々の人間の目的追及のなかでその真価を示さなくてはならない。有効でないものは斥けられ、有効なものは保持されるであろう。しかしそこには古い要求の充足と新しい機会の出現とともに、たえず新しい目的が発生するという事実以上のものがある。どの個人あるいはどの集団が栄え存続するかは、掌中にある道具や能力と同様に、追求する目標や行動を支配する価値にも依存する。ある集団が繁栄するか消滅するかは、その物質的要求を満たす知識または無知の程度に依存するのと同様に、集団が従う倫理的綱領あるいはその集団を導く美や幸福の理想にも依存する。どんな社会のなかにおいても、特定の集団の興隆あるいは衰退は、その追及する目的とその従う行為の基準に依存するであろう。そして成功した集団の目的は、その社会におけるすべての成員の目的となる傾向があるだろう。

自らが保持している価値あるいは従っている倫理的規則がなぜ社会の存続に役立つかを、われわれはせいぜい部分的にしか理解していない。またたえず変化している条件のもとでは、ある目的の達成に有効であることが明らかであった規則がすべてみなそのまま後に残るかどうかは確かではない。既成の社会的基準はどんなものでもなんらかの仕方で文明の維持に貢献していると推定されても、このことを確証する唯一の方法は他の個人または集団の従っている他の基準との競争において、たえずその有効性を示しているかどうかを確認する以外にはない。

## 8　組織と競争

選択の過程の基礎にある競争とはもっとも広い意味に理解しなければならない。それは個人間の競争と同様に、組織集団と未組織集団とのあいだの競争をも含む。協調あるいは組織と対比して競争を考えることはその本質を見誤ることになるであろう。協調と組織によってある結果を達成しようとする努力は、個人の努力と同様に競争の一部分にすぎない。うまくいっている集団関係は、異なった方法で組織された集団間の競争においてもまたその有効性を発揮する。それに関する重要な区別は個人の行動と集団の行動とのあいだにあるのではなく、二つの状況のあいだ、すなわち一方ではいろいろな意見や慣習にもとづいたさまざまな方法が試みられる状況と、他方では一つの機関が排他的な権利をもち他の機関の試行を妨げる権力をもっている状況、とのあいだにある。特定の個人あるいは集団が卓越した知識をもっているという推定にもとづいて、そのような排他的権利が授けられる場合にのみ、選択の過程は実験的であることを止めるのである。そしてたまたまある時点で支配的であった信念が、知識の発展にとっての障害となるであろう。

自由擁護論は組織に反対する議論ではない。組織は人間の理性が利用しうるもっとも強力な手段の一つである。しかしそれはすべての排他的、特権的、独占的組織に反対する議論である。他人がより望ましい行動を試みるのを妨げる強制の使用に反対する議論である。あらゆる組織は一定の知識にもとづいている。そして組織は特定の目的と特定の方法を固く守ることを意味する。しかし知識の増大を意図した組織でさえ、その意図の基礎となっている知識や信念が正しいかぎりにおいて有効となる。そしてもしその組織の構造の基礎となっている信念が事実と矛盾するとすれば、その矛盾が明らかになるのはそれが失敗して別の組織にとって代わられる場合だけであろう。それゆえ組織は自発的であり一つの自由な領域のなかにあるかぎりは、有益かつ有効となることが多い。そしてその構想に際して考慮に入れてなかった事情にたいして自らを調整しなければならないか、あるいは失敗するかどちらかであろう。全体または社会を、ある単一の計画にしたがって建設され指揮される単一の組織に変換することは、それを計画してきた個々の人間の心を形づくった力そのものを消滅させることになるであろう。

もっとも有効な知識であると認められたものだけをすべての行動にもちいることにした場合はどんなことになるか、少し考えてみることは意味のあることである。もし一般に受け入れられている知識に照らして無駄であるとみなされた企てがすべて禁止され、支配的意見に照らして重要であると考えられた問題のみが取りあげられ、あるいはそうした試みだけが実施されるとすれば、人類はもっている知識によってすべての慣習的行動の結果を予言し、すべての失望あるいは失敗を回避することのできる地点にたしかに到達するかもしれない。そのときには人間は完全に結果を予言しうることだけを企図するであろうから、自分の環境を理性によって支配してしまったように見えるであろう。われわれは文明が停止状態に達していることに気づくかもしれない。それはさらなる成長の可能性が尽きてしまったからではなく、人間が現在もっている知識によって行動や直接取りまく環境すべてをあまりにも完全に支配することに成功したために、新しい知識が生まれてくる機会がなくなってしまったことによるのである。

## 9　合理主義と理性の制限

あらゆることを人間の理性に従わせたいと望む合理主義者は、こうして真のディレンマに直面する。理性をもちいるのは管理と予測能力を目的とする。しかし理性の前進の過程は、自由と人間行動の予測不可能性にもとづいているのである。人間の理性の力を称賛する人びとは通常、理性の利用と形成とが同時におこなわれる人間の思考と行為の相互作用の一面だけしか見ていない。前進が起こるためには、理性の成長を生みだす社会的過程が理性による管理から自由でなければならないことにかれらは気づいていない。

過去の人間のもっとも偉大な成功のうちのいくつかは、人間が社会生活を管理できなかったという事実によってもたらされたことはほとんど疑問の余地がない。人間のたえざる前進は現在支配のもとにある管理の実施を意識的に自制することに依存しているといってよい。過去においては成長の自生力はどんな制約を受けても通常、国家の組織的強制にたいしてなおも自らの力を発揮することができた。しかし今日、政府の意のままになる管理の技術的手段をもってしてはそうした力の発揮が可能かどうか疑わしい。いずれにしてもやがては不可能になるかもしれない。前進を可能にしてきたこれらの自生力を社会の意識的に組織された力が破壊してしまうかもしれない地点から、われわれはそう遠くないところにいるのである。

# 第三章　進歩の常識

人は自分がどこへ向かっているかを知らないときほど、高いところへ登るものである。

オリヴァー・クロムウェル（Oliver Cromwell）





## 1　進歩に関する幻滅

今日の評論家たちがもし比較的教養の高い人びとのあいだでの評判を気にするならば、進歩についてあえて語ろうとするときこの言葉に疑問符をつけずにはすまさないであろう。進歩の恩恵を暗黙のうちに信頼することが過去二世紀にわたって進歩的思想家の特徴であると考えられていたが、そのような信頼は浅はかな心のしるしとみなされるようになっている。世界のほとんどの地域で人民大衆は依然として進歩の継続に希望を託しているとはいえ、知識人のあいだではそういうものがあるかどうか、あるいは少なくとも進歩が望ましいかどうかを疑うのが普通である。

進歩の必然性への華やかで素朴な信仰にたいするこの反動は、ある程度までは当然であった。進歩について記述され語られてきた大部分のものはあまりにも擁護しがたいものであったので、その言葉を使うに際して再考してもよい。「文明は、望ましい方向へ動いてきたし、動いているし、さらに動いていくであろう(1)」という主張を認める根拠はほとんどなかったし、すべての変化を必然とみなしたり、あるいは進歩を確実にしてつねに有益とみなす理由は少しもなかった。とりわけ、われわれが必然的に動いていく状態の予測を可能にする、認識しうる「進歩の法則」を語る保証はまったくないし、人びとが犯してきたあらゆる愚かなことを必然的でしたがって正しいとみなす保証もなかった。

しかし最近流行している進歩についての幻滅を説明することが困難ではないとしても、それには危険がないことはない。ある意味で文明は進歩であり、進歩は文明である(2)。われわれの知っているような文明の維持は有利な条件が備われば、進歩を生みだす力の作用に依存する。もし進化は必ずしもよりよい事態を導かないということが真実であるとすれば、進化を生みだす力なしには文明およびわれわれの評価するいっさいのもの――人間と野獣を区別するほとんどすべてのもの――は存在もしなければ、長く存続しないこともまた真実である。

文明の歴史は、八千年にも満たない短いあいだにわれわれが人間生活の特徴とみなしているものの大部分をつくりだした進歩の説明である。われわれの直接の祖先の多くは狩猟生活を捨てた後、新石器時代の初期に農耕に移行し、そしてまもなくおそらく三千年、すなわち百世代たらず前に都市生活に入ったのである。ある点で人間の生物学的な装置が急速な変化に歩調を合わせてこなかったこと、人間の非合理的な部分の適応がいくぶん遅れていること、さらに人間の本能と感情が未だに文明生活よりも狩猟者の生活に適しているということは驚くにあたらない。もしわれわれの文明の多くの特徴が不自然で人為的、または不健康に映るとするならば、それは人間が最初に都市生活に移行して以来、実際には文明がはじまって以来、経験し続けていることに違いない。産業主義、資本主義、あるいは過度の洗練にたいする周知の不平は、みな新しい生活様式に反対する抗議である。人間は放浪する狩猟者として五〇万年以上の後、わずかのあいだにこのような生活様式を取りいれたのであって、それが生みだした問題はまだなお未解決のままなのである。(3)

## 2　進歩と改良

進歩を個々人の努力、あるいはある組織化された人間の努力との関連で述べる場合、進歩はある既知の目標への前進を意味している。(4)この意味では社会的進化を進歩と呼ぶことはできない。というのは社会的進化は、既知の手段をもちいてある確定した目標に向かって努力する人間の理性によって達成されるものではないからである。(5)進歩を人間の知性の形成と修正の過程として考えること、すなわちすでに知られている可能なことだけでなく、われわれの価値も願望もたえず変化する場合の適応と学習の過程として考えることが正しいであろう。進歩は未知のものの発見にあるので、その結果は予測できないに違いない。進歩はいつも未知の世界へ導く。したがって、進歩を生みだす諸々の力の種類の理解を深めること以上に期待することはできないのである。さらに、もしわれわれが進歩にとって好都合な条件をつくりだそうとするならば、この累積的な成長過程の特徴を全般にわたって理解することが不可欠であるけれども、それは特定の予測をわれわれに許すような知識では決してない。(6)このような洞察から、従わねばならない進化の必然的な法則を導出できると主張するならば、それは愚かなことである。人間の理性は自らの未来を予測することも意図的に形づくることもできない。人間理性の前進はそれが誤っていたところを見いだすことにある。

新しい知識の探求がきわめて意図的に進められる分野、すなわち科学においてすら、誰も自分の仕事の結果がどうなるかを予測できないのである。(7)事実、科学によって有用な知識、つまりその将来の用途が予測できる知識を意図的に求めようとする試みでさえ、進歩を妨げる傾向があることが次第に広く認識されてきている。(8)進歩はその性質上、計画することのできないものである。特定の問題を解くことをめざし、すでにその解答の手がかりを得ているような特殊な分野では、進歩を計画するといってもおそらく差しつかえないであろう。しかしもしいま目に見えている目標に努力を限定し、かつそのあいだに新しい問題が生じないとすれば、努力はいらなくなるだろう。これまで知らなかったことを知ることによって、われわれは以前より賢い人間になる。

しかし、時には知ることによって惨めになることがある。進歩は一部には努力してきたことを達成することにあるのだけれども、だからといってわれわれがそのすべての結果を好むとか、すべての人が利得者になるとはいえない。さらにわれわれの願いや目的もまた進歩の途中で変化することがあるので、進歩によって生みだされる新しい状態がより良いものであるという表現が明確な意味をもっているかどうかは疑問である。自然に関する知識と支配力の累積的成長という意味での進歩は、新しい状態が古い状態よりも多くの満足をもたらすかどうかに関してはほとんどなにも語らない言葉である。喜びはわれわれが努力してきたことを成し遂げるということ自体にのみあるであろう。したがってその入手が保証されたからといって、それによっては満足はほとんど得られないかもしれない。もし現在の発展段階にとどまらねばならないとした場合、われわれが百年あるいは千年前にとどまっていた場合よりも、なんらかの深い意味において改善されているかどうかあるいは幸福であるかどうか、という問題にはおそらく答えられないであろう。

しかし答えは重要ではない。重要なことはその時々にできると思われることに向かって努力して成功することである。過去の成功の果実ではなく、将来と将来のための生活こそが、人間の知性の意義を明らかにするのである。進歩は運動のための運動である。というのは、学習の過程と何か新しいことを学んだことの効果のなかに、人間はその知性の贈り物を享受するからである。

多数の人が個人的な成功を楽しめるのは、全体的にかなり急速に進歩する社会においてのみである。停滞的な社会では、下り坂にある人も上り坂にある人も同じような数になるであろう。大多数の人びとが個人的な生活において前進に加わるためには、社会は相当の速さで進む必要がある。したがって、アダム・スミスの次の言葉が正しかったことにはほとんど疑問の余地はない。すなわち「働く貧民の状態、つまり人民の大多数のものの状態が、もっとも幸福でもっとも快適であるように思われるのは社会が富の全量を獲得してしまったときよりも、むしろ社会がその獲得に向かって前進している進歩的な状態にあるときである。社会が停滞的な状態にあるときには、働く貧民の状態は耐えがたく、またそれが衰退的な状態にあるときは惨めである。実際、進歩的な状態は社会のさまざまな階級の全員にとって心から楽しい状態である。停滞的な状態は活気に乏しく、衰退的な状態は憂鬱である。(9)」

進歩的な社会を大いに特徴づけている事実の一つは、個々人が努力して求める大半のことが、その社会においては、いっそうの進歩を通じてのみ達成されるということである。この事実は進歩過程の必然的な特徴から生まれてくる。すなわち新しい知識およびその恩恵は徐々にしか広がらないし、また多数の人の願望はまず初めに少数者だけが手に入れることのできるものによっていつも決定されるであろう。これらの新しい可能性があたかも最初から社会の共有物であって、その社会の構成員の任意に共有できるものと考えるのは間違っている。すなわちそれらが共有物となるのは、緩慢な過程を経て少数者の成果が多数者に利用されるようになる場合にすぎない。このことは通常、社会発展の際に、二、三の際だった重要な前進に過度の注目が集まるために、しばしば曖昧になる。しかしたいていの場合、主要な発見は単に新しい展望を開くだけであり、どこかで生まれた新しい知識が一般的に使用されるには、長期のいっそうの努力が必要である。新しい知識が十分に使用されるまでには、適応、選択、結合そして改善の長い過程を辿らなくてはならないであろう。これはすでに新しい成果から利益を得ている人がいつもいて、未だそれを得ていない人が他にいることを意味している。

## 3　進歩と不平等

われわれが期待するようになった急速な経済の前進は、主としてこの不平等の結果であり、不平等なしには不可能であると思われる。そのような急速な進歩はすべてに分け隔てのない状態で進行することはありえず、一部が他の部分よりはるかに先んじるような等差がある形態で生ずるに違いない。これにたいする理由は、経済的進歩を主として多くの量の財や設備をたえず蓄積することとみなす習慣によって隠されてしまう。しかし生活水準の向上は、少なくとも同じく知識の増大によって、同じものをより多く消費することができるだけでなく、異なったものまた時にはこれまで知らなかったものを使用できるようにすることに依存している。そして所得の増大の一部は資本蓄積に依存しているが、多くは資本のより有効な新しい目的のための使い方を学ぶことに依存する。

知識の成長は次の理由から特に重要である。すなわち、物的資源はつねに稀少であって限られた目的のために保存しておかなくてはならないだろうが、新知識の利用は（独占の特許権によって人為的に稀少なものとしないかぎり）無制限であるからである。ひとたび獲得された知識はすべての人の利益のために無償で利用できる。社会の一部の構成員の実験によって獲得された知識のこの無償の贈与によって全般的な進歩が可能になり、先に進んだ者の成果が後に続く者の前進を容易にすることになる。

この過程のどんな段階においても、すでに生産方法はわかっていながらまだあまりにも高価なために少数の人びとにしか供給できないものがつねにたくさんあるであろう。初期の段階では、ほぼ均等な分配のもとにおいてもそれらから利益を受けることができるのは少数者で、総所得のうちのかれらの分け前の何倍にもあたる資源の支出に拠らなければ、それらを生産することはできない。最初、新しい財は「選ばれた小数の人びとの気まぐれであって、その後に大衆にとって必要なものとなり、生活必需品の一部を構成するのである。というのは今日の贅沢は明日の必需品であるからである。[10]」そのうえ、新しい物はしばらくのあいだ、少数の人びとの贅沢品であったという理由でのみ、しばしば大多数の人びとにとっても利用可能なものとなるのである。

もし比較的豊かな国で、最近まで物理的に十分な量を生産できなかった施設や便益を今日多くの人びとに提供できるとすれば、これは大部分それらが最初少数の人たちのためにつくられたという事実に直接起因している。快適な家庭、運送や通信の手段、娯楽や楽しみなどの便益を、初めはかぎられた量しか生産することができなかった。しかしながらそうすることにより、われわれははるかに少ない資源の消費によって、それらまたは類似のものをつくることを徐々に学び、そしてその結果、大多数の人びとにそれらを供給することができるようになったのである。したがって富める者の支出の大部分はそうした目的を狙ったものではないが、結果的には後に貧しい者に利用されるようになる新しいものの実験費用の支払いに役立っている。

重要なことは、すでに少量を高費用で生産する方法を知っているものを大規模に安く生産するという点にあるだけでなく、進んだ状態から見てさまざまな願望と可能性の来たるべき範囲がわかってくる点にもある。そのために新しい目標の選択やその目標の達成のための努力は、多数の人びとが望むずっと以前にはじまるであろう。もし多くの人びとの現在の目標が実現された後にかれらの望んでいることがやがて利用可能となるとしたら、二〇年あるいは三〇年後に大衆に果実をもたらすような発展は、それらを享受している地位にすでにいる人の考え方によって導かれるものである。

今日、もしアメリカあるいは西ヨーロッパにおいて、比較的貧しい人びとがかれらの所得のかなりの部分を費やして、自動車や冷蔵庫やラジオを所有したり、あるいは飛行機で旅行することができるとすれば、それは過去にもっと多くの所得のある他の人びとがその時には贅沢であったものに支出することができたから可能になったのである。前進のための道は、以前に踏み固められたという事実によって大いに容易になる。あまり恵まれていない、あるいはあまり精力的でないもののために道路が建設できるのは、偵察隊が目標を見つけていたからである。少数者によって享受され、大衆が夢にも見なかった贅沢または浪費とさえ今日思われるかもしれないものは、最終的には多数の人びとが利用できる生活様式の実験のための出費である。試行され、のちに発展するものの範囲、すべての人に利用可能になる経験の蓄積は、現時点の利益の不平等な分配によって大幅に拡大する。つまり、最初の段階に長い時間を要し、その後に多数がそれから利益を得ることができるならば、前進の割合が大いに増加するのである。実際、多くの改良は一部の人に利用される期間が長くなかったならば、決してすべての人にとって可能なものとはならないであろう。もしもより良いものが全員に提供されるようになるまで全員が待たなければならないとするならば、多くの場合、その日は決してやってこないであろう。今日の貧しい者でさえ自分たちの相対的な物質的幸福を過去の不平等の結果に負っているのである。

## 4　生活における実験

われわれの知っている進歩的な社会では、比較的豊かな人びとは他人の人びとよりほんのわずか先んじて物質的利益を享受しているにすぎない。かれらは他の人びとがまだ到達していない進化の局面ですでに生活しているのである。結果的に見れば、貧困は絶対的概念よりむしろ、相対的な概念になっている。だからといって、貧困が苦々しいものでなくなったわけではない。進んだ社会における満たされない欲求というものは、もはや肉体的なものではなく文明の結果であるけれども、各段階で多くの人びとが望むものの一部分が少数者だけに供給され、いっそうの進歩によってのみ全員の手に入るようになる、ということは依然として正しい。われわれが努力して求めるものの多くは、他の人びとがすでにもっているために欲しがるものなのである。しかし、進歩的な社会は習得と模倣の過程に依存しながら、社会の生みだす欲望をさらなる努力へと駆りたてる衝動としてのみ認めるのである。それは全員に努力の果実を保証するものではない。それは他の人の実例によって引き起こされる欲望が満たされないために受ける苦痛を無視する。それは一部の人びとへの贈り物を増やすにつれて、すべての人びととの欲望を増大させるので残酷に見える。しかし進歩的な社会であるかぎりは、一部が先立ち、残りの者が後に従わねばならないのである。

いかなる進歩の局面でも、富める者は貧しい者にとって未だ手の届かない新しい生活様式を実験することによって、貧しい者の前進に必要なサービスをおこなうのであって、それなくしては貧しい者の前進ははるかに遅れるであろうという主張は、一部の者にはこじつけで冷笑的な弁解の一つに見えるであろう。しかしほんのわずか考えればわかることだが、この主張はたしかに根拠のあることであって、社会主義はこの点に関して自由社会を模倣しなければならないであろう。計画経済では（もしも他のより進歩した社会を容易に模倣できないかぎり）、最新の進歩を実験する義務を個人に早くから課し、その後にその進歩を残りの者に利用させるようにしなければならない。新しくてまだ高価な生活様式は、最初一部の人によって実践される以外には一般に手の届くようにさせる方法はない。もし各個人が個々の新しいものを実験することが許されたとしても、それだけでは十分ではない。これらの新しいものの適当な用途と価値は一般的な前進の不可欠な部分としてのみ存在するのであって、その進歩のなかで次に望まれるものとなるのである。種々の新しい可能性のなかのどれが各段階で開発させられるべきか、すなわち個々の改善は一般的前進にいつどのように結びつけられるべきかを知るためには、計画経済はある一つの階級全体あるいは多くの階級のなかの一つの階層にたいして供給をすることになって、それはつねに残りの階級より数歩先んじて進むであろう。そのときには事態は自由社会のものとは次の事実においてのみ異なるであろう。すなわち、不平等が計画にもとづくものであることと、特定の個人または集団の選択がむしろ権威者によってなされて、市場の非人格的な過程と出生や運の偶然性によってなされるのではないことである。さらにつけ加えておくべきことは、より良い生活といっても権威者によって認められる種類のもののみが許されることと、そのような生活が特別に指定された者にのみ提供されるだろうことである。しかし、計画社会が自由社会と同じ速さで前進するためには、普及すべき不平等の度合いはそれほど異なるものではないであろう。

この際、望ましい不平等の度合いをはかる実用的な尺度なるものは存在しない。もちろん、われわれは個々人の地位が恣意的な決断によって決められたり、あるいは人間の意志により特定の人に与えられた特権によって決められたりすることを望むものではない。しかしながら、ある人が他の人びとよりはるかに進んでいる、あるいは一部の人の進歩が他の人の進歩より著しく勝っていることが社会にとって有害であるということを、どの程度正当に述べられるかを判断することは難しい。もし前進の程度において大きな隔たりがあらわれているとすれば、正当にこれを述べてもいいかもしれない。しかしその格差の程度が多少とも連続的であって、所得のピラミッドの各段階が適度に占められているかぎり、下層の人たちが上層に他の人がいるという事実から物質的に利益を得ていることはほとんど否定できない。

先に立っている人びとが主張する権利は、もしそうでなければ他の人びとに利用できるものにたいしてなされているのだ、とする誤った考えから反論が生まれる。もし過去の進歩の成果の単純な分配のことだけを考えて、われわれの不平等な社会によって促進される不断の前進のことを考えないとすれば、この反論は正しいであろう。長期的に見れば、他の集団の存在は後続の人にとって明らかに有益である。ちょうど未知の大陸、あるいは別の惑星にいる他の人びとがより有利な条件のもとで獲得したより進んだ知識に突然頼ることができるとしたら、われわれ全員が大いに利益を得るように。

## 5　国際的側面

平等の問題は、自分が属している社会の成員が影響を受けるときには、冷静な立場で議論することが難しい。豊かな国と貧しい国との関係のように比較的広い局面でこの問題を考察する場合には、それがいっそう明確にあらわれてくる。その場合、どんな社会のどの成員も、その集団の所得の一定の分け前にあずかる自然の権利をもつという考え方によって惑わされることは比較的少ない。今日、世界の多くの人びとは相互の努力から利益を受けているにもかかわらず、世界の産出物は人類全体の統合的努力の結果であると考えるべきたしかな理由はない。

現に西欧の人びとが他の諸国の人びとより富裕さにおいてはるかに進んでいるという事実は、一つには、より大きな資本蓄積の結果であるとはいえ、主としてそれは知識のより効率的な利用の結果である。疑うまでもなく、より貧しい「低開発」諸国が西欧の現在の水準に到達する見通しは、西欧が他の国よりはるかに前進していなかった時代よりはるかに良い。さらに近代文明の興隆の道筋において、ある世界的な権力がどの国も他国より抜きんでないようにしたり、各段階で物的利益を世界中に等しく分配されるようにはかろうとした場合よりも、発展の見通しははるかによい。もし今日、西欧が達成するのに何百年あるいは何千年も要した物質的安楽の水準を、ある国民が数十年で獲得できるとするならば、西欧がその物質的成果を他の国と分かちあうことを強いられなかったという事実――西欧が引きとめられず、他の国よりはるかに前進することができたということ――によって、その道は明らかにいっそう容易になっていたのではないか。

非常に優れた技術的知識をもっているから西欧諸国はより豊かであるというだけでなく、より豊かであるから優れた技術的知識をもっているのである。そして先導諸国が獲得するのに多くの費用を要した知識を無償で贈与することは、後続諸国が非常に少ない費用で同じ水準に達することを可能にする。たしかに、ある国が先に立っているかぎり、他のすべての諸国は後を追うことができる。たとえその場合、自生的進歩の条件が後続諸国に欠けていることがあるとしても、自由をもたない国あるいは集団でさえ、自由の果実から多くの利益を得ることができることは、自由の重要性がよく理解されない理由の一つである。世界のほとんどの地域にとって、文明の前進は昔から伝来してきた事柄であり、また革新のほとんどは余所のどこかで生まれるとしても、現代の通信手段をもってすれば、どの国も極端に遅れなくてすむのである。ソ連あるいは日本は、アメリカの技術の模倣を試みながらなんと久しく生きてきたことであろう。誰か他の人が新知識の大部分を提供し、また実験の大部分を提供するかぎり、このすべての知識を計画的に応用して、一定集団の大部分の成員に同時にまた同程度に恩恵を与えることさえできるかもしれない。しかし平等主義的社会はこの意味では前進できるけれども、その進歩は本質的に寄生的で、費用を負担したものから借りたものである。

これに関連して記憶に値することであるが、この世界的規模の発展において、一国をして指導力を発揮させるのは、その国の経済的に非常に進んだ階級であること、またそのような差異を故意に平準化する国は、その先導的地位をも放棄するということである。イギリスの例が悲劇的にこれを示している。古い伝統をもつ富裕階級が他のどこにも劣ることのない質と上品な産物を需要したこと、その結果として世界中の国にそれからの財を供給するようになったという事実からすべての階級は恩恵を受けたのであった。しかし、イギリスの指導力は他の国々が見習った生活様式をもつ階級の消滅とともに失われた。イギリスの労働者はまもなくこういうことに気がつくであろう。すなわち、かれらは自分たちより裕福な多くの人びとを含む社会の成員であったことから恩恵を得ていたこと、そしてかれらが他国の労働者より進んでいたのは自国の富裕階級が他国の富裕階級より同様に先んじていたことの結果であったということに。

## 6　再分配と進歩の速度

国際的な規模における大きな不平等でさえ、全体の進歩にとって大いに役立つとするなら、同じことが一国内のそのような不平等についても当てはまることに疑問の余地があるだろうか。この場合にもまた前進の全体の速度はもっとも速く進む者によって高められるであろう。たとえ多くの者が最初遅れたとしても、通路の用意をしたことの累積的な効果によって、かれらの前進はやがてはなはだ容易になってその行進についていけるようになるであろう。多くの富裕な人びとを含む社会の成員は実際にある大きな利益を享受するが、それは貧しい国に住む人びとには手にできない。というのは、かれらは富める者によって供給された資本や経験から恩恵を受けられないからである。それゆえこの事情から推して、より大きい分け前を要求する個人の主張を正しいとする理由は理解しがたいのである。一般的にいって、急速な進歩がある期間継続した後には、後に続く人たちが累積的な利益によって、先に立っている人びとより急速に進むことを可能にするほど十分大きく、その結果、長く引きのばされた人類の進歩の隔たりが縮まってくる傾向を生ずるのが実際であろう。少なくともアメリカの経験が示すところは、いったん下層階級の地位の向上が速力を増してくれば、富裕者へ便宜をはかることは大きな利益の主要な源泉とはならず、大衆の要求にそった努力に地位を譲るように思われる。したがって、初めに不平等自体を強調する力は、後にそれを消滅させる傾向がある。

それゆえに、意図的な再分配によって不平等を減らし、そして貧困をなくす可能性を考えるには、二通りの方法、すなわち長期的観点と短期的観点の方法がある。ある一定の時点においては、豊かなものから取りあげたものを極貧者に与えることによって、その地位を改善することができるであろう。しかし進歩の隊列のなかの地位をそのように平等化することは上下のあいだの接近を一時的に進めるであろうが、それはまもなく全体の運動を遅らせ、そして長期的には遅れているものをそのままの状態にとどめることになるであろう。最近のヨーロッパでの経験がこのことを強く確証している。貧しいが高度に競争的な国は非常に動態的かつ前進的になっているのにたいして、豊かな社会が平等主義的政策によって停滞ではないとしても静態的社会に急速になっていったことが、戦後期もっとも顕著な特徴の一つである。この点に関しては、一方ではイギリスやスカンジナビア諸国の先進的な福祉国家と、西ドイツやベルギーあるいはイタリアのような諸国とのあいだの対照が、前者の国々によってさえ認識されはじめている。(11) ある社会を停滞的にするには、同一の平均所得水準のようなものを全部に課すことほど有効な道はない、あるいは進歩を遅らせるにはもっとも成功した者にわずか平均を上回る所得水準しか認めないことほど有効なものはない、ということを立証する必要があるとするなら、これらの実験がそれを提供してきた。

奇妙なことには、すべての公平な観察者はおそらく認めるだろうが、原始的社会の場合に全人口が同じ極貧の水準にいるかぎりほとんど光明の余地がなく、また前進の第一条件は一部の者が他の者より進んでいることにたいして、同じことをより進歩した国にたいして積極的に認めようとする人はほとんどいないのである。もちろん政治的な特権をもったものだけが上にのぼることを許される社会、あるいは最初に進歩するものが政治的権力を獲得し、他の人を抑えつけるためにそれをもちいるような社会は平等主義的社会より勝るとはいえないであろう。しかし、一部の者の上昇にたいする障害は、長期的にはすべての者の上昇にたいする障害でもある。そして、それは大衆の一時的な熱情を満たすかもしれないが、かれらの真の利益にとっては等しく有害である。(12)

## 7 物質的進歩とその他の価値

西欧の先進諸国に関してしばしばいわれることは、進歩が急速すぎる、あるいはあまりにも物質的なものにかぎられているということである。おそらく、これらの二つの面は密接に関連がある。非常に急速な物質的進歩の時代は、芸術開化の時代ではまったくなかった。そして、芸術的または知的な努力にたいする最高の評価とそうした努力のもたらした最優秀の産物はともに、しばしば物質的進歩が停滞したときにあらわれたのである。一九世紀の西欧も、また二〇世紀のアメリカも芸術的業績に関しては卓越していない。しかし非物質的価値の創造の大噴出は、それに先立つ経済的条件の改善を前提としているように思われる。一般的に見てこのような富の急速な成長期の後に、非物質的なものへの転換が生まれたり、あるいは経済活動がもはや急速な進歩への魅力を与えなくなるとき、才能豊かな人びとのなかから他の価値の追求に向かうものがでてくるのは自然のことである。

もちろんこのことは、単に急速な物質的進歩の一面として、先頭に立つ人びとの多くをその価値にたいして懐疑的にするものにすぎないし、またもっとも重要な一面ではないであろう。大多数の人びとが、進歩の結果の全部あるいはそのほとんどでさえ望んでいるかどうか確かでないことを、われわれはまた認めなければならない。多くの人びとにとって、進歩は意図にもとづかざる事柄であり得ようと望む多くのものをもたらす一方、かれらがまったく望まない多くの変化をも強いるものである。個人は進歩に参加するか否かを選択する力をもっていない。そして、進歩はつねにかれらに新しい機会を提供するだけでなく、かれらが望んでいる多くのもの、すなわちかれらにとって多くの大切で重要なものを奪うことにもなる。これは一部の人にとってはまったくの悲劇かもしれない。そして過去の進歩による果実を頼りにして生きることを好み、将来の進路に参加しようとしないすべての人びとにとっては、祝福よりは呪いと見えるかもしれない。

とくにあらゆる国あらゆる時代において、多少とも静止的状態に達してしまった集団があり、そこでは生活習慣や生活様式は数世代にわたって固定している。このような生活様式がかれらとまったく関係のない発展によって突然、脅かされることがあるかもしれない。そしてかかる集団の成員ばかりでなく、しばしば部外者も、ともにその生活様式の維持を望むであろう。ヨーロッパの小作農民の多くや、また特に辺鄙な山峡の人たちがその一例である。かれらは自分たちの生活様式を大事にするけれども、それにもかかわらず、その生活様式は行き詰りにきているし、またたえず変化している都会文明にあまりにも依存するようになっているために、それ自体を維持することができなくなっている。しかも他の人と同じように保守的な小作農民も、自分自身の生活様式をある異なった型の人びと、すなわちその時代の革新者であった人びとに依存している。そしてまたかれらは古い文化段階に属する人びとに新しい生活様式を強いたのである。小作農民が産業の侵入に関して不平をいうのと同様に、遊牧民もたぶん牧場の囲い地の侵入に不平をいった。

そのような人びとが甘受せねばならない変化は進歩にともなう費用の一部であり、人類の大部分がというより、厳密にいえば、人類のすべてが文明の成長によって、自分自身の選択によらない道へ導かれていくという事実の例証である。もし大多数の人びとが進歩にともなうあらゆる変化について意見を求められたとすれば、かれらはおそらくその必要条件と結果の多くを差し止め、究極的には進歩自体の停止を望むことになるかもしれない。しかもなお、わたくしは次のことを学ばざる得ない。すなわち（ある支配的エリートの決定とは異なり）大多数の人びとの熟慮の上の投票によって、ちょうど自由市場社会でおこなわれるのと同じように、よりよい将来のためにということで、このような犠牲が決定された場合のことをである。けれどもこのことは次のこと、つまり人びとが実際に望んでいる多くのことを達成するのには進歩の継続を必要としないこと、しかもその進歩についてできることならかれらが即時的には賛成することのできないその影響を防ぐことによって止めること、を意味するものではない。

今日、われわれが少数の人に供給することができる快適さを遅かれ早かれ、すべて残らず全部の人に利用させることはできないであろう。すなわち人的サービスのような快適さについては明らかに不可能である。それは富裕者が進歩によって失わざるをえない利益のなかの一つである。しかし少数の人たちの利益のほとんどは、時の経過につれて、他の人びとにも利用可能になる。まさに現在の悲惨と貧困の減少にたいするわれわれのいっさいの希望はこの期待にかかっている。もし進歩を放棄するならば、われわれが現在望んでいるこれらすべての社会的改善をも放棄しなければならないであろう。教育と健康における望ましい進歩、少なくとも大多数の人びとが努力している目的地に到達するという願望の実現は、進歩の継続に依存している。記憶しておかねばならないただ一つのことは、先頭に立つものの進歩を妨げることがやがて後続の全部にわたって進歩を妨げることになるということであり、かかる結果は実際にわれわれのもっとも望まないものであることを思い知らされるであろう。

## 8　文明は絶えざる進歩に依存する

これまで取りあつかってきたのは主にわれわれ自身の国、またはその文明の仲間であると考えている国のことであった。しかし考慮せねばならないことは、過去の進歩の結果、つまり知識や向上心の迅速で容易な交流が世界的な普及、継続的で急速な進歩を望むか否かに関する選択がほとんど不可能になったという事実である。現在の状況において前進をもたらす新しい事実は、われわれの文明の成果が世界の他のすべての諸国の願望および羨望の対象となっていることである。あるより高い観点から見て、われわれの文明が実際よりよいものであるかどうかに関係なく、その物質的な結果がそれを知るようになったほとんどすべての人びとによって要求されているということを認めなければならない。かれらはわれわれの文明の全体を受けいれることを望まないかもしれないが、きっとその文明から自分に合うものはなんでも拾いあげて、選ぶことのできることを望んでいる。異なる文明が依然として保持され多くの人びとを支配しているところでさえ、西欧文明の知識や技術の採用においては、もっとも進んでいる人びとの手中に指導力がほとんど確実に握られていることは、残念なことであるが無視することのできない事実である[13]。

二つの型の文明が今日、世界の人びとの支持を求めて競い合っているように表面的には見えるが、実際は二つの文明が大衆に与える約束、すなわち大衆に提供する利益は本質的には同じだということである。自由主義の国、そして全体主義の国もともにそれぞれの方法がそれらの人びとの望むものをより迅速に提供すると主張するが、目標自体は両者にとっては同じに見えるに違いない。主要な相違は全体主義者だけがその結果を達成しようとする方法を明らかに知っているように見えるのにたいして、自由な世界は過去の業績を示すだけで、将来の成長にたいするどんな詳細な「計画」を示すこともその性質上できないということである。

しかし、もしわれわれの文明の物質的な成果が人びとに向上心を植えつけたとすれば、それは同時にもし当然属すべきものと信じているものがかれらに与えられない場合、その文明を破壊する新しい力をも与えたことになるのである。いろいろな可能性についての知識が物質的な便益よりも急速に拡大するにつれて、今日、世界の人びとの大部分はこれまでになかったほど不満をもつようになり、かれらが自らの権利として考えるものを獲得しようと決意する。かれらがどの国の貧しい人たちと同じように間違って信じているのは、その目標がすでに存在する富の再分配によって達成できると思っていることである。そして西欧の教えにより、この信仰をいっそう強くしたのである。かれらの力が強くなると、進歩のもたらす富の増加の速さが十分でない場合には、このような再分配を強要することができるようになるであろう。さらに再分配は先に立つものの前進の速度を弛め、そのために次の改善でさえ、さらに多くの部分が再分配に待たねばならぬ事態を招来せざるをえない。というのは経済成長によって与えられるものがますます減少するからである。

今日、世界の住民の大多数が熱望しているものは、急速な物質的進歩によってのみ満たすことができる。現在の風潮では、期待に反する深刻な失望感は重大な国際的摩擦を導く。実際、それが戦争につながることはおそらくほとんど疑いないであろう。このようなわけで、世界平和、したがってそれと一体である文明自体が高速度で継続する進歩に依存する。それゆえこの重大時期にあたっては、われわれは進歩の創造者であるだけでなく、捕虜でもある。もし望んだとしても、到達したものにゆっくり座って楽しむことはわれわれにはできない。われわれの仕事は前進し続けることであり、多くのものがわれわれの後を踏んでいこうとしているその道を前進しなければならない。ある将来の時期において、物質的な基準でいって長期にわたる世界的規模での前進の後に、前進を広げてゆく輸送管が一杯になって、その結果、先導者が速度を弛め、後ろにいる者がある期間、速度の低下なしに前進し続けるときに至って、われわれはそのような速度で前進したいかどうかを自らの手で再び選ばねばならなくなるかもしれない。しかし人類の大部分が飢餓、汚穢、疫病の消滅の可能性にようやく気がつき、比較的に安定していた何世紀あるいは何千年かの後、近代技術の拡大的な波にまさに人類の大部分が触れ、そして最初の反動が驚くべき速さでその数を増加しはじめている現在、前進の速度がわずかでも低下すると、それはわれわれにとって致命的な打撃となるであろう。

# 第四章　自由、理性および伝統

自由であるという技術ほど驚異に富んだものはないが、しかし自由の見習奉公ほど困難なものはない。……自由は一般に嵐の最中にやっとのことで確立されるものである。それは市民たちのあいだの不和によって完全なものになる。そしてその恩恵はそれが古くなってしまうまでは評価されない。

A・ド・トクヴィル（A. de Tocqueville）

## 1　自由の二つの伝統

自由は自然の状態ではなく、文明の構築物であるけれども、それは設計から生まれたのではなかった。自由が創造したあらゆるものと同様に、自由の制度は人びとがその制度からある利益を受けることを予想して制定されたのではなかった。しかしいったんその利益が認められると、人びとは自由の支配を完成しかつ拡大し、その目的のために自由な社会がいかに機能しているかを探究しはじめた。自由の理論のこの発展は主として一八世紀に起こった。それはイギリスとフランスの二カ国ではじまった。前者は自由を知っていたが、後者は知らなかった。

その結果、われわれは今日まで自由についての理論において二つの異なった伝統を受け継いでいる。[1] すなわち一方は経験的で非体系的、他方は思弁的で合理主義的である。[2] 前者は自生的に成長してきたが不完全にしか理解されなかった伝統と制度の解釈を基礎としており、後者はユートピアの建設をめざしてきたものでありしばしば実験されてきたがいまだかつて成功していない。それにもかかわらずしだいに影響力を増してきたのは、人間の理性の無限の力についてうぬぼれた想定にたつフランス的伝統の合理主義的でもっともらしく外見上は論理のとおる議論のほうであり、他方、正確さと明晰さのたりないイギリス的自由の伝統は衰退してきている。

この区別が不明確になっているのは次の事実のためである。すなわち、われわれが自由に関する「フランス的伝統」と呼んできたものは、主としてイギリスの制度の解釈の一つの試みから生じたということ、また他の国々がイギリスの制度についてつくりあげた概念はフランスの著作家による記述に主にもとづいていた、という事実である。二つの伝統が最終的に混同されたのは、それらが一九世紀の自由主義運動に融合したとき、そして指導的なイギリスの自由主義者でさえフランスとイギリスの伝統に同じように頼ったときであった。[3] 結局はイギリスのホイッグ党にたいするベンサム派の哲学的急進派（the Benthamite Philosophical Radicals）の勝利によって、この根本的相違が隠されてしまったのであるが、比較的近年になって、自由主義的民主主義と「社会的」あるいは全体主義的民主主義のあいだの対立として、それは再びあらわれたのである。[4]

この相違は今日よりも百年前のほうがよく理解されていた。二つの伝統が融合したヨーロッパ革命（the European revolutions）の年に、「英国国教徒（Anglican）」の自由と「フランス・カトリック教徒（Gallican）」の自由とのあいだの対照を、ある著名なドイツ系アメリカ人の政治哲学者がなお明瞭に述べていた。一八四八年にフランシス・リーバー（Francis Lieber）はこう書いている。「フランス・カトリックの自由は政府（*government*）のなかに求められているが、英国国教徒の見地によればそれは誤った場所に自由を求めるものであり、そこには自由は存在しない。フランス・カトリックの見解の当然の帰結として、フランス人は組織（*organization*）すなわち、公権力の最大限の介入のなかに最高の政治的文明を求める。この介入が専制主義であるか、あるいは自由であるかの問題は、誰が介入するのか、そしてどの階級の利益のために介入が起こるのかという事実によってのみ決まる。しかるに、英国国教徒の見地にしたがえば、この介入はつねに絶対主義かあるいは貴族主義のどちらかであり、そして現在の労働者（*ouvriers*）の独裁は、われわれには、労働者の妥協を許さない貴族主義に映るであろう。[5]」

この文章が書かれて以来、フランス的伝統が至るところにおいてイギリス的伝統にしだいにとって代わっていった。二つの伝統のもつれをほどくためには、それらが一八世紀にあらわれたときの比較的純粋な型を観測する必要がある。「イギリス的伝統」と呼んできたものは、デヴィッド・ヒューム（David Hume）、アダム・スミス（Adam Smith）、そしてアダム・ファーガソン（Adam Ferguson）が率いてきたスコットランドの道徳哲学者の一団のよって主に明白にされ、[6]イギリスの同時代人、ジョサイア・タッカー（Josiah Tucker）、エドマンド・バーク（Edmund Burke）、そしてウィリアム・ペイリー（William Paley）らによって支持され、そしてそれは慣習法の法理に根拠をおく伝統に主として依存していた。[7]これに対立するものはフランス啓蒙主義の伝統であって、デカルト的合理主義に深く染まり込んでいた。すなわち百科全書派とルソー（Rousseau）、重農主義者とコンドルセ（Condorcet）がそのもっともよく知られた代表者である。もちろんこの分類は国境と完全には一致しない。モンテスキュー（Montesquieu）、後にバンジャマン・コンスタン（Benjamin Constant）、そして特にアレクシス・ド・トクヴィル（Alexis de Tocqueville）などのフランス人は、われわれが「フランス的伝統」と呼ぶものより「イギリス的伝統」におそらく近いであろう。[8]そしてイギリスは合理主義的伝統の創始者のひとりとして少なくともトマス・ホッブズ（Thomas Hobbes）を生みだしたし、ゴッドウィン

(Godwin)、プリーストリー（Priestley）、プライス（Price）そしてペイン（Paine）などのようなフランス革命の熱狂者の全ての世代の人びとについては（フランスに滞在以後のジェファーソンのように[9]）いうまでもなく、フランスの伝統に属する。

## ２　進化的概念

これら二つの集団は近代自由主義の先駆者として、通常ひとまとめに扱われるけれども、ある社会秩序の進化と機能の仕方とその社会のなかで自由の果たす役割とに関するそれぞれの考え方には、想像を超える大きな対立がある。その相違はイギリスにおいては本質的に経験主義的な世界観が、そしてフランスにおいては合理主義的な接近方法が、支配していたことにまで直接さかのぼることができる。これらの見方が生みだした実際上の結論において最近、次のように主要な対照を適切に表現した言葉がある。「一方は自発性と強制の無いことに自由の本質を見いだし、他方はある絶対的な集合的目的の追求と達成においてのみ自由が実現されると信じている。[10]」そして「一方は有機的で、緩慢な、半意識的な成長を支持し、他方は教条的な目的意識性に味方をする。一方は試行錯誤の手続きを支持し、他方はもっぱら唯一妥当な型の強制を支持する。[11]」この後者の見解は、タルモン（J.L. Talmon）がある重要な書物のなかで明らかにしているように、全体主義的民主主義の起源となったのである。上記の文章はその書物から引用したものである。

フランス的伝統を起源とする政治的学説が大々的に拡大したのは、おそらく人間の自尊心と向上心に訴えるところが大きかったためであろう。しかし、われわれが忘れてならないことは、二つの学説の政治的結論が社会の作用の仕方についての考え方の違いから生じていることである。この点に関してイギリスの哲学者たちは深遠で、そして本質的に正当な理論の根拠をつくったが、一方、合理主義学派はまったく徹底的に誤っていた。

これらのイギリスの哲学者は文明の成長について、いまなお自由擁護論の欠くことのできない根拠となっている一つの解釈をわれわれに示した。かれらは制度の起源を発明あるいは設計ではなく、成功したものの存続に求める。かれらの見解は「人為的な設計の実行ではなく、まさに人間の行為の結果である。いろいろな制度に、いかに国民がつまずきながら進んでいくか」という言い方で表現されている。[12] その強調するところは、われわれが政治秩序と呼ぶものが通常、想像するよりもわれわれの知性の命令に負うところのはるかに少ないものであるという点である。かれらのすぐあとの後継者が理解したように、アダム・スミスとその同時代人がおこなったことは「人為的制度に帰因せられていたものをほとんど、みないくつかの明白な原理の自生的で、逆らいがたい発展の結果に帰着させることであり、そしてきわめて複雑でそして一見人為的に見える政策案が、いかにわずかの工夫、あるいは政治的知識によってつくりあげられていたかを明らかにすることであった。[13]」

この「歴史的事件にたいする反合理主義的洞察が、アダム・スミスがヒューム、アダム・ファーガソンその他の人びとと共有する」ものであって、[14] それによって制度と道義、言語と法が累積的成長の過程を経ていかに展開してきたかをはじめてかれらに理解できるようにさせたし、またこの枠組によってそしてその中においてのみ人間の理性は成長してうまく作用しうることを説明できるようにさせたのである。かれらの理論は、前もって存在する人間の理性がこれらの制度を発明したというデカルト的考え方と、市民社会がある賢明な最初の立法者あるいは「社会契約」によってつくられたという考え方を、終始一貫して攻撃している。[15] 利口な人たちが集まって世界を新しくするにはどうするかを考えるということの後者の考え方は、おそらくそれらの設計学説にもっとも特徴的な産物であろう。その完全な見本はフランス革命の指導的理論家であるアベ・シエイエス（Abbé Sieyés）の革命議会への勧告に見いだすことができる。「自然の状態からちょうどでてきて、そして社会契約を結ぶ目的のために集まる人たちのごとくに行動せよ」というのであった。[16]

自由の政体についての古代人の理解はそれよりも優っていた。キケロ（Cicero）がカトー（Cato）の言葉を引用している。ローマの政体が他の国のそれより優っていたのはひとりの才能ではなく、多数の才能にもとづいていたからである。それは一世代ではなく、数世紀にわたる長い期間そして多くの時代の人びとによって築かれた。というのは、かれがいうには、一個人としてなにごとをも見逃さないほど偉大な才能をもつ人はいまだかつて存在したことがないし、またある時期に住んでいるすべての人間の力を合わせても、実際の経験や時間の検証なしには、将来のために必要な備えをすることはできないからである。[17]したがって、古代世界のふたつの自由国家であるローマ共和国もアテネも、合理主義者にとって見本としては役立たなかった。合理主義的伝統の創始者たるデカルト（Descartes）にとっては、そのモデルとなったのはまさにスパルタであった。というのは、スパルタの偉大さは「一つ一つの法律の卓越さにもとづくのではなく、ひとりの個人に起源をもってすべての法律が一つの目的に向けられたという事情によるのであった。[18]」そしてスパルタこそがルソーにとっても、ロベスピエール（Robespierre）やサン＝ジュスト（Saint-Just）、また「社会的」あるいは全体主義的民主主義の後世の主唱者にとっても、自由の理想となったのである。[19]

古代の考え方と同様に近代のイギリスの自由についての考え方も、いかに制度が発展したかについての理解——その理解は最初法律家たちによって成し遂げられたが——を背景として成長してきた。一七世紀、ヘイル大法官（Chief Justice Hale）はホッブズ批判のなかで次のように書いた。「とくに法律と政府の領域には、間接的であって、長い目で見て、その結果として妥当なものとして承認されるべき多くのものがある。ただし、当事者の理性をもってしては、その場で、即座にそして明白にはその妥当性はわからない……。人間のもっとも賢明な議会ではじめに予想することができるよりも、長い経験のほうが法律の便、不便について多くの発見を可能にする。しかもこれらの修正と補足が賢明で豊富な知識をもつ人たちのさまざまな経験を通してある法に加えられるとすれば、それはそのような長期にわたる幅広い経験による助けを受けないもっとも思いつきのうまい才子の最良の発明よりも、よりいっそう法律の便宜にかなっているに違いない。……これが法の理性についての現在の洞察の難しさを増している。なぜならば、それらは長期にそして繰り返された経験の産物であるからであり、通常、愚者の主人と呼ばれるけれども、明らかにそれは人類のもっとも賢明な便法であり、それによって人間の知力ではすぐに予知することも、即時には修正することもできないこれらの欠点を発見して、埋め合わせるのである。……制度の存在理由がわれわれにとって明確なものである必要はない。それらは制定された法律として、われわれに確実性を与えるだけで十分である。そしてその制度の個々の存在理由は明らかでなくとも、それを守ることが道理にかなったことなのである。[20]」

## 3　秩序の成長

このような考え方から一群の社会理論が徐々に成長した。それが明らかにしたのは、人間同士の関係における複雑で秩序立った制度、しかもきわめて明確な意味での目的をもった制度がいかに設計に負うことなく成長したか、さらにそれが発明されたものでもなく、自ら何をしているかを知らなかった人びとの個々の行為から生まれたかということであった。この論証は人間の心より偉大な、あるなにものかが手さぐりの努力から生まれることを説くものであって、ある点では後世の生物学的進化論よりもあらゆる設計理論にたいする大きな挑戦をすら意味するものであった。

設計をする人間の知性の産物ではないあるはっきりした秩序が、あるより高い超自然的な知性による設計に帰せられる必要もなく、第三の可能性――適応的進化の結果としての秩序の出現――が初めて明らかにされたのである。[21]

この社会的進化の過程において選択の果たす役割を強調しておかなければならないが、今日われわれが生物学からこの考えを借りてきているという印象を生みがちであるので、事実はその反対であったことを力説することは意味のあることである。ダーウィン（Darwin）とかれの同時代人がかれらの理論を思いつかせる示唆を社会的進化の理論から引きだしたことはほとんど疑う余地がない。[22]実際に、スコットランドの哲学者のひとりが最初にこれらの概念を発展させ、かれは生物学の分野においてさえダーウィンに先んじていたのである。[23]そして法学および言語学における多様な「歴史学派」がこれらの考えを後に応用したことにより、構造の類似性はある共通の起源によって説明されるであろうという考え方[24]が、社会的現象の研究においてはあたりまえのこととなっていた。それが生物学に適用されたのはずっと後のことであった。残念なことには、後になって社会科学は自らの領域でこれらの最初の成果にもとづかずに生物学から考え方のいくつかを逆輸入して、「自然選択」、「生存競争」、および「適者生存」などのような概念をもちこんだが、それは社会科学の領域では適切なものではない。というのは、社会的進化における決定的な要素は個人の物理的そして遺伝的な属性の淘汰ではなく、成功している制度や習慣の模倣による淘汰であるからである。これも個人や集団の成功を通して作用するけれども、あらわれてくるものは個人の遺伝的な属性ではなく、考え方と技術、要するに学習と模倣によって伝えられる文化遺産全体なのである。

## 4　二つの接近方法の相対立する想定

二つの伝統を詳細に比較するにはもう一冊の本が必要であろう。ここでわれわれのできることは単に両者が異なる重要な点のいくつかを選びだすことである。

合理主義的伝統の想定によれば、人は元来、知的ならびに道徳的属性の両方を備えており、意識的に文明を形成することができたということであるが、進化主義者は文明が試行錯誤を積み重ねた労苦の成果であったことを明らかにした。それは経験の総和であり、その一部は明示的な知識として世代から世代へと伝えられたが、大部分は優れたものとして受けいれられてきた道具と制度――その制度の意義を分析によって知ることはできるが、それらを理解することがなくても人びとの役に立つものである――のなかに体現されていることを明らかにした。スコットランドの理論家たちはこの人為的な文明の構造がきわめて精巧なものであることをよく知っていた。すなわちそれは人間の比較的原始的で残忍な本能が、人間の設計にも統制にも服さない制度によって手なずけられ押さえられたことに依存していたのである。かれらは「人間の自然的徳性」あるいは「利害の自然的調和」の存在、あるいは「自然的自由」の恩恵というような素朴な考えは少しももっていないのにかかわらず（ただしかれらは自然的自由という言葉は使ったことがある）、それは後に不当にもかれらの自由主義の責任にされたのである。かれらは利害の対立を調和させるためには制度と伝統といった策略が必要であることを知っていた。それらの問題は「人間性のなかにある普遍的な原動力たるあの自愛心が、自分の利益の追求に向かって払うこれらの努力によって、この場合（他の場合もすべて同様）に、公共の利益を促進する方向をいかにして与えられるか[25]」ということであった。これはいかなる文字通りの意味においても「自然的自由」ではなかったが、これらの個々の努力を有益なものにしたのは「生命、自由及び財産」を保障するために生じてきた制度であった。[26] ロック、ヒューム、スミスおよびバークも、ベンサム（Bentham）が主張したように「あらゆる法は災いをもたらす。というのは法は自由の侵害であるからである」[27] と主張したことは決してなかった。かれらの主張は決して完全な自由放任（laissez faire）論ではなかった。後者もまさしくその言葉が示すように、フランスの合理主義的伝統の一部であり、そしてその言葉の意味からも、イギリスのいかなる古典派経済学者も擁護しなかったものである。[28] かれらは後世の多数の批評家よりもそれがある種の魔術ではなく、「うまくつくられた制度」の進化であることを知っていた。この制度のもとでは「対立する利害の主張と互いに妥協すべき利益に関する規則と原理」[29] が調和させられ、それによって個人の努力は社会的に有益な目的に向けられるのである。事実、かれらの主張は決して反国家的なものではなく、無政府主義的なものでもなかった。合理主義的自由放任主義の学説なら、その論理的帰結は無政府主義的なものとなるであろう。それは国家の正当な機能と国家活動の限界の両方を考慮した主張であった。

個々の人間性に関する両学派のそれぞれの想定にはとくに相違が目立っている。合理主義的な設計理論は当然、個々の人間は合理的活動にたいする選好そして生まれつき優れた知性と徳性をもっている、という想定にもとづいていた。反対に進化理論が示したのは、いかにある制度的な取り決めが人を導いてその知性を最善の結果をもたらすようにもちいるのか、そして悪い人の害が最小になるようにいかに制度が組立てられうるかということであった。[30] 反合理主義的な伝統はこの点で、人間の誤りやすさと罪深さについてのキリスト教的伝統により近いのであるが、合理主義者の完璧主義はそれとは相容れがたく対立している。「経済人（economic man）」のような有名な虚構でさえ、本来イギリスの進化論的な伝統に属するものではなかった。すこし誇張になるかもしれないが、イギリスの哲学者たちの見解によれば、人は生来、怠惰でまた無精で先見の明に暗くしかも浪費的であり、環境の力に押されてのみ経済的に行動できるようになり、あるいは手段をおのれの目的に適合させることを注意深く学ぶのである。ホモ・エコノミクス（*homo oeconomicus*）は、進化理論よりむしろ合理主義の伝統に属するもので、若き日のミルがその他の概念とともに明示的に導入したのである。[31]

## 5　習慣と伝統

しかしながら、二つの見解のあいだのもっとも大きな相違は、伝統の役割と世代を通じて継続していく無意識的な成長のその他のすべての産物の価値についてのそれぞれの考え方である。[32] 合理主義的な見方はこの点について、明白に自由にもとづく産物でしかも自由にその価値を与えているほとんどすべてのものに反対している、といってもまず不当ではないであろう。すべての有益な制度は熟慮した上での工夫であると信じる人、そして意識的には設計されなかったもので人間の目的に役に立つものを思いつくことができない人びとは、ほとんど不可避的に自由の敵である。かれらにとって自由は混沌を意味する。

他方、経験主義的な進化論的な伝統にとっては、自由の価値は主に設計されないものの成長のために自由が提供する機会にこそあるのであって、ある自由な社会が有効に作用するのは主としてそのように自由に成長した制度の存在によるのである。もしも成長した制度にたいして、また風俗と習慣にたいして、さらに「長い歴史をもつ掟と古くからの方法についての規制」にたいして純粋な尊敬がなければ、自由にたいする純粋な信念はおそらく生じなかったであろうし、また自由な社会を操作して成功させる試みもきっとありえなかったであろう。[33] 逆説的なように見えるかもしれないが、自由な社会の成功はつねにほとんどの場合、伝統に制約された社会であるというのがおそらく本当であろう[34]。

伝統と慣習、成長した制度、およびわれわれの知らない起源と合理性をもつ規則にたいするこの尊重は、トーマス・ジェファーソン（Thomas Jefferson）が合理主義に特有の思い違いをして信じたように、「人間を超えた知恵を前時代の人びとに帰して、そして……かれらのおこなったことを、修正の余地なきものと想定している[35]」ということを意味しているのではない。制度を生みだした人びとがわれわれより賢明であったと想定するどころか、進化論的見解は、多くの世代にわたる実験の結果がどんな一個の人間のもつものよりもより多くの経験を含んでいるであろうという洞察にもとづいている。

## 6　道徳の規則

すでに考察したことは、さまざまな制度や習慣、物事を処理する道具や方法がこの過程から生まれてきたものであり、そしてわれわれの受け継いだ文明を構成しているということであった。しかし行為の規則が文明の一部として成長し、それは自由の産物であるとともに自由の条件でもあるということをわれわれは考えなければならない。人間の交際に関するこれらのしきたりや慣習のうちで、道徳的規則はもっとも重要なものであるが、しかし決して唯一の有意義なものではない。われわれは互いに了解し合い、ともに暮してゆき、計画にもとづいてうまく行動することができる。というのは多くの場合、われわれの文明の成員は行為の無意識的な型に適合し、行動のなかに規則性を示すからである。それは命令や強制の結果ではなく、時には既知の規則へのなんらかの意識的な固執の結果でさえもなく、しっかりと確立された習慣と伝統の結果である。これらのしきたりに一般的に従うことは、われわれが住む世界を秩序立てることや、その中で自分の暮しを立てていくことができるための必要条件である。ただし、われわれはしきたりの意義を知らないし、またそれらの存在を意識して気づくことさえもないかもしれない。場合によっては、もしそのようなしきたりあるいは規則が十分に守られないとしたら、社会を円滑に運営するために、強制によってそれに似た画一性を確保することが必要であろう。したがって強制はより高度な自発的協調が存在するがゆえにのみ、時によっては避けることができるのである。ということは自発的協調が自由の有利な作用の条件であることを意味している。合理主義学派を除いて、すべての偉大なる自由の使徒たちが飽きることなく強調したのは、自由は深くしみこんだ道徳的信仰なしには決して作用しないということ、それから強制を最小限に押えることができるのは個人が一般にある種の原理に自発的に従うことを期待される場合だけだ、ということである。これがまさに真実である。[36]

強制されないで、そのような規則に従うことには利益がある。というのは、そのような強制自体が悪であるだけでなく、実際、多くの場合だけ規則は守られることが時には望ましく、だからまた規則を犯すことによって反感を引き起こすことが自らにとって価値のあると思われるときには、個人が規則を破ることができるということもまた重要であるからである。社会的圧力と習慣との力によって規則の遵守を確実にするその強さが変化しやすいということも望ましいかである。自発的な規則のこの弾力性こそが道徳の領域における漸進的な進化と自生的成長を可能にし、それがさらに経験を通じて修正と改良に導かせることになる。そのような進化は強制されるのでもなく、恣意的に課せられるのでもない規則――それを守ることが長所とみなされるし、大多数が守るであろうが――によってのみ可能であるが、仲間の非難に立ち向かうだけの十分に強固な理由をもっていると感じている人によって破ることのできるものである。計画的に課せられた強制的な規則のように変化が不連続で、そして変更が一挙におこなわれるのとは違って、この種の規則は漸進的で実験的な変化を許すものである。個人にせよ集団にせよ部分的に異なる規則に同時に従っていることがより有効な規則を選択するための機会を与えることになる。

設計されたものでない規則としきたりのもつ意義と重要性をほとんど理解せずにそれに従うこと、伝統にたいするこの敬意こそ、合理主義的な考え方と相容れないものである。ただし、その考え方は自由社会の機能にとっては欠くことのできないものである。それはデヴィッド・ヒュームが力説した洞察のなかにその根拠をもっており、そして反合理主義的で進化論的な伝統にとっては決定的に重要である。すなわち「道徳の規則はわれわれの理性の結果ではない」ということである。[37] すべての他の価値と同様に、道徳は理性の産物ではなく前提であり、目的の一部であって、知性という道具はそれに役立つように発展してきたのである。進化のいずれの段階においても、われわれの生まれたときに存在している価値体系が理性の奉仕すべき目的を与えるのである。価値の枠がこのように与えられ、つねに制度の改良の努力を必要とするとはいいながら、制度を全体としてつくりかえることをめざすことはできないし、しかもその改良の努力にあたってわれわれは理解していないことがたくさんあることを認めなくてはならない。自らのつくったものでない価値と制度の枠組のなかで、われわれはいつも活動しなければならない。とくに道徳の規則の新しい体系を総合的に構築することは決してできないし、あるいは既知の規則への服従を、ある特定の場合におけるこの服従の意味の理解に依存させることはできない。

## 7　迷信に関する迷信

これらの問題にたいする合理主義的態度は「迷信」と呼ぶものについての考え方にもっともよくあらわれている。[38]

わたくしは明らかに誤りである信念にたいする一八、九世紀の不屈の、そして容赦のない闘いの功績を過小に評価したくはない。[39]しかし、記憶しておかねばならぬことは、はっきり真実であると示すことのできないすべての信念にまで迷信の概念を拡張することは同じく正当とみなすわけにいかないし、そして時には有害であるということである。誤りであることが明らかにされたものをすべて信ずべきでないということは、真実であると証明されたものだけを信ずべきであることを意味しない。社会のなかでうまく生活し、行動したいと望むすべての人がなぜ多くの共通の信念を受けいれねばならないかというのには十分な理由がある。ただしそれらの理由の価値ははっきりと証明できる真理とはほとんど関係がないであろう。[40]そのような信念もある過去の経験にもとづいているのであるが、誰かがその経験に関して証拠を示すことのできるというものではないであろう。科学者は自らの分野においてある一般化を受けいれることを要求された場合には、当然それがもとづく根拠を問う権利がある。過去に積み重ねられた経験をあらわした信念の多くはこのような形でその誤りが証明されてきた。しかしながら、これはそのような科学的根拠を欠くすべての信念を不要にすることができる段階に、われわれが到達できることを意味するものではない。人は明示的な知識を追究する専門的な実験者あるいは探究者によって一般に認識されるよりもはるかに多様な形で経験を積む。もし物事を処理する方法について、それらを受けいれる理由がわれわれに伝えられていなかったという理由だけで、試行錯誤の過程によって進化してきた処理方法に依存することをやめるとすれば、多くのうまくいっている行動の基礎を破壊することになろう。われわれの行為の適切さは、なぜそれがそうであるのかについての理解には必ずしも依存していない。そのような理解はわれわれの行為を適切にする一つの方法ではあるが、唯一のものではない。積極的にその価値を証明できないすべての要素を排除した信念の無菌状態の世界は、おそらく生物学の領域におけるそれに対応する状態と同じくらい致命的なものである。

このことはすべてのわれわれの価値に当てはまるが、行為に関する道徳の規制の場合にもっとも重要である。言語についで、道徳の規則はおそらく設計されざる成長のもっとも重要な例である。すなわちある一組の規則がわれわれの生活を支配しているが、現にそうであるのはなぜなのであるのかもわからなければ、またそれらが何をしてくれるかもわからないのである。それらを守る結果が、個人としてもまた集団としてもわれわれにとってなんであるのかを知らない。そのような規則への服従にたえず反対しているのが合理主義の精神である。この精神はこれらの規則にデカルトの原理を適用することを強調している。それは「少しでも疑いの根拠があるとわたくしが想定する見解についてはすべて絶対的に誤りとして棄却すること」[41]であった。合理主義者の願いはいつも計画的に構築された総合的な道徳の体系を求めていた。それはエドマンド・バークが述べているように「すべての道徳的な義務の実践と社会の基礎とはすべての個人にとって明白で、論証可能な理由にもとづいているものである。」[42]まさに一八世紀の合理主義者たちの主張によれば、かれらは人間の性質を知っているがゆえに、「それに適した道徳を容易に発見できる」[43]というのであった。かれらが「人間本性（human nature）」と呼んだものは、実は主として各個人が言葉と思考とによって学ぶ道徳的な考え方の結果であることをかれらは理解していなかったのである。

## 8　道徳と「社会的なもの」

この合理主義的な考え方の影響の増大をあらわす興味ある一つの兆候は、わたくしの知っているすべての言語のなかでいえば、「社会的」という言葉が「道徳的」あるいは単に「善い」という言葉にますます置き換えられていることである。このことの意義を簡潔に考えてみることは有益である。[44]単なる「良心」にたいして「社会的良心」について述べるとき、その人たちはおそらく他人にたいするわれわれの行動の個々の影響に注目しており、単に伝統的な規制によるだけでなく、問題の行動の個々の結果を明白に考察することによって行為を導こうとする努力に注目している。結局かれらがいおうとしているのは、われわれの行動は社会的過程の作用の仕方を十分に理解することによって導かれるべきであり、そして状態の具体的事実を意識的に評価することを通して、かれらが「社会的善」として表現する予想できる結果を生みだすのが目的でなくてはならないということである。

「社会的」なるものに訴えることが、社会によって発展した規則よりむしろ個人の知性こそ個人の行動を導くべきであるという要求、すなわち、人間は真に「社会的」（社会の非人格的過程の産物であるという意味で）と呼びうるものを使用せずに済ますべきであって、そして個々の場合についてはかれらの個人的な判断に依存すべきであるという要求を、意味しているのは実に奇妙なことである。したがって道徳の規則の支持を超えて「社会的考慮」を選ぶことは、結局は実際に社会的現象であるものを軽蔑し、個々の人間の理性の卓越した力を信仰する結果である。

これらの合理主義的な要求にたいして答えるとすれば、当然それには個々の人間の知性の能力を超える知識が必要であるということ、そしてこの要求に応じようとする場合には、多くの人びとは法と道徳の規制によって定められた限界内で自らの目的を追究する場合よりも社会の成員として有用性を減少するということである。

合理主義者の議論がこの際見逃している点は、一般的に抽象的な規則に頼ることは、複雑な現実を細部にわたって十分に知りつくすにはわれわれの理性では不十分であるゆえに学び覚えた一つの工夫である、ということである。[45] このことは、われわれ個人の指導のために抽象的な規則をよく考えて成文化する場合にも、また社会的過程を通じて発展してきた行為の共通規則にわれわれが従う場合にも同じく当てはまる。

われわれの個々の目的を追究するにあたって、若干の一般的規則を自分たちのために設定しておいて、個々の場合にはそれらの正当性を再検討することなくそれに依拠するのでないかぎりは、おそらくうまくいかないことはわかっていることである。日程を定めるとき、不愉快であるが必要な仕事を直ちにするとき、ある種の刺激剤をやめるとき、あるいはある衝動を抑えるとき、われわれはそのようなやり方を無意識的な習慣にすることが必要であることにたびたび気がつく。というのはこういう習慣がないと、そのような行動を望ましいものにする合理的な根拠が不十分で、一時的な願望を考慮させ、そして長期的観点から実行しなくてはならないことを実施させるには、有効にならないことを知っているからである。自分を合理的に行動させるためにしばしば熟慮よりもむしろ習慣に案内をまかせる必要があると考えたり、あるいは誤った決定を避けるために与えられた選択範囲を意識的に狭めなくてはならないというのは逆説的に聞こえるけれども、もし長期的な目的を達成すべきであるとしたら、このことがしばしば必要であることをわれわれはみな知っている。

われわれの行為が直接自分ではなく他人に影響を与える場合、したがって他人の行動と期待に自らの行動を調整して、無用な害をかれらに与えないようにすることにわれわれの主要な関心がある場合にも、同じ考えがもっとよく当てはまる。この場合にも漸進的に進化してきた規則より、その目的にとっていっそう有効な規則を合理的につくることはどんな個人も成功しそうもない。もしかれが成功したとしても、すべての人がそれを守らないかぎり、その規則は実際にはその目的には役立たない。したがって、しばしばその合理性がわかっていない規則に従う以外選択の道がなく、そしてどんな重要なことにせよ、特定の場合においてその規則が守られることに依存していることがわかっているといないにかかわらず、われわれはその規則に従わなければならないのである。道徳の規則は主に他の人間的価値の達成を助けるという意味で手段的なものである。しかしながら、個々の場合にそれらの規則に従うことが何に依存しているのかほとんど知ることはできないので、それらを守ることはそれ自体、一つの価値、すなわち個々の場合にその正当性を願うことなく追求しなければならない一種の中間的目的とみなされるべきである。

## 9　道徳原理としての自由

これらの考察は、社会のなかで成長してきたすべての道徳的信念が有益なものであるということをもちろん証明しているのではない。ちょうどある集団がその成員の従っている道徳によって興隆し、そしてその道徳的価値はしたがって成功した集団が先導するようになった全国民によって結局模倣されることがあるのと同様に、一つの集団あるいは国家も、それらの依拠している道徳的信念によって自らを滅ぼすこともあるであろう。集団を導く理想が有益かまたは有害であるかは、最終的な結果だけが明らかにしうる。ある社会がある人たちの教訓を善の具体化と考えるようになったという事実は、もしかれらの教訓が一般に守られたとしたら社会は破滅しないであろうということの証明にはならない。ある国は、最善の人びと、非利己的な理想によって疑いなく導かれているおそらく聖者のごとき人物とみなされるものの教えに従うことによって滅びることもたしかにあるであろう。このような危険は社会の成員がなお実際の生活様式を自由に選べる社会ではほとんどないであろう。というのは、そのような社会ではそうした傾向は自己矯正的であるからである。「非実際的な」理想によって導かれた集団だけが衰退し、そして現在の基準では道徳的に劣っている他の集団がそれにとって代わるであろう。しかし、これはそのような理想が全員に押しつけられない自由な社会においてだけ起こるであろう。すべてのものが同じ理想に奉仕させられている場合、そして不同意者が異なった考えに従うことを許されない場合、そういう規則が不当であるという証明はそれによって導かれた国民全体の衰退による以外にはない。

この場合に生じてくる重要な問題は、ある道徳の規則にたいする多数者の同意が同意しない少数者にそれを強いる十分な正当性をもつかどうか、あるいはこの多数者の力もさらに一般的な規則によって限定されるべきではないかどうかということである。換言すれば、ちょうど個々の行為についての道徳の規則が目的がどんなによいものであろうともある種の行動を阻止するように、通常の立法は一般的原理によって制限されるべきかどうかということである。個人的行動の場合と同様に、政治的行動にも道徳の規則は必要である。そして次々となされる集合的決定の結果は個人の決定の結果と同様、すべて共通の原理に従っているときにだけ有益となるであろう。

集合的行動に関するそのような道徳の規則の発展は必ず困難をともないかつ緩慢である。しかし、これらはそれらが貴重であることのしるしとみなすべきである。われわれが発展させてきたこの種の若干の原理のうちでもっとも重要なのは、個人的な自由である。それは政治的行動の道徳的原理と見るのがもっとも適当である。すべての道徳的原理と同様、個人的自由はそれ自体一つの価値として、すなわち個々の場合の結果が有益であるか否かにかかわらず、尊敬されなければならない原理として承認されるべきことを要求する。もしどんな便宜主義的な考慮によっても個人的自由の制限は許されないとするほど強い信念、あるいは仮定としてそれを受けいれるのでないとしたら、われわれの望む結果は達成されないであろう。

結局、自由擁護論はまさに集合的行動のための原理を擁護し、その場合における便宜主義を攻撃するものであり、[46]それは以下で説明するように行政官ではなく裁判官だけが強制を命ずることができるというのと等しい。一九世紀の自由主義の知的指導者のひとり、バンジャマン・コンスタンが自由主義を原理の体系（*système de principes*）[47]として説明したのはまさに問題の核心をついたものであった。自由はすべての政府の活動が原理によって導かれる体系であるだけでなく、あらゆる個々の立法行為に適用され、原理として承認されることのないかぎり維持されない理念でもある。このような根本的な規則は、物質的利益にたいしても妥協の余地がないとするほど根本的な理念として、あるいは当面の非常時には一時的に破棄されなければならないとしても、あらゆる恒久的な取り決めの基礎となるべき理念として、頑強に守られるのでない場合には、自由はきっと漸次的な侵害によって破壊されることになるであろう。というのはそれぞれの特定の場合には、自由を削減する結果として具体的で明白な利益を約束することができるからだが、犠牲にされた便益は本来ほとんどわからないし、そして不確実なものである。もし自由が最高の原理として扱われないとすれば、自由な社会が与えねばならない約束は個々の人にとってはいつも偶然であって確実なものでなく、単に機会であって確実な贈り物でなくなるという事実は、不可避的に致命的な弱点となってあらわれ、そしてだんだんと自由の浸食を招くことになるであろう。

## 10　理性の役割

もし自由の政策がこれほど意識的に統制を抑え、かつ指図されないで自生的に成長するものを要求するとしたら、社会的な問題を整序するにあたって、理性がいかなる役割を果たす余地があるかについて読者はいままでのところではおそらく疑問に思うであろう。その第一の答えはこうである。もしこの際、理性の使用に適切な限界を求める必要があるとしたら、そのような限界を見つけることそれ自体が理性にとってもっとも重要で困難な課題であると。さらにここで、われわれの強調点が理性のもちい方の限界におかれていたとしても、それによって理性が重要な積極的役割をもっていないということを示すつもりではなかった。理性は疑いもなく人間のもっとも尊い財産である。われわれの議論が明らかにしようとしているのは単に理性は全能でないこと、そしてそれが自身の主人となってみずからの発展を支配できるという信念はやがて自らを破壊するであろうということである。われわれの試みてきたことは、理性の有効な作用の仕方と連続的な成長の条件を理解していない人びとがそれを誤用することにたいして、理性を擁護することである。すなわち、われわれは賢明に理性を使用しなければならない、そしてそのためには、統御不能で非合理的な、不可欠の基盤を維持しなければならないことを人びとにわかってもらうために訴えることである。この基盤こそ理性の有効な働きを可能にする唯一の環境なのである。

ここで取られている反合理主義的立場は、不合理主義（irrationalism）、あるいは神秘主義へのいかなる訴えとも混同してはならない[48]。ここで弁護していることは理性の放棄ではなく、理性が適切に統御される領域を合理的に検討することである。この議論には、そのような賢明な理性の使用が、最大限可能な機会に意識的理性を使用することを意味していないということが部分的に含まれている。われわれの現在の理性を絶対的なものとして扱う素朴な合理主義に反対して、デヴィッド・ヒュームが「啓蒙主義にたいして、それ自体の武器を向け」、そして「理性の要求を合理的分析によって減らそう」と企てたとき開始した努力を続けねばならない[49]。

人間の問題を整序するにあたって、上述したように理性を賢明に使用するための第一条件は、多くの個々の人間の協業にもとづく社会の機能において、理性が実際にいかなる役割を果たすか、また果たしうるかについて理解することを学ばなければならないことである。これが意味するところは、社会を賢明に改善しようとする以前に、その機能の仕方を理解しなければならないということである。われわれはそれを理解していると信じているときでさえ、誤っているかもしれないことに気がつかねばならない。理解しようとしなければならぬことは、人間の文明はそれ自身の生命をもっていること、物事を改善するためのあらゆる努力はまったく統御できない活動の全体のなかで作用すること、そしてわれわれの理解の限度においてその全体の活動の力を促進したり助長したりすることを望みうるにとどまるということである。われわれの態度は生きている人間にたいする医師のそれと同じであるべきである。医師のように、自己を維持している全体を取りあつかわねばならない。それは置き換えることのできない力によって維持されており、したがってわれわれの達成しようと試みるすべてのことにおいてその力をもちいなければならない。それを改善するためになしうることは、これらの力に反対するよりむしろ利用することに拠らなければならない。すべての改善の努力において、この与えられた全体のなかで、全体の構築ではなく、少しずつ断片的（ピースミール）な構築をめざして、つねに活動しなければならないし[50]、それぞれの段階で手近にある歴史的な材料を使用し、全体を再設計しようとするよりむしろ一歩一歩細部を改善しなければならない。

これらの結論のいずれも、理性の使用に反対する議論ではなく、単に政府の排他的で強制的な権力を要求するような使い方に反対する議論である。実験に反対する議論ではなく、ある特定の領域での実験にたいするすべての排他的で独占的な権力——代替案を認めず、そして卓越した知識を所有していると主張する権力——に反対する議論であり、そして権力をもつものが約束している解決よりもさらによい解決をその結果として排除してしまうことに反対する議論である。

# 第五章　責任と自由

民主主義が、診断よりも治療、罪よりも過失の原理によって組織された社会において生き残ることができるかどうか疑わしい。もし人間が自由で平等であるとすれば、人間は病院に入れられるのでなく、診断を受けるのでなくてはならない。

F・D・ワームス（F.D. Wormuth）

## 1　自由と責任の不可分性

自由は個人が選択の機会と負担との両方をもつことを意味するだけでなく、それはまた個人が自分の行動の結果を引き受けなければならず、その結果にたいして称賛と非難とを受け入れることを意味する。自由と責任は不可分である。自由な社会が機能し存続するためには、その成員が各人の行動から生ずる地位を占めることを正当とみなし、そしてその地位を各人の行動に起因するものとして受けいれるのでなければならない。自由な社会は個人に機会のみを提供することができるにすぎず、その努力の結果が無数の偶然に依存するにもかかわらず、自由は個人が統御することのできる環境のみに、あたかもその環境だけが問題になっているかのごとくに個人の注意を強いて向けさせるのである。個人は自分だけが知りうる環境を利用する機会を与えられ、また概して個人が条件をもっともうまく利用したかしないかは他の誰にもわからないのであるから、反証がまったく明白でないかぎりは個人の行動の結果はその行動によって決定されると想定するのである。

個人の自由にたいする信念が固かったときには、この個人的責任の信念もつねに強固であったが、自由にたいする尊重の念と一緒に著しく衰退した。責任は人気のない概念になった。すなわち、ベテランの演説家や著作者たちが避ける言葉となった。というのはそれはあらゆる教訓を嫌う世代に、退屈か嫌悪の情をもって迎えられるからである。それはしばしば人びとにあからさまな敵意を呼びおこす。かれらは人生における地位あるいは行動さえ決定するものが、自分たちの統御の及ばない外的事情に他ならないと教えられているのである。けれども、通常この責任の否定は責任を恐れるからであり、その恐れは必然的に自由を恐れることでもある。(1) 疑うまでもなく、自分自身の人生を築きあげる機会は絶えることのない課題、すなわちもしも人が自分の目的を達成しようとするならば自分に課さなければならない訓練を意味するのであるから、多くの人びとは自由を恐れるのである。

## 2　自由と責任は「意志の自由」に関する疑問のために不信を受ける

個人の自由と個人の責任にたいする尊重の念が同時に衰退したのは、大部分、科学の教訓についての解釈が誤りのためである。もっと古い考え方は「意志の自由」の信念と密接に結びついていた。この概念は決して正確な意味をもっていなかったが、後に近代科学によってその根拠を奪われてしまったと思われる。すべての自然現象は先行の事象によって一義的に決定されるかあるいは認識されうる法則に従うものであり、人間自身は自然の一部と解すべきであるという信念が増大するにつれて、人間の行動とその心の作用は外的条件によって必然的に決定されるとみなされねばならないという結論に達するに至った。一九世紀の科学を支配した普遍的決定論の概念(2)は、このようにして人間の行為に適用され、そしてこれによって人間の行動の自発性は排除されるように思われた。もちろん人間の行動もまた自然の法則に従うというのは一般的な想定としての意味しかもたず、おそらくきわめて稀な場合を除き、人間の行動が特定の事情によっていかに決定されるのかは、われわれには実際にわからないということは認められなければならなかった。しかし、人間の心の働きが少なくとも原理的には不変の法則に従うと信ずべきことを認めるのは、自由と責任の概念にとって本質的な個人の人格の役割を排除してしまうように思われた。

ここ数世代の知性史によると、世界に関する決定論的な解釈がどのように自由にたいする道徳的および政治的信念の根底を揺り動かしたかは、いくらでも例証することができる。一般大衆に向けて書く場合に、自由とは「科学者にとっては論ずるに非常に厄介な概念である。なぜなら一つには結局そのような概念は存在するとは確信しないからである(3)」と認めた科学者に、今日の科学的に教育された多くの人びとはたぶん同意するであろう。比較的近年になって、物理学者たちは普遍的決定論の命題を放棄して、いくぶん気休めを覚えたようである。けれども世界についての単なる統計的な規則性という新しい考えが、意志の自由に関する難題にどのような形であれ影響を与えるかどうかは疑わしい。というのは人びとが主意的行動と責任の意味について受け継いできた困難は、人間の行動が因果的に決定されるという信念の必然的な結果からでてくるものでは全然なく、前提から引きだすことのできない結論を引きだそうとする知的混乱の結果であると思われるからである。

意志が自由であるという主張はその否定と同様にほとんど意味がなく、この論争全体は実体のない問題であるように思われる。[4] つまり、言葉上の争いであって、論争者たちは肯定または否定の答えが何を意味しているかを明らかにしていない。たしかに意志の自由を否定する人びとは、その際「自由」という言葉からその普通の意味、すなわち他人の意志ではなく自分自身の意志に従う行動をあらわしている意味をすべて取りさってしまう。無意味な説明を避けるためには、かれらはある別の定義を示すべきであるのにまったくそれをしない。[5] さらになんらかの重要性をもち、意味のあるものとしてもちいられる場合の「自由」とは行動がある要素によって必然的に決定されるという考えをあらかじめ排除する、という考え方全体を検討すれば、それはまったく根拠のないことがわかる。

二つの派がそれぞれの立場から一般に引きだした結論を検討すれば、混乱は明らかになる。決定論者は通常こう論ずる。人びとの行動は完全に自然的原因によって決定されるので、人びとに責任を帰するか、あるいは人びとの行動を称賛または非難する正当な根拠はありえないと。これに対して、主意主義者はこう主張する。人間には因果の連鎖の外にも動因があるので、この動因が責任の担い手であり称賛と非難の正当な対象であると。そこでこれらの実際的な結論に関するかぎりは、主意主義者のほうが正しく、決定論者がまったく混乱していることはほとんど疑いない。けれども、この論争の特殊な事情はいずれの場合にしても、提示された前提からはその結論が導きだされないということである。しばしば明らかにされてきたように、責任の概念は実際に決定論的な見解に依存している。[6] 他方、因果の連鎖の全体の外に立ち、そのために称賛にも非難にも影響されないものとして取りあつかわれる形而上学的な「自我」を構築することのみが、人間を責任から免除することを正当化するであろう。

## 3　責任を帰属させることの機能

もちろん、いわゆる決定論者の立場の例証として、自動機械《オートマン》という化け物をつくりあげることもできる。この化け物は周辺の環境で起こる出来事にたいして、同様な予想のつく仕方で一律に反応する。けれども、これは「意志の自由」にたいするもっとも極端な反対者にさえ揶揄せず支持してきたどんな立場とも合致しない。反対者たちの主張はこうである。どんな瞬間における人の行為も、すなわちある一組の外的環境にたいする反応も、その人の遺伝的体質といっさいの蓄積された経験との共同の影響によって決定されるであろう。その際、一つ一つの新しい経験は以前の個々の経験に照らして解釈される。このような累積過程がそれぞれの場合にある独特の、そして別個の人格を生みだす。この人格は一種の濾過器として作用し、それを通じて外的な事象が行為を生みだすのであるが、その正確な予測は例外的な場合にしかできない。決定論の立場から主張されるのは、遺伝と過去の経験の累積的な結果が個人の人格の全体を構成しており、その性格が外的または物質的な影響を受けない「自我」(self) または「自己」(I) はありえないということである。これは次のことを意味する。推論あるいは議論、説得あるいは叱責、称賛あるいは非難の予想のようなすべての要素は、「意志の自由」を否定する人たちによって時に一貫性を欠きながらもその影響力を否定されるものであるが、実際には人格を決定し、それを通じて個人の特定の行動を決定するもっとも重要な要素のうちに数えられるということである。褒賞または処罰によって適度に影響を及ぼそうとしてもできない「自我」が存在しないのは、まさに因果の連鎖の外側に立つ別個の「自我」なるものが存在しないからである。(7)

事実われわれが、教育と実例、合理的な説得、賛成あるいは反対によって、人びとの行為にしばしば影響を与えることができるということは、これまで厳しく否定されたことはない。したがって正当な唯一の問い方は、ある状況のもとにおかれた特定の人たちがどの程度まである望ましい方向に向けて導かれるか、ある行動がかれらの仲間のうちの尊敬を高めるか低めるか、あるいはかれらがある行動にたいして褒賞か処罰を予想することができるか、についての知識がどれほど影響するかということである。

厳密にいえば、「人が現にあるがごとくにあるのは、その人の罪ではない」とよくいわれるが、これはまったく意味のないことである。というのは、責任を帰す目的は、かれをあるがままのまたはそうだったかもしれないかれと違ったものにすることにあるのである。もしもある人が行動の結果にたいして責任があるという場合には、これは事実の言明でも因果関係の主張でもない。もちろん、もし人が何かをしたとしてもあるいは何かをしなかったとしても、結果には変わりがなかったとするならば、その言明は正当とはいえないであろう。しかし、われわれがこの関係において「としても」とか「だったのであろう」という言葉を使うときには、決定の瞬間においてかれのなかの何かが、その事実のもとにおける因果法則の必然的な結果以外の動き方をなしたということを意味しているのではない。人は自分のなすことに責任があるという言明はむしろ、もしもかれがそれを正しいと信じなかったならばおこなっただろう、と思われる行動とは異なった行動を取らせることを狙っているのである。われわれが責任をある人に帰属させるのは、その人がそのままであったとしても異なった行動を取ることができたかもしれなかったというためではなく、かれに違った行動を取らせるためである。もしもわたくしがその事情のもとで「やむをえなかった」不注意か怠慢のためにある人を傷つけたとしたならば、「やむをえない」ということはわたくしの責任を免除するのではなく、そのような結果が生ずる可能性を心にとめる必要を以前にも増して強くわたくしに印象づけさせるものである(8)。

したがって、正当に取りあげることのできる唯一の質問は、個々の行動あるいはその結果にたいして責任をもたせる人というのが正常の動機に動かされうる人であるかどうか（すなわち、その人が責任の負える人と呼んでいいものか）、さらに一定の状況のもとでそういう人がわれわれの印象づけたいと思う考慮事項と信念によって影響を受けると予想してよいかどうか、ということである。このような問題のほとんどの場合において、われわれは特定の事情についてはあまり知っておらず、普通に知りたいと思うことは人に責任があるとする予想によって、ある立場にいる人をある望ましい方向に向かって影響を及ぼすことが一般論としてできるかということである。われわれの問題は、一般にある精神的な要素が個々の行動の場合に働くのかどうかということではなく、行動を導く際にできるだけ有効になるようになんらかの考慮をすることがどうやってできるのかということである。それには個人を称賛するか非難することが必要である。この賞罰の予想が実際にその行動にある差をもたらすかどうかを問わない。特定の場合の効果については、われわれは決して確かなことを言うことはできない。しかし一般的にいって、人が責任をもたされるだろうという知識は、その人を望ましい方向に影響してゆくと思われる。この意味で責任を負わせることは、一つの事実を主張するものではない。それはむしろ、人びとにある規則を守らせようとする慣習に似ている。この種の特定の慣習が効果的であるかどうかは、いつも論争の的になる問題であろう。それが全体として有効であるかどうかを経験が示していること以上には、われわれはほとんど知ることはないであろう。

本来、責任は法律上の概念であった。というのは、ある人の行為がいつ債務を生むか、あるいはかれをいつ罰すべきかを決定するために、法律は明白な証明を必要とするからである。しかしもちろん、それは道徳概念でもある。すなわち人の道徳的義務に関する考え方の基礎にある概念である。実際、その範囲はわれわれが通常において道徳的と考えるものをかなり越えている。社会秩序の機能にたいするわれわれの全体としての態度、それぞれの個人と相対的な立場の決まり方にたいする承認あるいは否認が、責任についての考えと密接に結びついている。したがって、この概念の意味は強制の範囲をはるかに越えており、もっとも重要な点はおそらく人間の自由な意志決定を導くにあたっての役割にある。自由社会が他のいずれの社会にもまして強く要求することは、人びとの行動を導く責任の感覚が法律によって強要される義務の範囲を越えるものであること、また各個人の成功も失敗もともに個人が責任を引き受けるべきことを一般世論が認めることである。もし人びとが自ら適切だと考えるように行動できるとすれば、かれらがその努力の結果にたいして責任を取らなければならないに違いない。

## 4　責任を引き受けることのできる人物

責任を引き受けさせることを正当化する理由は、こうして実際のしきたりが将来の行動にたいして影響を及ぼすことを想定している点にある。そのねらいは、将来の状態を比較して考えるべきものだということを人びとに教えることにある。人びとが自分自身のための意志決定をまかされているのは、通例かれらの行動を取りまく状況をもっともよく知る立場にかれらがいるからであるが、われわれは同時に人びとがその知識をもっとも効果的に使用できるようにする条件にも関心をもっている。もしも人びとを理性的な存在と想定するがゆえにかれらに自由を許すのであるとすれば、同時にその意志決定の結果をかれらに負わせることによって、理性的な存在として行動するに値するようにしなければならない。このことは人が自分の利益についてつねに最善の判事であるということを意味するのではない。それはただ次のことを意味しているにすぎない。すなわち、われわれには、かれの利益について本人よりも誰がよりよく知っているのか決して確信しえないことと、環境を人間の目的に役立たせようとする共通の努力に何か貢献することができると思われるすべての人たちの能力を十分に利用したいと願うことである。

したがって責任の帰属は、合理的な行動にたいする人びとの能力を前提としており、責任を帰属させない場合よりもっと合理的に人びとを行動させることを目的としている。それは学ぶこと、予想すること、それから人びとの行動の結果についての知識によって導かれることなどに関して、人にはある最小限度の能力があることを前提としている。理性が人間の行動の決定にあたって、ほんのわずかな役割しか演じないという議論は反対論にはならない。というのは、理性の目的がそのわずかな役割をできるだけ推し進めようとすることだからである。この関係から見れば、合理性とは個人の行動のある程度の統一性と整合性、それから知識や洞察が一度覚えたのちには、後日に異なった事情のもとでかれの行動にある継続的な影響を与える以上のことを意味するものではない。

自由と責任の補完関係は、自由を求める議論が責任を引き受けることのできる人にのみ適用できるということを意味する。ゆえに幼児、精神障害者あるいは精神異常者には適用できない。それは人が経験から学ぶことができ、こうして得られた知識によって自分の行動を導くことができると想定している。まだ十分に学んでいないか、あるいは学ぶことのできない人にたいしては役立たない。ある人が同一不変の行動によってその行動を決定し、結果を知ることによってその行動を制御することができない者、あるいは本当に人格の分裂した者、統合失調症の者にはこの意味で、責任を引き受けさせることはできない。というのは、自分が責任を取らされるだろうということを知っても、この人たちは行動を変えることができないからである。同じことは実際に制御の不可能な衝動、窃盗病者、アルコール依存症に悩む人にも当てはまる。経験が示すところでは、この人たちは正常な動機に反応しないことが明らかとなっている。しかし、自分が責任を取らされるだろうということに気がついていれば、そのことがその人の行動に影響するだろうと信ずべき理由があるかぎりは、個々の場合にその行動が望まれた効果をもたらすかどうかは別として、人を責任あるものとして取りあつかうことが必要である。責任を帰属させる根拠は、個々の場合に当てはまると知っていることにあるのではなく、たぶん結果的には人びとに合理的かつ慎重に行動をするように促す効果が多くの場合にあるだろうと信じることにあるのである。それはわれわれが他の人の心のなかを覗くことができないことに対処するために、それからまた強制に訴えずに生活のなかに秩序をもたらすために、社会が発展させた一つの工夫である。

責任を引き受けさせることのできない人たち、したがって自由のための議論を十分に適用されない、あるいは適用することの不可能な人たちのために生ずる特殊な問題にまで立ちいって論ずる余地はない。重要な点は、社会の自由にして責任のある一員であるということは、特権と同時に負担ももつという特殊な地位にあるということである。そしてもし自由がその目的を達成すべきであるとすれば、この地位はある誰かの自由裁量にまかせられるものでなく、客観的に確かめることのできる標準（年齢のような）を満たすもの全員に自動的に属すのでなければならない。ただし、これは人が必要最小限度の能力をもっているという前提が明らかに否定されないかぎりのことである。個人的な関係では、保護監督から完全な自己責任にいたるまで、その推移は漸次的であり明瞭ではない。そして個人間に存在する比較的軽い形の強制のなかで国家が干渉すべきでないものは、責任の程度によって調整することができる。もしも自由を有効にしようとするならば、政治的にも法律的にも、その区別は鋭くかつ明確でなければならず、一般的で非人格的な規則によって決定されなければならない。ある人が自分自身の主人であるかあるいは他人の意志に従うべきであるかを決定する際には、われわれはかれが責任の取れる人か否かのどちらであるかを考えなければならない。また他人が理解できず予測できず歓迎しないかもしれない行動の仕方をとる権利をもっているか否かのどちらであるかも考えなければならない。すべての人間がみな十分に自由を認められるとはかぎらないという事実は、すべての人の自由が個々の条件に応じた制限と規則に従うべきであるということを意味するものであってはならない。少年審判所、あるいは精神病棟を個別的に取りあつかうのは、不自由、すなわち保護監督のしるしである。私的生活の親密な間柄では行動を仲間の者の人格に合わせればよいであろうが、公共的生活では単独の個人としてでなく類型としてみなされ、通常の動機と制止力とが働いているという想定にもとづいて取りあつかわれることが自由にとって必要である。個々の場合にこの想定が当てはまるかどうかは問わない。

## 5　個人的目的の追求

非常に混乱を起こしている一つの理想がある。それは、人は自分自身の目的の追求を許されるべきであるという考えである。その際もし自由にまかされるならば、人は自分の利己的な目的のみを追求するであろうしあるいは追求すべきであるという信念をも含んでいる(9)。しかしながら、自分自身の目的を追求する自由は、価値尺度のなかで他の人びとの必要にきわめて高い順位を与える非常に利他的な人にとっても、どんな利己的な人の場合と同様に重要である。人びとが他の人びとの福祉を自分にとっての重要な目的にするのは、人間の通常の性質の一部をなすものであり（おそらく、婦人の場合にはいっそう強いであろう）、同時に自分の幸福の重要な条件の一つである。そうすることは開かれた通常の選択の一部であり、しばしばわれわれに期待される意思決定でもある。普通の考え方としては、この点に関する主要な関心はもちろん家族の福祉であろう。しかしまた、われわれは余所の人びとを友とし、その目標をともにすることによって、かれらにたいする尊敬と同意を示すものである。仲間を選ぶこと、そして一般にわれわれの関心にとって必要な何かをもっている人たちを仲間に選ぶことは、自由と自由社会の道徳概念の重要な部分をなしているのである。

けれども、一般的な利他主義は意味のない概念である。誰も他人を他人として親身になって世話をすることはできない。すなわち、われわれの引き受けることのできる責任はつねに特定のものであるに違いない。われわれが具体的事実を知っている人びと、それから、選択によるかあるいは特殊な条件のために接触をしている人びとについてのみ関心をもつことができる。何がそして誰の必要がもっとも重要と思われるかを決定することが、自由人の一つの基本的な権利であり義務である。

各人がそれぞれの価値尺度をもっていて、たとえそれに賛成しないとしてもなおそれを尊重すべきであるという認識は、個々の人格の価値の概念の一部をなすものである。われわれが他人をどのように評価するかは、かれの価値が何であるかに必然的に依存するであろう。しかし自由を信奉することは、われわれが自分を他人の価値の究極的な判事とみなさないこと、すなわち他人がわれわれの反対する目的を追求しても、等しく保護された他人の領域を犯さないかぎり、その人を妨げる資格があるとは考えないということを意味するのである。

各個人が自分自身の価値をもっていて、それに従う資格があることを認めない社会は、個人の尊厳にたいする尊重を欠くものであって、実際に自由を理解していない社会である。しかし自由社会では、個人は自分の自由を行使するその仕方にしたがって評価を受けることも確かである。道徳的評価は自由のないところでは無意味である。「もし成年に達している人間のすべての行動が、善きにつけ悪しきにつけ、監視・命令・強制のもとにあるとするならば、道徳とは名目にすぎないであろう。善行はどれほどの称賛に値するであろうか、まじめで、公正で、自制的であるからといってどれほど有難いといえるであろうか。[10]」自由は善をなす一つの機会であるが、しかしそれは同時に自由が悪をなす一つの機会である時にのみそうなのである。自由社会は個人がある程度共通の価値に従うときにのみ、うまく機能するという事実があるために、たぶん哲学者たちは時に自由を定義して道徳の規則と一致する行動としたのであろう。しかしこの自由の定義はわれわれの考えている自由の否定である。道徳的なメリットの条件である行動の自由は、悪をおこなう自由を含む。すなわち、われわれが人を称賛あるいは非難するのは人が選択の機会をもっているときのみであって、ある規則の遵守が強制されるのでなく、単に義務として課されている場合のみである。

個人的自由の範囲がまた個人的責任の範囲であるということは、どんな特定の個人にたいしても、われわれの行動に責任があることを意味するものではない。たしかにわれわれは他人を不快にすることをおこなうのであるから、他人の非難に晒されることになろう。しかし自分の決定にたいして全面的に責任を引き受けねばならない主な理由は、そのことでわれわれの行動が引き起こした事象の原因にたいして注意を向けるからである。個人的責任を信じることの主要な機能は、目的を十分に達成するために自分自身の知識と能力をもちいさせることにある。

## 6　個人自身の福祉にたいする責任

自由によって課せられる選択の重荷、自己の運命にたいして自由社会が個人に課す責任が、現代世界の状態のもとで不満の重要な源泉となっている。人の成功はいままでよりいっそう強くかれが抽象的にどんな特殊才能をもっているかに依存するのでなく、これらの才能が正しくもちいられているかに依存するであろう。専門化もあまり進まず、あまり複雑でもない組織の時代、すなわちほとんど誰でも存在する機会の大半を知りえた時代には、人の特殊な技術と技能を上手にもちいる機会を見つけるのにあまり困難ではなかった。社会が拡大し複雑になるにつれて、人の望むことのできる報酬は、かれのもつ技術と能力でなく、それらを適切にもちいることにますます依存するようになる。そして人の能力にもっとも見合った機会を見つけることはいっそう難しくなり、同じ技術をもつ人と特殊な能力をもつ人びとのあいだの報酬の差も増大するであろう。

ある人が仲間にとってどんなにか有用であったかもしれないと思いながら、その天賦の才能が無駄に費やされたという意識から生ずる悲しみほど痛切な悲しみはない。自由社会に対して向けられるもっとも重大な非難、もっとも厳しい怨恨の源はおそらく、自由社会において誰も人の才能の適切な用途を知る義務を負わず、誰もその特別な天賦の才能をもちいる機会にたいする請求権をもたないこと、かれ自身がそのような機会を見つけなければ、その才能は浪費されるように思われることにある。ある潜在的な能力をもっているという意識は当然、それらの能力を誰か他の人が使用する義務があるという請求を生みだすのである。

有用性の範囲、適切な仕事を自ら見つけださなければならないということは、自由社会がわれわれに課すもっとも困難な規律である。けれどもそれは自由と切り離しがたいものである。というのは、誰も他人を強制しておのれの才能を使用させる力をもっていないかぎり、その才能が適切にもちいられることを誰にも保証できないからである。仕えるのは誰か、その者の能力、どんな成果が利用できるか、といったことについての選択を人から奪うことによってのみ、われわれはどんな人にたいしてもその才能が本人の正当と感ずる仕方でもちいられることを保証できるであろう。自由社会の本質は、人の価値や報酬が抽象的な能力に依存するのではなく、対価を支払う他者にとって有用な具体的サービスにその能力をうまく転ずることに依存しているところにある。そして自由の主要な目標は、一個人が獲得できる知識の最大限の利用を保証する機会と誘因の両方を提供することである。この点に関して個人を独特なものにするのは一般的な知識でなく、具体的な知識、すなわち特定の環境と状況に関する知識である。

## 7　自由のための教育

この点について自由社会の結果が、以前の社会の遺物である倫理感としばしば対立することがあることは認めないわけにはいかない。人の能力をうまく利用する方法、すなわち人の才能のもっとも効果的な利用法を発見する技術は、社会の見地から見ればおそらくもっとも有益なものであることに違いない。しかし、この種のことにあまり機転を利かせすぎると人から嫌われることはよくあるし、また具体的な事情をうまく利用して同じ一般的な能力をもっている人びとよりも利益を手に入れるのは不公平だと見られるのである。多くの社会では「貴族主義」の伝統がある。それはあてがわれた仕事と義務よりなる組織的ヒエラルヒーのなかでの行動条件から生じたものである。すなわちそれは特権をもった人びとがしばしば発達させた伝統で、かれらは他人が欲するものを与えるという必要を感じることがないので、人の才能は他人によって発見されるまで待つのが上品なこととみなされるのである。これに対して宗教的にあるいは人種的に少数派の人びとは、出世のための激しい闘いのなかで、この種の機略（ドイツ語の *Findigkeit* がもっともよく当てはまる）を慎重に育てていったのである。そしてそのために少数派は一般に嫌われている。しかしいうまでもなく、事物なり人間自身の能力なりのより上手な利用方法を発見することは、一個人がその仲間の福祉のために社会でなしうる最大の貢献の一つであり、またそのために最大限の機会を与えることが自由社会を他の社会よりもはるかに豊かにするに違いない。この企業家的な能力（才能の最善の利用方法を発見するという点では、われわれはみな企業家である）をうまく利用することは、自由社会においてもっとも報われることの多い活動である。これにたいして、自分の能力を利用する有用な方法の発見の仕事を他人にまかす者は、誰でもより少ない報酬に甘んじなければならない。

ここで十分理解すべき重要なことは、人に使われることをあてにする技術家、自分にとって適当な場所を自分で発見することのできない技術家、自分の能力や技術の適切な利用を保証するのは誰か他の人の責任だとみなす技術家たちを訓練しても、自由社会のための人びとを教育することにならないということである。ある特定の領域においてどんなに有能な人であっても、その才能から最大の便益を引きだせる人たちに自分の才能を知らせる能力をもっていなければ、自由社会ではその人物のサービスの価値はどうしても低い。等しい努力によって同じ専門技術と知識を得た二人のうち、一方は成功し他方は失敗するのを見れば、われわれの公正の観念は傷つけられるかもしれないが、自由社会では有用性が個々の利用方法によって決定されることを認め、教育と気風をそれにしたがって調整しなければならない。自由社会では報酬は技術にたいしてではなく、技術の正しい利用にたいして与えられる。そしてこのことは、われわれが特定の職業を選ぶ自由があり、特定の職業に指定されることのないかぎり通用するのである。たしかに成功の経歴はどの部分が優れた知識・能力あるいは努力によるのか、またどの部分が幸運な出来事によるのかを決定することはほとんど不可能である。だからといってこのことは、誰にとっても正しい選択をする価値の重要性を無用にするものではない。

この基本的な事実がほとんど理解されていないことは次のごとき主張によって示される。それは社会主義者ばかりが主張するのではない。「すべての子供は市民として、生命、自由および幸福の追求にたいする自然権をもつだけでなく、かれの才能によって資格づけられる社会的等級上の地位にたいする自然権をもつ[11]」と。自由社会では、ある人の才能はどんな特定な地位を「資格づける」ものではない。それがあるのだと要求するのは、ある機関がその判断にしたがって特定の地位に人をつかせる権利と権力をもつことを意味しよう。自由社会が提供しなければならないものは適切な地位を求める機会だけである。それにともなって人の才能のための市場を探すことから生ずる危険と不確実性は避けられない。この点に関して、自由社会が大多数の個人に圧力をかけ、しばしば恨まれることがあるのは否定できない。しかし他の型の社会では、そのような圧力が除かれるだろうと考えるのも幻想である。というのは自分の運命にたいする責任がもたらす圧力に代わるものは、人が服従しなければならない個人的命令というはるかに不快な圧力であるからである。

人が自分の運命にたいして唯一の責任者であるという信念は、成功したものだけが支持することだとしばしば主張される。この主張の裏には、成功したからこそこういう信念を支持するのだという考え方が潜んでいるが、それに比べれば上記の主張のほうがまだ受け入れがたいものではない。わたくしとしてはその関係は逆であって、人びとがこの信念を支持するからこそ成功すると考えたい。人の成就するいっさいのものが、その努力、技術、知恵にのみもとづくという確信はだいたい誤っているだろうが、その確信は人の気力と慎重さにもっとも有効な効果を生みやすい。そして成功者の独りよがりの自慢がしばしば耐えがたくかつ不快であるとしても、成功がまったくその人に依存するという信念はたぶん実践的に見て成功する行動へのもっとも効果的な誘因であろう。これにたいして自分の失策に関して、他人や周囲の事情を非難する傾向に陥ってしまえばしまうほど、ますます不機嫌になり無能にもなっていく。

## 8　責任の範囲

現代において責任感が弱められたのは、責任の範囲を拡張しすぎたことと、個人の行動の実際の結果にたいして無責任にしたことによる。われわれが個人に責任を割りあてるのは、その行動に影響を与えるためであるから、個人にとって予想することが人間的に可能であるような行為の結果、また普通の事情のもとで考慮に入れることを無理なくかれに望みうるような行為の結果にのみ、責任をかかわらすべきである。効果的であるためには責任は明確であると同時に制限されていなければならず、感情的にも知的にも人間の能力に適応していなければならない。あらゆるものにたいして人は責任があると説くのは、あらゆるものにたいして人は責任を引き受けることができないと説くのと同様に、どんな責任感にとってもまったく破壊的である。自由が要求するのは、個人の責任が本人の判断できると想定される範囲にかぎられること、個人の行動がその洞察の範囲内にある結果を考慮にいれること、そしてとくに個人がかれ自身の行動（あるいはかれの保護下にある人の行動）にたいしてのみ責任があるということである。つまり同じく自由である他人の行動にたいしては責任がない。

責任が効果的であるためには、それは個人の責任でなければならない。自由社会では、一集団の構成員の集合的責任なるものはありえない。ただし申し合わせによって、全員が個別的にひとりひとり責任をもつとした場合は別である。共同責任とか分割責任というものは、個人にとって他人との同意を必要とし、そのためにめいめいの力を制限する。もしも同じ事件が多数の人の責任とされ、しかも同時に共同の同意行動の義務を課されることがないとすれば、その結果は通常、誰も実際に責任を負わないことになる。すべての人の財産は事実上、誰の財産でもないのと等しく、すべての人の責任は誰の責任でもない[12]。

現代の発展、特に大都市の発展は、地域的関心事にたいする責任感を著しく破壊した。かつてはそれによって非常に有益で自発的な共同行動がとられたのである。責任の基本的条件は、責任が個人の判断できる事情、すなわちあまり想像力を働かせることなく自分自身のことにできる問題、そしてその問題の解決を十分な理由によって他人よりも自分自身のこととみなしうる問題にかかわるのである。工業都市の匿名の群集のなかで暮らす生活には、このような条件はほとんど当てはまらない。一般的にみて、もはや個人は親密に関係し熟知している小さな共同体の構成員ではない。これによって個人は独立性をいくぶんか高めた一方、個人的結びつきや隣人との親しい関係から得ていた安全性を奪われたのである。国家の非人格的な力による保護と安全がいっそう要求されるのは、疑いもなくこれらのより小さな利益共同社会の消失と個人の孤立感の結果である。個人は地域集団の他の構成員の個人的利益と援助とをあてにすることがもはやできないのである⒀。

これらの緊密な利益共同体が消失し、その代わりに限定的で人間味の薄い一時的な結びつきの間延びしたネットワークが生まれたことはとても残念であるかもしれない。しかし、そのよく馴染んだ親密なものにたいする責任感を、親しくないものや理論上で知っているものとの類似した感覚によって、置き換えることを期待することはできない。われわれは親しい隣人の運命に心から関心をもち、援助が必要なときにはどうやって助けるかわかるであろうが、数千、数百万の不幸な人たちについて、この世界にいることは知っていてもその個々の事情を知らないとき、前者と同じように感ずることはできない。どんなにこういう人たちの悲惨な話に感動しようとも、多くの悩み苦しむ人たちについて抽象的な知識をもとにして毎日の活動をしていくことはできない。もしもわれわれのなすことが有用で効果的であるべきだとすれば、その目的は限定されるべきもので、われわれの心と憐憫の情に適したものでなければならない。自らの共同体、国、世界の、あらゆる貧しい人や不幸な人にたいする「社会的」責任をつねに留めておくようにすることは、行動を要求する責任と要求しない責任との相違が消滅するまでわれわれの感情を抑える効果があるに違いない。そうだとすれば、効果的であるためには責任は限定されるべきだ。個人が自らの具体的な知識に頼っていろいろな仕事の重要性を決定できるように、また自らの道徳原理を周知した事情に適用できるように、そして有害なものを進んで取り除くのに役立つように。

# 第六章　平等、価値およびメリット

わたくしは、平等にたいする情熱を尊敬しない。わたくしには、それは単に羨望を理想化することでしかないように思われる。
オリヴァー・ウェンデル・ホームズ二世（Oliver Wendell Holmes, Jr）

## 1　平等な処遇と平等にすること

自由のための闘いの偉大な目的は、法の前の平等である。国家が強制する規則のもとにおけるこの平等は、人びとが他の人との関係において自発的に従う規則のもつ同様の平等によって補うことができるであろう。平等の原理を、道徳的ならびに社会的な行為の規則にまでこのように拡張することが、民主的精神と通常呼ばれているものの主要な表現である。そしておそらくそれは、自由が必然的に生みだす不平等を無害なものとするのに大いに役立つ民主的精神のある側面である。

しかしながら、法と行為に関する一般的規則の平等こそが自由のために役立つ唯一の平等であり、また自由を破壊せずに確保することのできる唯一の平等である。自由は他の種類の平等とはなんの関係もないばかりでなく、多くの点で不平等をつくりださざるをえないものでさえある。これは個人的自由の必然的結果であり、またそれを正当化する一つの意味をもっている。もし個人的自由の結果として生活のやり方によって成功の程度に違いがあることが証明できなかったら、自由を擁護する主張のほとんどは消えてしまうであろう。

自由擁護論が政府による人びとの平等な扱いを要求するのは、実際にかれらが平等であることを想定しているからではないし、平等にしようと意図しているからでもない。自由擁護論は個々人にははなはだしい差異があることを認めているだけでなく、以下のような仮定に大きく依存している。すなわちそれは、これらの個人的差異が政府による人びとの差別的な扱いを正当化するものではないと主張する。もし実際に大きな差異のある人びとに人生において等しい地位を保証すべきであるとすれば、国家は人によって取り扱いに差別をつけることが必要になるが、これには反対する。

今日、はなはだ広範な物質的平等を弁護する人びとは、自分たちの要求がすべての人間の事実上の平等という仮定にもとづいていることを通常否定する。(1) それにもかかわらず、この仮定がそのような要求を正当化する主要な根拠であることはなお広く信じられている。しかし、平等な扱いにたいする要求を、すべての人間の事実上の平等という明らかに誤った仮定にもとづかせることほど、そうした要求を損なうものはない。国民的あるいは人種的少数者の平等な扱いを擁護する議論を、かれらが他の人間と異なってはいないという主張に基礎づけることは、実際に存在する不平等が不平等な取り扱いを正当化することを暗黙に認めることになる。つまり、ある程度の差異が事実、存在するという証拠がすぐにあらわれることになるだろう。法の下における平等にたいする要求の本質は、人びとには差異があるという事実にもかかわらず、等しく扱われるべきということにある。

## 2　個人的差異の重要性

人間の性質には無限の多様性があるということ、つまり個人の能力と潜在能力の広い範囲にわたる差異が、人類に関するもっとも顕著な事実の一つである。進化によって人類はあらゆる創造物のなかでおそらくもっとも変化しやすいものとなった。「生物学は、その基礎として可変性をおくことによって、人間ひとりひとりに一組の独特な属性を付与し、もしそうでなかったならばもちえなかったと思われる尊厳を個人に与える。この言葉は至言である。生まれたばかりの乳児は、可能性に関するかぎり未知数である。というのは、その中には何千もの未知の遺伝子と遺伝子の型が相互に関連しあっており、それが乳児の形成に寄与するのである。生来の性質と養育の結果として、生まれたばかりの乳児はこれまでにないもっとも偉大な男性あるいは女性のひとりになるかもしれない。どんな場合にも、男子でも女子でも特色のある人間となる要素をもっている……。もしもその差異が大して重要でないとすれば、その場合には自由も大して重要でなく、個人の価値という考えも大して重要でなくなる。[2]」この著者は正当に次のように書き加えている。人間性に関する画一性理論は広い支持を受けているが、「それは表面的には民主主義と一致するように見えるが……、早晩、自由と人間の価値というきわめて基本的な理想を危くし、われわれの理解する人生を無意味なものにしてしまうであろう[3]」と。

人間のあいだにある生まれつきの差異の重要性を極小化し、重要な差異をことごとく環境の影響に帰するのが現代の流行である。[4]環境の影響がいかに重要であるとしても、個々人にははじめから大きな差異があるという事実を見逃してはならない。もしすべての人びとがきわめて類似した環境で育ったとしても、個人的差異がそれほど重要でなくなることはほとんどないであろう。「人間はすべて生まれながらにして平等である」というのは、事実の言明としてはまったく誤っている。法律的にも道徳的にも人間はすべて平等に扱われるべきであるという理想を表現するために、われわれはこの神聖な言葉をずっともちい続けるかもしれない。しかし、もし平等のこの理想が何を意味しうるか、また何を意味すべきかを理解しようとするならば、事実上の平等という信念からわれわれ自身を解放することが第一の必要条件である。

人びとは非常に異なっているという事実からもし平等に扱うならば、その結果、実際のかれらの地位は不平等になるに違いないということになり(5)、そしてかれらを等しい地位におく唯一の方法は不平等に扱うということになるであろう。それゆえ、法の前の平等と物質的平等は異なっているばかりでなく、互いに対立する。そしてどちらか一方を達成することはできるが同等に両方を達成することはできない。法の前の平等は自由にとって必要なものであるが物質的不平等をもたらす。われわれの主張は次のようになるだろう。すなわち自由な社会では、何か別の理由で強制をもちいなければならない場合、国家はすべての人をみな等しく扱うべきであるが、かれらをその条件においてより等しくしようという願望によって、さらなる差別的強制を正当化することは受けいれがたいのである。

われわれは平等そのものに反対しているのではない。ただ平等にたいする要求は、ある先入感によった分配の型を社会に押しつけようと望む大多数の人たちの偽りの動機であるにすぎないのである。われわれが反対するのは、それが平等の秩序であるか不平等の秩序であるかにかかわらず、ある恣意的に選択された分配の型を社会に押しつけようとするあらゆる企てにたいしてである。事実われわれが気づくことは、平等の拡張を望んでいる人びとの多くが、実際には平等を要求するのでなく、個人のメリットに関する人間的な概念にいっそう厳密に合致する分配を要求するし、またかれらの願望はよりいっそう厳格な平等主義的要求と同様に自由とは相容れない要求でもある。

より平等なより公正な分配をもたらすための強制の使用に反対する者がもしいるとしても、このことはかれがそういう分配を望ましくないと考えていることを意味しない。ただもし自由社会を維持したいと望むならば、ある特定の目的が望ましいというだけでは、強制を使用する十分な弁明にはならないことを認識することが大切である。富裕と貧困とのあいだに極端な開きのない社会に惹かれやすいし、また富の一般的増加がしだいにその差を縮めるように思われる事実を歓迎するであろう。わたくしもまったく同じ気持ちであり、アメリカが達成した度合いの社会的平等を大いに立派なものだと確信している。

また、これらの広く感じられている選好がいくつかの分野において政策を導くべきでないとする理由はなにもないように思われる。政府の活動を求める妥当な必要があり、そしてそのような必要を満たすさまざまな方法のうちでどれかを選ばなければならない場合に、いつでも付随的に不平等を減ずる方法が好まれることは当然であろう。たとえば、無遺言相続に関する法律においてある種の規定が他のものよりも平等を促すとすれば、そのことはその規定が好まれる一つの強力な論拠となるであろう。しかしながら、実質的な平等をもたらすために、自由社会の基本的要請、すなわちあらゆる強制を同一の法によって制限するという要請を放棄すべきであるともし要求するならば、それは別の問題になる。これにたいしてわれわれはこう主張したい。経済的不平等はその矯正手段として差別的強制あるいは特権に訴えることを正当化する悪の一つではないと。

## 3　生まれと育ち

われわれの主張は二つの基本的命題に基礎をおいている。一般的な同意をきちんと得るためにおそらくそれを述べる必要があるものと思われる。その第一は、すべての人間がもつ類似性への信念をあらわすものである。すなわち、いかなる人間あるいは人間集団も、他の人間の潜在的可能性を最終的に決定する能力をもっていないということ、そしてそのような能力の行使をある個人に決して委ねてはならないということが第一命題である。人びとのあいだの差異がいかに大きくとも、特定の場合にあるひとりの知性が責任をもつ他の人の知性のなしうることをすべて完全に包括できるほどその差異が大きいと信じるいかなる根拠もない。

第二の基本的命題は次のとおりである。社会の成員の誰かが価値のあると思われることをおこなう付加的能力を獲得した場合に、それはその共同社会にとってつねに利益とみなされねばならないということである。特定の人びとにとっては、自分の領域における新しい競争者の優れた能力のために不利益になることがたしかにあるであろう。しかし、共同社会におけるそのような付加的能力はいずれも多数にとっては利益となるだろう。これが含む意味は、どの個人がその能力と機会を増加させたとしても、その望ましさは他人も同じことをなしうるかどうかには依存しない。ただしその場合、他の人びとはその個人が占有しなかったならば手に入れうるかもしれない同じ能力なり別の能力なりを獲得する機会を奪われることがないとする。

平等主義者たちは、一般に生まれつきの個人の能力と環境の影響にもとづく能力との差、あるいは「生まれ」の結果である能力と「育ち」の結果である能力との相違について異なった見方をする。率直にこう断言することができよう。いずれの能力も道徳的なメリットとはなんの関係もないと(6)。どちらの能力もある個人がその仲間にたいしてもつ価値に大きな影響を与えるかもしれないが、かれが望ましい資質をもって生まれたことも、好ましい環境のもとで成長したことも、利益になる点ではどちらも同じである。両者の区別が重要なのは、単に前者の利益が明らかに人間の統制を越えた事情にもとづくのにたいし、後者の利益はわれわれが変えることのできるかもしれない要因にもとづくからである。重要な問題は、われわれの制度を変えて環境にもとづく利益を可能なかぎり排除するのがよいかどうかである。「出生と相続財産にもとづく不平等はすべて廃棄すべきであって、それが優れた才能と勤勉の結果でないかぎりはどんな不平等も残してはならぬ(7)」ということに、われわれは同意すべきなのか。

ある利益が人間の取り決めにもとづくという事実は、われわれが同じ利益をすべての人びとに与えることができることを必ずしも意味しないし、またもし利益がある一部の人に与えられるならばそれによって他の一部の人がそれを奪われることを必ずしも意味するものでもない。これに関連して考慮すべきもっとも重要な要素は、家庭、相続、教育であり、これらから生ずる不平等にたいして主に批判が向けられるのである。しかしながら、これだけが環境の重要な要素ではない。気候と風景のような地理的条件も、文化的、道徳的伝統における地域的、階級的相違ももちろん同じく重要である。しかしながら、ここではその効果がもっとも一般に攻撃されている三つの要素だけを考えることにする。

家庭に関するかぎり奇妙な対照がある。大多数の人びとが家族制度にたいして表明する敬意と、ある特定の家庭に生まれることがその人に特殊な利益を与えるという事実にたいする嫌悪との対照である。広く信じられていると思われるところによれば、すべての人にとって同一である条件のもとで、ある人がその生来の資質によって獲得する有用な特性は社会的に有益であるが、もしそれが他の人びとには利用できない環境上の利益の結果である場合にはその同じ特性はどういうわけか望ましくなくなるということである。しかし、同じ有用な特性がある人の天賦の才能の結果であるときには歓迎され、聡明な両親かよい家庭のような環境の産物であるときには価値が劣る、とするのはなぜであるかは容易にはわからない。

家族制度にたいして大部分の人が認める価値は、両親が一般に他の誰よりも自分の子供たちに満足のいく生活を用意することができるという信念にもとづいている。このことは特定の人びとが自分の家庭環境から受ける便益には差異があるであろうということだけでなく、その便益が数世代を通して累積的に作用することがあるということを意味する。ある人の望ましい特性は、それが家庭環境の結果である場合に、そうでない場合よりも社会にとって価値が劣ると信じるどんな理由がありうるのか。事実、一世代では滅多に獲得されないが、二世代あるいは三世代の絶えざる努力によってのみ一般に形成されるいくつかの社会的に価値のある特性が存在すると考える十分な理由がある。このことは、社会の文化遺産の一部には、家庭を通してより効果的に伝達されるものがあることを率直に意味している。このことを認めるとすれば、登り道が一世代に限定されず、個人が同じ水準から出発することを意図的に強いられず、そして子供たちが両親によって提供されるかもしれないよりよい教育と物質的環境から便益を得る機会を奪われないときに、社会がよりよいエリートを得やすいことを否定するのは不当であろう。これを承認するとすれば、ある特定の家庭に属することは、個人の人格の一部であること、社会は多くの個人と同様多くの家庭によって構成されていること、そして家族における文化遺産の伝達は有益な肉体的属性の遺伝と同じくよりよいものを求める人間の努力の重要な道具であることを認めるに等しい。

## 4　家族と相続

多くの人びとは、家庭が道徳、趣味および知識の伝達手段として望ましいということに同意するが、物質的財産の伝達の望ましさにはなお疑問をもっている。しかし前者が可能であるためには、なんらかのしきたりすなわち生活の外面的形態の連続性が不可欠であること、そして非物質的利益ばかりでなく物質的利益をも伝達することが可能な場合にのみ、これを達成することができるということはほとんど疑問の余地がない。もちろん富裕な両親のもとに生まれた人びとには、親切なあるいは聡明な両親のもとに生まれた他の人よりも大きなメリットや不公正があるわけではないし、事実もし少なくとも一部の子供たちがある一定時点において富裕な家庭だけが提供しうる利益をもって出発することができるとすれば、それは一部の子供たちが偉大な知性を受け継ぐかあるいは家庭でよりよい道徳を教えられる場合に劣らず、共同社会にとって利益となる。

ここで私的相続を擁護する主要な議論、すなわち資本管理における分散を保持する手段として、また資本蓄積の誘因として不可欠と思われるという議論にはかかわらない。ここでの関心はむしろそれがある人にメリットにもとづかない利益を与えるという事実をもって、その制度に反対する正当な論拠であるかどうかにある。それが不平等の制度的原因の一つであることは疑いない。この点で自由が遺贈の無制限の自由を要求するかどうかを問う必要はない。ここでの問題は、単に大きな不平等を引き起こす物的財産を、子供なり他人なりに譲り渡す自由を人びとがもつべきかどうかである。

新しい世代にできるかぎりの用意をさせたいという両親の自然の本能を利用することが望ましいということにひとたび同意するならば、これを非物質的便益に限定する明らかな根拠があるようには思えない。しきたりと伝統を伝える家庭の機能は、物質的財を継承する可能性と密接に結びついている。そして物質的条件における利得を一世代に限定することが、社会の真の利益にどれほど役立つかを知ることは難しい。

いくぶん皮肉に聞こえるかもしれないが、もう一つの考慮することがある。それは、もし子供たちにたいする両親の自然の偏愛をもっともよく利用しようとするならば、財産の譲渡を排除すべきでないことを強く示唆するものである。権力と影響力を獲得した人びとが子供たちのために備えてやろうとする多くの方法のうちで、たしかに財産の遺贈が社会的にもっとも安くつく。この捌け口がなければ、これらの人びとはその子供たちのために備える別の方法を探すであろう。たとえば子供たちをある地位に就かせて、財産がもたらしたであろうと思われる所得と名声を子供たちに与えることができるようにする。そして、これは財産の相続によって生ずるものよりはるかに大きな資源の浪費と不公正の原因となるであろう。こういうことが財産相続の存在しないすべての社会の実態であって、共産主義もこれに含まれる。それゆえ相続によって引き起こされる不平等を嫌う人びとは、人間が現在のままであるとすれば、かれらの観点からしても相続がもっとも弊害の少ないことを承認すべきである。

## 5　機会の平等

相続は不平等の原因としてもっとも広範な批判を受けてきたが、おそらく今日ではもはやそうではないであろう。平等主義者の運動は、今や教育の相違による不平等な利益に集中する傾向がある。条件の平等を確保しようとする願望は次のような主張で表明する傾向が高まっている。すなわち、一部の人びとに与えるための最善の教育はすべての人に無料で利用できるようにすべきであり、そしてそれがもし不可能ならば、単に両親に支払い能力があるという理由だけである個人がその他の人びとよりもよい教育を受けるのを許すべきではなく、均一の能力試験を通過できる者だけ、しかもその全員が高等教育の限られた資源の恩恵を認められるべきである。

教育政策の問題は、平等という一般的標題のもとで付随的に論ずるのは、あまりにも多くの論ずべき問題があって不適当である。この本の最後にそれらの問題に別個の章を充てなければならない。ここでは次のことを指摘するにとどめる。この分野における平等の強制は、一部の人びとにたいして強制がなければ受けられたかもしれない教育を受けさせないようにすることである。われわれが何をしようとも、一部の人だけが受けることのできる利益、一部の人がもつのが望ましい利益が、個人的にはそれを受けるに値せず他の人よりもそれをうまく利用しないであろう人びとに行ってしまうのを防ぐ方法はなにひとつ存在しない。そのような問題は、国家の排他的で強制的な権力によって満足すべき解決を得ることはできない。

ここで、今日この分野で平等の理想が経験してきた変化について手短かに触れることは有益である。百年前、古典的自由主義運動の絶頂期に、その要求は、才能に途は開かれる（*la carrière ouverte aux talents*）という句で一般に表現された。それはあるものの向上にたいする人為的障害をすべて排除すべきであること、個人の特権をいっさい廃止すべきであること、人間の条件を改善する機会への国家の貢献は誰にたいしても同じでなければならないこと、という要求であった。人びとに差異があり、別々の家庭で成長するかぎり、等しい出発点を保証できないことはかなり一般的に受けいれられていた。政府の義務は誰でもある一定の地位に到達する同じ見通しをもつことを保証することではなく、単にその性質上、政府の行動に依存する施設を同じ条件で誰にでも利用できるようにすることである、ということは理解されていた。結果において必然的に差異があることは、個々人に差異があるからだけでなく、関連する事情のほんの一部しか政府の活動に依存しているにすぎない、ということからも当然のことであった。

誰にでも試みることを許すべきであるとするこの考え方は、誰にも同じ出発点と同じ見通しとを保証すべきであるとするまったく異なった考え方にとって代わられた。このことは、政府がすべての人に同じ環境を提供する代わりに、ある特定の個人の見通しに関連をもつあらゆる条件の管理を目的とすべきであり、他のすべての人と同じ見通しをかれに保証するために、それらの条件をかれの能力に合うよう調整すべきであるということを意味する。個人の目的と能力に機会をそのように意図的に適合させることは、もちろん自由とは逆のことである。それはまたすべての利用できる知識をもっともよく利用する手段としても是認することはできない。ただし政府が個人の能力利用の方法を一番よく知っていると仮定するならば別であるが。

これらの要求の正当性について検討するときわれわれが気づくことは、それらが一部の人びとの成功によって、あまり成功しなかった人びとのなかにしばしば生まれる不満、あるいはあからさまにいえば羨望にもとづいているということである。この感情を満足させ、社会正義という尊敬すべき外観でそれを偽装する現代の傾向は、自由にとって重大な脅威にまで発展しつつある。最近ではこれらの要求の根拠を、不満のあらゆる原因を排除することが政治の目的であるという主張に置こうとする一つの試みがなされた[8]。これは必然的に次のような意味を含む。他人より健康な体、あるいは幸福な気質、うまく合った配偶者、または頼もしい子供を、誰ももたないようにするのが政府の責任であると。もし満たされない欲望が実際にすべて共同社会への請求権をもつとするならば、個人の責任はなくなってしまう。いかに人間的であろうとも、羨望はたしかに自由社会が取り除くことのできる不満の源泉の一つではない。おそらくそのような社会の維持にとって不可欠な条件の一つは、羨望を奨励しないこと、それを社会正義として偽装することによってその要求を承認しないこと、それをジョン・スチュアート・ミルの言葉を借りれば「あらゆる感情のうちでもっとも反社会的かつ悪質なもの[9]」として扱うことである。

## 6　メリットと価値の対立

大多数の厳格な平等主義者の要求は羨望に基礎をおいているにすぎないけれども、表面的にはより大きな平等にたいする要求と見える多くのものが、実際にはこの世界のよいことをもっと公正に分配しようという要求であって、はるかにもっと信頼のおける動機から生じていることをわれわれは認めなければならない。大部分の人は不平等という単なる事実に反対するのではなく、報酬の差異がそれを受けとる者のメリットについて認めうるだけの差異に合致していないという事実に反対するのである。これにたいして、自由社会は全体としてこの種の正義を達成しているという答えが通常なされる。(10)しかしながら、もし正義の意味が報酬と道徳的メリットとの比例にあるとするならば、これは弁護のできない主張である。自由擁護論をこの論拠の上に基礎づけようとするどんな試みも、まさに自由を損なうことになる。というのはこの主張によれば、物質的報酬が認知しうるメリットに一致すべきであることを認めることになり、大部分の人びとがここから引きだす結論にたいしては間違っている主張によって反対することになるからである。正当な答えはこうである。自由な制度では、物質的報酬を人びとがメリットとして認めるものに概して一致させようとするのは望ましくもないし実際的でもない。自由社会の基本的な特徴の一つは個人の地位がかれのもっているメリットについて仲間がくだす評価に必ずしも依存すべきものではないということである。

この主張は第一に非常に奇妙でしかも衝撃的とさえ思われるかもしれないので、わたくしが価値とメリットとの相違についてさらに説明を加えるまで判断を差し控えるよう読者に求めたい。(11)論点を明らかにするにあたっての障害は、「メリット」という用語がわたくしの意味していることを述べるために利用しうる唯一の用語であるのに、それがより広くかつ曖昧な意味にもちいられているという事実によるのである。ここではもっぱら行為を称賛に値するものにする行為の属性、すなわち業績の価値ではなく行為の道徳的特徴をあらわすためにこの用語をもちいる。(12)

われわれの議論を通してわかるように、個人の行動あるいは能力がかれの仲間にたいしてもつ価値は、この意味においで確認しうるメリットとはなんの必然的関係もない。個人の生まれつきの才能も獲得した才能もともにかれの仲間にとって明らかにある価値をもつが、それはかれがそういう才能をもっていることにもとづく信用に依存するわけではない。自分の特殊の才能がきわめて普通のものであるとか、あるいは非常に稀であるという事実を変えるために、人間としてできることはほとんどなにもない。良い心あるいは綺麗な声、美しい顔あるいは器用な手、当意即妙の機知あるいは魅力ある人間性は、その人が遭遇した機会や経験と同様にその人の努力にはほとんど依存しないものである。これらすべての例において、個人の能力またはサービスはわれわれにとって価値があり、それにたいして報酬を受けるが、その価値は道徳的メリットあるいは美徳と呼ばれるものとほとんど関係がない。問題は人びとの受ける利益が自分たちの行動から仲間たちが引きだす便益に比例してよいかどうか、あるいはこれらの利益の分配の基礎をかれらのメリットにたいする他の人びとの評価におくべきであるかどうかということである。

メリットに応じる報酬とは、実際には評価可能なメリット、すなわち単になんらかのより高位の権力から見たメリットでなく、他の人びとが認識し同意することのできるメリットに応じる報酬を意味しなければならない。この意味での評価可能なメリットの前提として、一般に受けいれられている行為規則にそくしてその個人が行動したことと、その行為にある程度の苦痛と努力を要したということを、確かめられることが必要である。実際にこれを確認できるかどうかは結果から判断することはできない。メリットは客観的な結果の事柄ではなく、主観的な努力の事柄である。有益な結果を達成しようとするその試みは、大いにメリットに相応しいかもしれないが、完全な失敗に終るかもしれない。しかるに完全な成功はまったく偶然の結果であるため、メリットにかかわらないかもしれない。もしその人が最善を尽くしたことがわかると、しばしば結果とは無関係にかれが報酬を受けることをわれわれは望みたがるものである。もしもっとも有益な成果が幸運または好都合な事情にまったく依存していることがわかるならば、われわれはその本人の功績をほとんど認めようとしないであろう。

われわれはあらゆる場合にこの区別が立てられたならばと望むかもしれない。実際、どんなに確信してもそうすることはできないのである。それができるのは行動している人の所有しているいっさいの知識、そのうちにはかれの技能と自信、精神状態と感情、注意力、行動力と耐久力などを含むあらゆる知識をわれわれがもっている場合だけである。すなわちメリットを正しく判断できるためには、自由を擁護しない主な論拠となっている条件そのものの存在に依存しなければならないのである。人びとに自分自身で決定することをまかせるのは、自らのもっていない知識を人びとが使うことを望むからである。しかし、われわれのもっていない能力および事実に関する知識を人びとが使うにまかせたいと考えるかぎり、われわれはかれらの成果に関するメリットを判断する立場にはない。メリットを決める前提としては、人びとが利用すべきであった機会を利用したかどうか、そしてそのためにかれらがどれほどの意志あるいは自制の努力を費やしたかを判断できることが必要である。その成果のうち人びと自身で支配できる事情によるものとそうではないものとを区別することができることも必要である。

## 7　報酬の原則と選択の自由

メリットに応じた報酬と自らの仕事を選択する自由とが両立しないことがきわめて明白になるのは、結果の不確実性がとくに大きく、いろいろな種類の努力の機会について個々の評価が大きく異なる分野においてである。[13]「調査（research）」あるいは「探究（exploration）」と呼ぶ思索的努力において、または「投機（speculation）」として通常あらわす経済的活動において、もし成功する者に名声あるいは利得をすべて与えるのでないかぎり、それらの仕事にもっとも適格な人びとを惹きつけることは期待できない。たとえ多くの他の人びとがメリットに相応しくそれらを求めようとするかもしれないけれども。誰が成功者となるかが前もって誰にもわからないのと同じ理由で、誰がより大きなメリットを発揮するかを誰も言うことはできない。もし正直に努力したもの全員に賞を分かち与えるとするならば、それは明らかにわれわれの目的に役立たないであろう。そのうえそうするためには、誰に賞を与えるべきかについて決定する権利を誰かがもつ必要がある。もし不確定な目標を追求するにあたって、自分の知識と能力をもちいるべきであるとするならば、人びとは他人がかれらのなすべきであると考えるところによってその行動の指図を受けるのでなく、かれらがめざす結果にたいして他人が付与する価値によって導かれなければならない。

通常は危険なものとみなされている事業に関して明白に当てはまる上記のことは、われわれが追求しようと決めて選んだどんな目標についてもほとんど同じよう当てはまる。このような決定はどんなものでも不確実性がつきまとっている。そして、もしその選択が人間として可能なかぎり賢明であるとするならば、そこから予想されるさまざまな結果はそれぞれの価値にしたがって区別されなければならない。もしある人の努力の産物がかれの仲間にたいしてもたらす価値とその人の報酬とが対応しない場合には、その人は与えられた目標を追求することが努力と危険に値するかどうかを決定するための根拠をもたなかったことになるだろう。かれはどうすべきか教えてもらわなければならないし、何がかれの能力の最適な利用であるかについての他人の評価が、かれの義務と報酬を決めなければならないであろう(14)。

実際には、人びとは最大のメリットを手にすることを望むのではなく、最小の苦痛と犠牲によって最大の有効性を達成すること、したがって最小のメリットを受けることをわれわれは望んでいる。あらゆるメリットにたいして公正に報いることは、われわれにとって不可能であるばかりでなく、人びとが最大のメリットを受けることを主要な目的とすべきであるというのは望ましいとさえいえない。このように人びとを誘導しようとする試みはどんなものでも必然的に、同じサービスにたいして異なった報酬を受ける結果になるであろう。ある程度の確信をもってわれわれが判断できるのは結果の価値だけであり、それを達成するためにいろいろな人びとが費やすさまざまな程度の努力と心労を判断することはできない。

自由社会が結果にたいして提供する報賞は、報賞を求める人びとに向かって、それがどの程度の努力に値するかを教えるのに役立つ。けれども、同一の結果を生みだす人たちにはすべて同一の報賞が与えられるのであって努力とは無関係である。この際いろいろな人の提供する同一のサービスにたいする報酬についていえることは、さまざまな才能と能力とを必要とする異なったサービスにたいする相対的な報酬についてもより当てはまる。すなわち報酬はメリットとはほとんど関係がないだろうということである。どんな種類の仕事にせよ、一般にそれにたいして市場が与えるものは、そのサービスから便益を受ける人びとにとっての価値なのである。しかしそのサービスを得るためにそれだけの価値を与える必要があるかどうかはほとんどわからないであろう。そしてしばしば共同社会はそれよりかなり少ない価値でそれを得ることができることもきっとあったであろう。そう古い話ではないが、あるピアニストは公演の名誉にたいして、自ら支払いをしなくてはならなかったとしても演奏をおこなったであろうと言ったという。これは自分の主要な楽しみでもある活動から高額の所得を得ている多くの人びとの立場をおそらくあらわしたものといえる。

## 8　メリットによる分配の結果

大部分の人びとは、どんな人でもその苦痛と努力に値する以上の報酬を受けるべきではないという主張をきわめて当然のこととみなすけれども、にもかかわらずそれは途方もない想定にもとづいている。その想定とは、人びとが自分に与えられたさまざまな機会と才能をどれほどうまく利用しているか、またかれらの成果がそれを可能にしたすべての事情に照らしてどれほど勲功の高いものであるかを、あらゆる個別の事例について判断できるというものである。それは一部の人間がある人の価値を最終的に決定する立場にあり、そしてかれが何を達成することができるかをも決定する資格をもっていると想定している。さらにそれは自由擁護論が明確に拒否していること、すなわちある人の行動を導くあらゆる事柄をわれわれは知ることができるし、また知ってもいると想定するのである。

それゆえに、個人の立場が道徳的メリットという人為的概念に対応させられる社会は、自由社会の正反対のものとなるであろう。そういう社会では人びとは成功にたいして報いられるのでなく、成し遂げた義務にたいして報酬を受けることになるのであり、そこではあらゆる個人のすべての動きはなすべきであると他人が考えたことによって導かれ、その個人は責任と意志決定の危険から放免されるであろう。しかし、もしいかなる人の知識もすべての人間行動を指導するに足らないとすれば、あらゆる努力にたいしてメリットに応じて報酬を与えることのできる人間もまた存在しないのである。

個々の行為において一般に仮定していることは、ある人にたいするわれわれの義務を決めているのはかれの成果の価値であって、かれのメリットではないということである。より親密な間柄においてはどんなことがいえるとしても、日常の人生の営みにおいてはある人が大きな犠牲を払ってあるサービスを提供したからといって、他の誰かが同じサービスを容易に提供してくれるかぎり、われわれの義務がかれの払った犠牲によって決まるとは感じない。他人との取引においてわれわれが感じるのは、提供された価値にたいして等しい価値をもって補償するならば、われわれは公正であるということである。これらのサービスを供給する特定の個人がどれほど犠牲を払ったかは問題ではない。われわれの責任を決定するものは、他人が提供するものからわれわれが引きだす利益であり、提供するにあたってのかれらのメリットではない。また他人との取引においてわれわれが期待するものは、主観的メリットに応じた報酬ではなく、他人にたいするわれわれのサービスの価値に応じた報酬である。事実、特定の人びととの関係において考えるかぎり一般的にはっきり気づいていることは、自由な人間の特徴としては自分の生活を自らのメリットにたいする他人の評価に依存させるのでなく、自分がかれらに提供しなければならないものにのみ依存させるべきであるということである。われわれがメリットに応じた報酬を要求するのは、われわれの地位あるいは所得を全体としての「社会」によって決定されるものと考える場合だけである。

道徳的価値あるいはメリットは価値の一種ではあるけれども、あらゆる価値が道徳的価値ではないし、われわれの大部分の価値判断は道徳的判断ではない。自由社会ではこうでなければならない、ということがきわめて重要な点である。そして価値とメリットとの区別を誤ったことが重大な混乱の原因であった。われわれが評価する結果をもたらしているあらゆる活動を必ずしも称賛するわけではない。そして、手に入れるものを評価する大半の場合、それを提供してくれた人びとのメリットを評価する立場にわれわれはない。もしある一定の分野でのある人の才能が三〇年間の努力ののち以前よりも価値の多いものとなるとしても、このことはこれらの三〇年間がはなはだ有益で楽しいものであったかどうか、あるいはそれらが絶え間ない犠牲と苦痛の期間であったかどうかとは無関係である。趣味の追求が特殊な技能を生みだす場合、あるいは偶然の発明が他の人びとにとってきわめて有益となる場合、そこにメリットがほとんどないという事実は、その結果が苦しい努力によって生みだされた場合と同じく価値を貶めるものではない。

価値とメリットとのこの相違は、どんな型の社会にとっても特有のものではなくどこにでも存在するであろう。もちろん報酬を価値ではなくメリットに対応させようとわれわれは試みるかもしれない。しかしこれは成功しそうもない。それを試みようとすれば、人びとが何をなすべきかを自ら決定するその誘因を破壊してしまうであろう。そのうえ、報酬をメリットに対応させようとする試みがかなりうまくいったとしても、より魅力ある社会あるいは我慢のできる社会秩序さえつくりだせるかどうかきわめて疑わしい。高い所得はメリットのある証拠であり、低い所得はメリットのない証拠であると一般に想定され、地位と報酬はメリットに対応していると一般的に信じられ、また仲間の多数によってその行為が認められる以外に成功への道のない社会は、メリットと成功とのあいだになんらかの必然的関係のないことが率直に認められている社会よりも、不成功者にとってははるかに耐えがたいであろう。[15]

もし報酬をメリットに対応させようとする代わりに、価値とメリットとの関係がいかに不確かなものであるかをより明らかにするならば、それはおそらく人間の幸福にいっそう貢献するであろう。実際に唯一の優れた価値が存在する場合に、われわれはたぶんあまりにも安易にこれを個人的メリットに帰してしまう。ある個人またはある集団が優秀な文明あるいは教育を所有していることは、たしかに一つの重要な価値をあらわし、かれらが属する社会にとって一つの資産を構成する。しかし通常それはほとんどメリットをなすものではない。人望と尊敬が金銭的成功に依存しないのと同様、メリットにも依存しない。事実、特定の場合に食い違いが無視しえないほど大きいときにわれわれが躊躇《ちゅうちょ》するのは、価値を見いだすどんなところにもしばしば存在しないメリットを仮定することに慣れてしまっているからである。

特殊なメリットが相応の報酬を受けずにきた場合、それを尊重する努力をすべきであるということには十分な理由がある。しかし一つの模範として広く知られることを望む優れたメリットの行為に報酬を与えるという問題は、社会の通常の機能が依存する誘因の問題とは別である。自由社会は、ある人の進歩をある優越者なりかれの仲間の多数なりの判断に依存させる制度をそれを望む者のために設けている。事実、組織がしだいに大きくかつ複雑になるにつれて、個人の貢献を確かめる仕事はますます難しくなる。そして多くの場合、確かめられる貢献の価値よりもむしろ管理者の目に映るメリットによって報酬を決めることがますます必要となるであろう。この場合、メリットの単一で包括的な尺度が社会全体に課される状態が生まれないかぎり、あるいは多数の組織が相異なる見通しを提供して互いに競争するかぎり、このことは自由と合致するばかりでなく個人に開かれている選択の範囲を広げることにもなる。

## 9 自由と分配的正義

公正とは自由や強制に似た概念であって、意味をはっきりさせるためには、人びとにたいする他の人びとによる意図的な扱い方に限定すべきものである。それは人びとの生活の諸条件のうち、そのような支配を受けるものについて意識的に決定される一側面をさす。個人の努力が見通しと機会についての個人自身の見解によって導かれることを望むかぎり、個人の努力の結果を予測することはもちろんできない。そして結果としての所得分配が公正かどうかの問題はなんら意味はない[16]。公正は人びとの生活条件のうち政府によって決定されるものが全員にとって平等に与えられることを要求する。しかし、これらの条件の平等は必ず結果の不平等を招く。特定の公共施設を平等に供給することも、われわれ相互の自発的な取引においてさまざまな相手を平等に扱うことも、ともにメリットに比例する報酬を保証するものではないであろう。メリットにたいする報酬とは、行為において他者の願望に従うことにたいする報酬であって、われわれが最善と考えたことの実行によってかれらに与える便益にたいする報償ではない。

事実、所得尺度表を固定しようとする政府の試みにたいする反対論の一つは、国家が自らのおこなうあらゆる事柄において公正であるように試みなければならないということである。メリットに応じた報酬の原理がひとたび所得分配の公正な根拠として受けいれられるならば、公正はそれを望むすべての人がその原理にしたがって報酬を与えられなければならないことを要求するであろう。やがてはさらに同じ原理がすべての人に適用され、承認しうるメリットに対応しない所得は許容できないという要求がなされるであろう。「稼いで得た（earned）」所得あるいは利益とそうではないものとを単に区別しようとする試みでさえ、一つの原則として立てられるであろう。国家はこれを適用しようとしなければならないが、実際には一般的に適用できないであろう[17]。そして一部の報酬を人為的に統制しようとするこのような試みはすべてみな、さらに新しい統制にたいする要求を生みださざるをえない。分配的正義の原理はひとたび導入されるならば、社会全体がそれにしたがって組織されるときはじめて満たされることになるであろう。これはあらゆる基本的な点において自由社会とは反対の社会、すなわち個人が何をなすべきかまたいかにそれをなすべきかを権威者が決定する社会、をつくりだすであろう。

## 10　特定社会の成員たることにもとづく請求権

最後にもう一つ。もっと平等な分配要求の根拠としてしばしば主張される議論を簡単に見ておかなくてはならない。この主張はある特定の共同社会あるいは国家の一員であるということ自体が、その個人にある特定の物質的水準を受ける資格をもつという主張であって、その水準はその個人の属する集団の一般的富によって決定される。この要求は分配を個人のメリットに基礎づけようとする願望とは奇妙にも相容れない。特定の共同社会に生まれたことにはなんらかのメリットがないことは明らかである。そしてある特定の個人がある場所に生まれ他の場所でない、という偶然に基礎をおいて公正論を説くことはできない。事実、比較的豊かな共同社会は、貧しい共同社会に生まれた者の知らない利益をそのもっとも貧しい成員に与えている。豊かな共同社会ではさらに多くの利益を主張することについて成員がもちうる唯一正当な根拠というのは、私的な富がたくさんあり政府はこれを没収しかつ分配しうること、そしてそのような私的な富を他人が享受しているのをたえず見ている者は、それについてたとえ知っていたとしても観念的にしか知らない人びとよりも強い願望をもつであろうということである。

ある集団の成員が共同の努力によって、法と秩序の維持を確保し、若干のサービスの供給を用意している際に、この集団の富の特定の分け前にたいする要求をその成員に与えるべきであるとする明白な理由はなにもない。そのような要求を唱導する人たちが同じ国家あるいは共同社会に属していない人たちに同じ権利を与えることを好まないとすれば、このような要求の弁護は特に難しいであろう。国家的規模においてこのような要求を認めることは事実、国家の資源における一つの新しい種類の集合的（ただし排他的であることに変りはない）財産権をつくりだすにとどまる。それは個人の財産と同じ根拠にもとづいて正当化することはできないものである。世界的規模においてこれらの要求の公正を受けいれる用意のあるものはほとんどいないであろう。そして、ある一定の国家内で多数者がそのような要求を強制する実際の力をもっているが、世界全体ではこれを強制する力をもっていないというただそれだけの事実では、その要求をより正当なものとすることにはほとんどならないであろう。

弱者、虚弱者、あるいは予測できない災害の犠牲者のための備えをするよう、われわれの利用できる政治的組織を、どんなものであろうともちいる努力をすべきであるということには十分な理由がある。事実、一国の全住民に共通のある種の危険に備えるもっとも有効な方法は、これらの危険にたいする保護を住民全員に与えることであるといってよいであろう。共通の危険にたいするそのような準備をすることのできる程度は、当然その共同社会の一般的富裕に依存するであろう。

しかしながら、単に同じ共同社会により富裕な人びとがいるという意味で、貧しい人たちが前者の富のある分け前にあずかる資格をもっているとか、あるいはある特定の水準の文明および安楽を享受できる集団に生まれたことによってすべての便益から分け前をあずかる資格があると説くのは、まったく別の問題である。住民がすべてあるサービスを共通に供給することに関心をもっているという事実があるからといって、誰でもその便益全体における分け前を権利として主張するのを是認することにはならない。それは一部の人が進んで与えるべきものにたいする基準を設定するかもしれないが、誰でもが要求できるものにたいする基準を設定するものではない。

われわれが反対してきたこの見解が広く受け入れられるにつれて、国民的集団はますます排他的になるであろう。自分の国に住むことによって受ける利益を他の人びとに認めるよりもむしろ、ある国民はかれらをすべて排除してしまうことのほうを選ぶであろうからである。というのは一度認めると、かれらはすぐにその富のある特定の分け前を権利として主張するであろう。ある国の市民権、あるいはそこに住むことでさえ、ある特定の生活水準にたいする主張を与えるという考え方は国際的摩擦の重大な原因となっている。そしてある一定の国家内でその原理を適用することにたいする唯一の正当性は、その政府がそれを強制する権力をもっているということであるから、もし国際的規模で権力によって同じ原理が適用されているのを知ったとしても驚くにはあたらない。少数者の享受する便益にたいする多数者の権利が国家的規模で認められるならば、これが現存の国家の一国境でとどまるであろうとするいかなる理由も存在しない。

# 第七章　多数決の原則

人間は利害によってはなはだしく左右されるものではあるが、しかし利害それ自体にしても、またすべての人間社会の問題は、意見によってまったく左右されるものである。

デヴィッド・ヒューム（David Hume）

## 1　自由主義と民主主義

法の下での平等は、法の制定に際してもすべての人が同じだけの分け前をもつべきであるとの要求につながる。これが伝統的自由主義と民主主義運動との遭遇する点である。けれども、それぞれの主な関心は異なっている。自由主義（ヨーロッパの十九世紀における意味での言葉として。本章を通じてこれに従う）は、民主主義的であるとないとにかかわらず、すべての政府の強制力を制限することに主な関心を向けてきた。しかるに教条的な民主主義者は政府にたいするただ一つの制限しか知らない。すなわちそれはその時々の多数意見である。この二つの理想のあいだの相違はその反対物を挙げればもっともはっきりする。民主主義にとって反対物は権威主義的政府であり、自由主義にとっては全体主義である。二つの体制のどちらも、その一方の反対物を必ずしも排除することはない。ある民主主義は全体主義的権力をふりまわすこともありうるし、ある権威主義的政府が自由の原則にもとづいて行動することも考えられる。(1)

われわれの分野における大部分の用語と同様に、「民主主義」という言葉もまた、より広いそしてより曖昧な意味にもちいられる。しかし、もしそれが統治の方法、すなわち多数者支配をあらわすものとして厳密にもちいられるならば、自由主義の問題とは違った問題をさしていることは明白である。自由主義は法がどうあるべきかについての主義であり、民主主義はなにが法となるであろうかを決定する方法に関する一つの教義である。自由主義は多数の受けいれたもののみが実際に法となるべきであることを望ましいと考えるが、だからといってこれが必然的に良い方法であるとは信じない。実際、自由主義の目的は多数者を説いてある原則を守らせることである。自由主義は多数者支配を決定の方法として受けいれるが、決定が何であるべきかの権威としてこれを受けいれるのではない。教条的な民主主義者にとっては、多数が何かを望むという事実がその何かを善とみなすに足りる根拠である。かれにとって多数の意志は、何が法であるかのみならず、何がよい法であるかをも決定する。

自由主義と民主主義の理想のこの相違については広く一致が見られる。(2) しかしながら「自由（liberty）」という言葉を政治的自由の意味でもちい、またこのことによって自由主義を民主主義と同一視するに至るものがいる。かれらにとって自由の理想は、民主主義的行為の目的が何であるべきかについて何も語ることができない。というのは民主主義がつくりだすあらゆる条件は、定義によっては自由の条件であるからである。このことは控え目にいっても、言葉の非常に混乱した用法と思われる。

自由主義は政府の範囲および目的について、そのうち民主主義によって何を選択すべきかを説く教義の一つであるのにたいして、民主主義は一つの方法であって政府の目的に関しては何も語らない。「民主主義的」の語は今日、たまたま人気のある政策の特定の目的、とくにある平等主義的目的を示すためにしばしばもちいられることがあるものの、それは多数の力がどのように使用されるべきかについてのどんな見解とも必然的に結びつくものではない。われわれが他者に受けいれてほしいことを知るためには、そのときの多数者の当面の意見以外の基準を必要とする。多数者の当面の意見なるものは意見の形成過程においては無関係の要素である。それは投票すべきかあるいは何を望ましいとするかという問題にたいして、たしかになんの回答を与えるものでもない。ただし、教条的な民主主義者の多くがおそらく置いている想定によるとすれば別の話である。すなわちその想定によれば、人の階級的地位がその人自身の真の利益についての認識を間違いなく教えるものであり、したがって多数の投票は多数の最善の利益をつねに表明するという想定である。

## 2　民主主義は手段であって目的ではない

「民主主義的」という言葉を、現在のように称賛を意味する一般的用語として無差別に使用することは若干の危険をともなうものである。こういう用法によれば、民主主義はよいことであるからそれが広まれば人類にとってつねに利益をもたらすということになる。これは自明のことに聞こえるかもしれないが、そのようなことは決してありえない。

民主主義は少なくとも二つの点において、ほとんどつねに拡張が可能である。一つは投票資格者の範囲、もう一つは民主主義的手続きによって決定される問題の範囲である。どちら点においても、拡張ができさえすればどんな拡張でも利益になるとか、あるいは民主主義の原理はそれがかぎりなく拡張することを要求すると本気に主張することはできない。しかしほとんどどんな特定の問題の議論においても、民主主義を可能なかぎり拡張することが争う余地のないことであるかのように、民主主義の擁護論は通常なされている。

投票の権利に関するかぎりでは、このことが間違っていることは実際にすべての人に暗黙のうちに認められている。どの民主主義理論に照らしても選挙権に関する可能なかぎりのあらゆる拡張を改良とみなすことは困難であろう。われわれは成人による普通選挙権を説くが、選挙の限界は主に便宜性の考慮によって決定される。二一歳以上という年齢制限、犯罪者、居住外国人、非居住の市民、および特定の地域ないし領土の居住民の排除は、適当なものとして一般的に受けいれられている。また、比例代表制はより民主主義的に見えるからといって、より優れているとするのも、決して明白なことではない。[3] 法の下での平等とはすべての成人が投票権をもつべきことを必然的に要求しているとは全然いえない。この原則は同一の非人格的な規則がすべてのものに適用されるときに働くものである。もしも四〇歳以上の人のみ、あるいは所得稼得者のみ、あるいは世帯主のみ、あるいは読み書きのできる人のみが投票権を与えられるとしても、このことは原則の侵害というよりもむしろ一般的に受け入れられている制限以上のものではないであろう。また思慮のある人びとは次のように主張することもできるだろう。民主主義の理想をよりよく叶えるには、たとえば政府の役人あるいは公共の慈善事業のすべての受領者がみな投票から除かれるのがよいと。[4] 西欧の社会において成人による普通選挙が最善の取決めに見えるとしても、そのことがある基本的な原則から要請されていることを立証するものではない。

また注意すべきことは、多数者の権利がある一国内においてのみ認められるものであること、そしてたまたま一国であることが、必ずしも自然でも明白でもないということである。大国の市民が単に人数がより多いという理由で隣接の小国の市民を支配すべきであるとの主張は決して正しいとはみなされない。国民のうちの多数が国家としてにせよ、超国家的組織としてにせよ、なんらかの目的のために合同したとしても、かれらの権力の範囲を望むだけ拡張する資格があるとみなされる理由は少しもない。現在の民主主義理論の悩みは、それが通常はある理想的な同質的共同社会を考えて展開されたものでありながら、現存の国家を構成するきわめて不完全でまた時に恣意的な単位に適用されるという事実にある。

上記のような注釈を加えた意味は、もっとも教条的な民主主義者でさえ民主主義のあらゆる拡張をよいことであるとはほとんど主張できないことを単に示そうとしたにすぎない。民主主義の一般的擁護論がどれほど強くとも、民主主義は究極的あるいは絶対的価値ではなく、それが何を成し遂げるかによって判断されるべきものである。おそらくそれはある種の目的を達成するには最善の方法ではあろうが、目的それ自体ではない(5)。なんらかの集団的行動の必要が明白な場合には、民主主義的決定方法を好ましいとする想定が有力であるとしても、集団的支配の拡張が望ましいかどうかの問題は、民主主義それ自体の原則以外の根拠にもとづいて決定されなくてはならない。

## 3　人民主権

かくて民主主義と自由主義の伝統が一致するのは、国家的行動が必要なとき、とくに強制的な規則が制定されなくてはならないときにはいつでも決定が多数によってなされるべきだという点にある。しかしながら両者が異なるのは、民主主義的決定によって指導されるべき国家的行動の範囲についてである。教条的な民主主義者はできるかぎり多くの問題を多数投票によって決定することを望ましいとみなす一方、自由主義者はこのようにして決定されるべき問題の範囲にははっきりした限界があると信じる。教条的な民主主義者はとくにその時々の多数者がどんな権力をもつか、そしてそれをどのように行使するかを決定する権利をもつべきだと思うのにたいして、自由主義者はある一時的な多数者の権力は長期的な原則によって制限を受けることが重要であると考える。自由主義者にとっては多数者の決定が権威をもつ根源は、一時的な多数者の意志の単なる行為にあるのでなく、共通の原則に関する広範な同意にあるのである。

教条的な民主主義者にとって決定的な概念は人民主権の概念である。かれらにとってこのことは、多数者支配が無制限でありかつ制限しえないことを意味する。民主主義の理想は本来すべての恣意的権力を防止することを意図したものであるのに、こうして新しい恣意的権力を正当化するものとなる。民主主義的決定の権威はある共同社会の多数者によってなされる点に根拠をもつとはいうものの、その共同社会は大多数の成員に共通な確たる信念によって結合しているものである。つまり、多数者はたとえこの共通の原則を破ることが直接の利益になるだろうと思っても、この共通の原則に従うことがどうしても必要である。この共通の原則という見解は、すでに魅力を失った概念である「自然法（law of nature）」とかあるいは「社会契約（social contract）」の用語であらわされてきたものとは無関係である。しかし、本質的な点は変わっていない。すなわち、そのような共通の原則の承認によって人びとの集合が一つの共同社会となるのである。そしてこの共通の承認は自由社会にとって欠くべからざる条件である。通常、人びとの集団が一つの社会となるのは、自身で法を定めることによるのではなく、同一の行為規則に従うことによるのである(6)。これの意味するところは、多数者の権力がこの共通に支持された原則によって制限され、この原則を超越する正当な権力が存在しないということである。明らかに、必要な課題をどのようにして成し遂げるべきかについて合意に達することは必要であるし、またこのことが多数者によって決定されるべきであることももっともである。しかし、この同じ多数者が何をなすことができるかを決定する資格を備えているかどうかは明らかではない。どんな人も実行することのできないものはあるはずがないとする考えには根拠がない。強制力のある種の使用に関して十分な合意が欠けている場合には、誰もそれを正当に行使できないことを意味しなければならない。もしもわれわれが少数者の権利を認めるならば、このことは多数者の権力が少数者もまた受け入れている原則に究極的に由来し、またそれによって制限されていることを意味する。

したがって、政府がおこなうことはすべて多数者の同意を必要とするという原則は、多数者がなんでもその望むところを道徳的にもおこなう資格があることを必ずしも命じるものではない。どのような多数者も、自らにとって有利に差別をする規則を制定してその成員たちに特権を与えることには、明らかになんの道徳的正当性もありえない。民主主義は必ずしも無制限の政府ではない。また民主主義的政府は、個人の自由を自動的に保護する装置を必要とする点においては他の政府と変わりはない。実際に近代的民主主義の歴史の比較的後になって、有力な煽動家たちがもはや権力は人民の手中にあるのだからこれ以上その権力を制限する必要はない、と主張しはじめたのだった。[7]「民主主義において権利とは多数がそうと決定するものである」[8]と主張されるときに、まさに民主主義は煽動主義に堕落する。

## 4　民主主義の正当性

民主主義が手段であって目的ではないとするならば、民主主義を奉仕させようと望む当の目的に照らして、その限界を決定しなければならない。民主主義を正当化できる主な議論には三つある。そしてそのどれもが決定的とみなされるものをもっている。まず一つ目はこうである。複数の対立する意見のうち、どれか一つを勝たせなくてはならない場合、また必要ならば力によってその一つを勝たせなくてはならないような場合には、いつでも戦いよりも数を数えてどちらがより強い支持を受けているかを決定するほうが無駄が少ないということである。民主主義は人がいままでに発見したうちでただ一つの平和的な政権交代の方法である。(9)

第二は、民主主義とは個人的自由のもっとも重要な安全装置であるという主張である。ただし、それは歴史的にはもっとも重要であったし、現在でも非常に重要ではあるが、もはやそれがつねに正しいとは確信しえないものでもある。かつて一七世紀の著作家は、「民主主義の利点は自由であり、また自由から生まれる勇気と勤勉である(10)」と語った。もちろんこの見解は、民主主義がすなわち自由ではないことを認めている。ただ民主主義が他の形態の政府よりも自由を生みだしやすいと主張するにすぎない。この見解は個人による他の個人の強制の防止に関するかぎり十分な根拠をもっている。一部の個人が他人を恣意的に強制する権力をもつことは、多数者の利益にはほとんどなりえない。しかし、個人を多数者の集団的行動から守ること自体は別の問題である。たとえこの場合にも次のようにいうことができるだろう。強制力はつねに一部の少数者によって行使されるに相違ないのであるから、少数者に託された権力がそれに従わねばならない者によってつねに無効にされうるとすれば、強制力が濫用される恐れはおそらくないであろう。しかし、個人的自由の見通しが他の政府形態におけるよりも民主主義において有望であるとしても、このことはその見通しの確実さを意味するものではない。個人的自由の見通しは、多数がそれを意図的な目的とするかどうかに依存する。もしわれわれが民主主義という単なる存在に自由の保持を頼るならば、自由が生き残る機会はほとんどない。

第三の主張は、民主主義的制度の存在が公共問題に関する一般的理解に与えるだろう影響に根拠をおいている。わたくしにはこれがもっとも有力と思われる。よく主張されるように(11)、どんな情勢のもとでも、教育を受けた一部のエリートによる政府のほうが、多数者の票によって選ばれた政府よりも有能であり、おそらくより公正な政府でさえあることは十分に真実でありえよう。しかしながら決定的な点は、民主主義的な政府形態を他のものと比較する際に、いかなる時代の人びとによる問題のとらえ方も所与のものとみなすことはできないということである。トクヴィルの大著『アメリカにおける民主政治』(*Democracy in America*) の議論の主旨は、民主主義が多数者を教育する唯一の効果的な方法であることである。[12] このことはかれの時代と同じく現在でも真実である。民主主義は何にも増して、意見を形成する過程である。その主要な利点は支配する者を選ぶ方法にあるのではなく、国民の大部分が意見の形成に積極的に参加するために、それに相応する広範囲の人びとが選ばれうるという事実にある。民主主義がもっとも賢明で最上の知識をもつ者の手中に権力を与えないこと、またある場合にはエリートによる政府の決定が全体にとってより有益でありうることをわれわれは認めよう。しかしこのことは必ずしもわれわれが民主主義を選好することを妨げない。民主主義の価値は静態的よりもむしろ動態的側面において立証される。自由についても同じく当てはまるように、民主主義の利益は長い眼で見てのみあらわれるのであって、それより直接的な成果は他の政府形態の成果よりも劣ることは十分ありうる。

## 5　意見の形成過程

政府が多数者の意見によって導かれなくてはならないという概念は、その意見が政府とは独立であるときにのみ意味がある。民主主義の理想は、政府を導く見解がある独立で自生的な過程から出現するとの信念にもとづいている。したがって、それは多数者の支配からは独立した広範な領域があって、そこで個々人の見解が形成されることを必要とする。この理由から民主主義の擁護論と言論の自由の擁護論とが一体のものであるとする広範な世論の一致が存在する。

しかしながら、民主主義が単に採用されるべき行動の筋道に関する意見の相違の解決法を提供するだけでなく、どんな意見であるべきかについての基準をも提供するという考えが、すでに広く深く影響を及ぼしてきている。とくにそれは何が実際に有効な法であるかという問題と、何が法であるべきかの問題について重大な混同をもたらした。もし民主主義が機能すべきであるならば、前者がつねに確かめうるものであるということは、後者がつねに問題とされうるものであることと同様に重要である。多数決はその時点で人びとが何を望むかを語るが、もしかれらがもっと事情に詳しかったならば何を望むことが自身の利益にかなったかを語るものではない。そして多数の決定が説得によって変更できるものでないとすれば、それにはなんの価値もないであろう。民主主義の主張は、どんな少数意見でも多数意見になりうることを前提としている。

このことを強調する必要があるのは次のような事情のためである。すなわち民主主義者、特に民主主義的知識人の業務として多数者の見解と価値とを受けいれなければならないという主張がときに散見されるということである。たしかに集団的行動に関するかぎり、多数者の見解が受けいれられるべきであるとする慣習がある。しかしこのことは、多数者の意見を変更するあらゆる努力をすべきでないことを少しも意味するものではない。その慣習を非常に深く尊重するかもしれないし、しかしまた多数者の知恵をほとんど尊重しないかもしれないのである。多数意見が一部の人たちによってつねに反対されるからこそ、われわれの知識と理解は進歩する。意見が形成されるその過程において、ある見解が多数派になるまでには、それがもはや最善の見解ではなくなっているということは大いにありうることである。ある者は多数者が到達した点をすでに越えて前進しているかもしれない。(13) 多くの競合する新しい意見のうちのどれが最善であるかを立証する仕方がわからないために、われわれはそれが十分な支持を得るまで待つのである。

全員の努力が多数者の意見によって指導されるべきであるとか、あるいは社会が多数者の水準に従うほうがよりよいものとなるという考え方は、実は文明を発達させた原理と正反対のものである。それを一般に受けいれれば、おそらく文明は崩壊はしないにせよ停滞することとなろう。前進は少数者が多数者を納得させるところにある。新しい見解は、それが多数者の見解となりうる以前にどこかにあらわれなくてはならない。最初に少数の個人が経験するものがなければ、社会が経験することはない。また多数意見の形成過程は、過度に理知的に考える場合は別として、全然あるいはだいたいにおいて討論の問題ではない。民主主義が討論による統治であるとする見解にはいくらかの真実があるが、しかしこのことは相競合する見解や願望の功績を検討する過程の最後の段階だけに関してのことである。討論は大切ではあるが、人びとが学び覚える主要な過程ではない。かれらの見解や願望は、個々人が自身の計画にしたがって行動することによって形成される。そしてかれらは他人がその個人的経験において学んだものから利益を得る。ある一部の人たちが他の人びと以上のことを知り、また他の人びとを納得させるだけのよりよい立場にいるのでなければ、意見には少しの進歩もない。誰がもっともよく知っているかをわれわれは通常知らないために、われわれの支配の及ばない過程に決定をまかせる。しかし多数者が命ずるところとは異なった仕方で少数者が行動することから、つねに多数者は結局よりよく行動することを学ぶのである。

## 6　原則の必要となりゆきの危険

われわれは、多数決がある意味で自生的な社会的成長の産物がもつことのできる高次の超個人的な知恵をともなう、と信じる理由は少しもない。多数者の決議はそのような優れた知恵を捜し求める場所ではない。どちらかといえば、それは集団のなかでもっとも賢明な成員がすべての意見を聞いた後で下す決定にも劣らざるをえない。多数者の決定はさほど注意深くない思考の結果であろうし、また概して誰をも十分に満足させることがないと思われる妥協をあらわすであろう。多数者がさまざまな構成部分からなっていて、移り変わりながら連続的に決定を下していくときに生ずるその累積的な結果について、このことはより当てはまるであろう。その結果は首尾一貫した考え方の表現ではなく、別々のまたしばしば相対立する動機や目的の表現となるのである。

このような過程はあの自生的過程と混同されてはならない。後者は個人の知恵が考えだしうるものより優れたものを多く生みだす源泉として認めるよう、自由な共同社会が学んできたものである。もしも「社会過程」という言葉で、意図的な設計よりも優れた解決をもたらす漸次的な進化を表すとすれば、多数者の意志を押しつけるのはそのようなものとはほとんどみなしがたい。意図的な設計は習慣や制度を生みだす自由な成長とは根本的に異なる。というのは、その強制的で独占的で排他的な性格が、自己矯正力を破壊してしまうからである。自由社会ではこの自己矯正力が誤った努力を捨てさせ、よい結果を生む努力を広げていくのである。また意図的な設計は判例によって法が形成される累積的な過程とも基本的に異なっている。もしそれが裁判の判決において生ずるように以前に従っていた原則が意図的に遵守されるという事実によって首尾一貫した全体のなかに融合しないならば。

そのうえ、多数決がもし受けいれられている共通の原則によって導かれないとすれば、誰もが望まなかったような全体的結果をとくに生みだしやすい。多数者は自身の決定によって、考えてもまた望んでもいなかった次の行動へ向かうことを余儀なくされることがしばしばある。集合的行動は原則なしで済ますことができるという信念は大部分が幻想であり、また原則を放棄したことから生じる通常の効果は、以前の決定の予期しない結果、ある方向へ追いやられることになる。個々の決定は特定の事態に対処するためにだけ意図されたのかもしれない。しかし同様の事情の起こるときには、政府は同様に行動をとるだろうという期待をつくりだす。したがって一般的な適用を意図したものでない原則は望ましいものではない。またこれを一般的に適用するのは愚かしいことである。誰も最初の段階でほとんど望もうともしなかったような行動を将来に引き起こすのである。どんな原則にも縛られないと自称して、あらゆる問題をその功罪によって判断すると主張する政府は、通常自身が選択していない原則に従わなくてはならなくなり、また決して考慮していなかった行動に導かれるようになる。現在ではありふれた現象であるが、いっさいの問題を慎重に操作すると誇り高く主張してとりかかる政府は、まもなくさまざまな段階において以前の行動が生んだ必然的結果に悩まされることになる。実に、政府が自ら全能であるとみなすようになって以来、政府自身もあまり賢明でないと知っているあれこれの政策をおこなうことの必要性や不可避性について、あまりにも多くのことをわれわれは今や聞かされるようになったのである。

## 7　思想の支配

もし政治屋あるいは政治家がある一連の行動をとる以外に選択の余地がないとすれば（または、もしかれの行動が歴史家によって不可避のものとみなされるとすれば）、このことはその本人なりあるいは他の人びとの意見がかれにどの代替案をも許さなかったからで、客観的事実がそれを許さなかったというのではない。ある信念の影響下にある人びとにとってのみ、一定の出来事にたいするどんな人の反応も事情によって一義的に決定されるように見えるかもしれない。特定の問題に関係している実際的な政治屋にとって、これらの信念はどの点からいっても本当に変更しがたい事実なのである。かれは独創的ではなく、多数の人びとのもつ意見にしたがって自分の綱領をつくることがどうしても必要であろう。成功した政治屋が権力を得たのは、かれが受けいれられている思想の枠組のなかでのみ動き、慣例にしたがって考えかつ論じるという事実によるのである。政治屋にとっては思想の領域において指導者であろうとすることは、ほとんど言葉の矛盾であろう。民主主義におけるかれの役割は最大多数の人びとのもつ意見が何であるかを見つけだすことであり、遠い将来において多数見解となるかも知れない新しい意見を広げることではない。

政府的問題に関する一つの決定を支配する意見の状態は、つねに緩慢な進化の過程であって、長期にわたり多くのいろいろな段階において進行するものである。新しい観念は一部の少数者のあいだにはじまり、しだいに広まって多数者の所有するところとなるのであるが、かれらはその観念の源をほとんど知らない。近代社会においてはこの過程は機能の分化をともなう。一つは主に特定の問題に関係するもの、もう一つは一般的な観念に専念するもので、過去の経験によって示された行動のさまざまの原則を精密にし調和させようとする。われわれの行動の結果がどうなるかについての考えも、また何をめざすべきであるかの考えも、ともに主として社会の遺産の一部として得てきた教訓なのである。これらの政府的また道徳的見解は科学的信念と同じく、専門職業的に抽象的な観念を取りあつかう人びとからわれわれのもとに伝わってくる。普通の人も政府的指導者もともに、かれらから自分の思考の枠組を構成し行動に導く根本的概念を得るのである。

長い眼で見れば、進化を支配するものは観念、つまり新しい観念を流布させる人たちであるという考え方、およびその過程のなかにおける個々の一歩一歩は一組の首尾一貫した概念に支配されるべきものであるという考え方が、自由主義の信条の根本的部分を形成してきた。歴史の研究をすれば必ず気づいてくることであるが「それぞれの時代において人類に与えられる教訓、しかもつねに無視されてきた教訓があるということである。それはかの思弁的哲学であってそれは外見では生活上の仕事や、人びとの外面的な関心からは非常に遠く隔たったもののように見えるが、現実には人びとにもっとも大きな影響を与え、そして長い眼で見れば、それ自身が従わなければならない影響を除いては、いかなる影響をも圧倒するものに他ならない。(14)」この事実は、ジョン・スチュアート・ミルがこのことを記したときに比べて、現在ではおそらく理解されることがより少ないとさえ思われる。が、人びとがそれを認めようと認めまいとにかかわらず、つねに真実であることは疑いえない。それがほとんどまったく理解されないのは、抽象的思想家の大衆に与える影響は間接的にしか作用しないからである。人びとは自分の時代のありふれた考え方が、アリストテレス（Aristotle）、ロック、ルソー、またはマルクス（Marx）、あるいは二〇年前に知識人のあいだで流行した見解を唱えたある教授からきたものかどうかについてはほとんど知らないし気にもかけない。大部分の人びとは、自分たちの考えの一部分になっている概念や思想の著作者たちの作品を読んだこともなければ、その名前すら聞いたこともないのである。

当面の問題についての直接の影響に関するかぎりは、政治哲学者の影響はごくわずかであろう。しかしかれの思想が、歴史家や評論家、教授や著作家、そして一般知識人の活動を通じて共有の財産となってくれば、かれの思想は発展を効果的に指導していく。この意味するところは、新しい思想がその影響を発揮しはじめるのは普通にそれが最初に主張されて以来、一世代ないしそれ以上かかるということばかりではなく、(15)思弁的思想家の貢献がそのような影響を発揮するに先立って、それは選択と修正の長い過程を通過しなければならないということである。

政治的および社会的信念の変化は、どんな時においても多くの異なった水準で進行する。その過程はある平面の上を広がっていくのではなく、ピラミッドの頂上から下へ向かってゆっくりと浸透していくものと想像しなければならない。この場合、水準が高いほど一般性と抽象性が高いことをあらわすのであって、必ずしもより高度の知恵をあらわすわけではない。思想が下方へ広まるにつれてその性質も変化する。どのような時においてもたえず一般性の高い水準にある思想は、同様の性質をもった他の思想とのみ競いあい、ただ一般的概念に関心を抱く人びとの支持を得ようとすることになるであろう。大多数にとってこの一般的概念がわかるようになるのは、具体的かつ特定の問題にこれを応用するようになってからのことである。これらの思想のうちのどれが人びとを捉え、かれらの支持を得るかは、ある単一の精神によって決定されるのではない。それは別の水準において進行する議論によって、すなわち特定の問題よりも一般的な思想に関心をもち、したがって主に一般的原則に照らして特定の問題を考える人びととのあいだで決定されるのである。

憲法に関する会議のような稀な場合を除いて、討論と多数決の民主主義的な過程は、法と政府の全体系の一部分に必然的にかぎられる。この過程から生まれる一つ一つの変化が望ましくかつ有効な結果をもたらすのは、望んでいる社会秩序についてのある一般的な概念、すなわち人びとが生活したいと思う種類の世界についてのある首尾一貫したイメージによってその変化が導かれる場合のみである。そのようなイメージをつくりあげるのは簡単な仕事ではない。専門的な研究者でさえ努力してもその先輩たちより、ほんの少しだけ明快にすること以上のことはできない。日々の目先の問題にかかわっている実務家は、複雑な社会秩序のさまざまな部分の相互依存関係を検討する興味もなければ時間もない。実務家は自分に与えられるいくつかのありうる秩序のうちから選択するだけであって、結局は他人によって苦心して生みだされ、提供される政治的信条あるいは一連の原則を受けいれるにすぎない。

もし人びとがたいていの場合に、ある共通の思想体系によって導かれるのではないとすれば、特定の問題に関して、首尾一貫した政策もまた現実的な討論でさえも不可能であろう。もし大多数が少なくとも望んでいる社会の型に関する一般的な概念を共通にもっていないとするならば、民主主義が長期的に見て機能するかどうかは疑わしい。しかしたとえそのような一般的な概念が存在するとしても、それはつねにあらゆる多数決にあらわれるとはかぎらないであろう。集団は必ず自身の最善の知識にもとづいて行動するとはいえないし、また抽象的に認めている道徳規則に従う点でつねに個人以上であるとはかぎらない。しかしながら、このような共通の原則に訴えることによってのみ、暴力によらず討論を通じて合意に達したり、論証と議論によって利害の衝突を解決する希望をもつことができるのである。

## 8　政治哲学者の義務

もしも意見が前進すべきであるとするならば、指針を与える理論家は自分が多数意見によって拘束されると考えてはならない。政治哲学者の仕事は多数の意志を実行する専門の公務員の仕事とは違う。政治哲学者は人びとがどう考えるべきかを決定する。「指導者（leader）」の地位を僭称してはならないが、共通の行動の可能性とその結果を明らかにし、多数が未だ考え及んでいない政策全体の包括的な目的を与えるのがかれの責務である。いろいろな政策のありうる結果に関して、そのような包括的な描写が示された後においてのみ、民主主義は自身の望むものを決定することができる。もし政治が可能なことについての技術であるとするならば、政治哲学は一見不可能なものを政治的に可能にする技術である。[16]

政治哲学者は、もし自分の仕事を事実の問題に限定し、また衝突し合っている価値のあいだの決定を恐れるならば、その仕事を成し遂げることはできない。かれは自らを科学者の実証主義に限定されるのを許すことはできない。科学者の実証主義は実際にどうであるかを明らかにすることにその役割を限定し、どうあるべきかについての議論をすべて禁止する。もし実証主義に限定するとすれば、かれはそのもっとも重要な任務を果たす以前に立ち止まらなくてはならないであろう。かれはある首尾一貫した構図をつくる努力に際して、互いに衝突している価値が存在し、そのことはたいていの人びとが気づかない事実であるが、どちらを受けいれて、どちらを拒否すべきかを選ばねばならないことにしばしば気づく。政治哲学者は自分が正しいと思う価値を弁護する用意をしていないかぎり、その包括的な輪郭、すなわち一つの全体として判断されるに違いない輪郭をつくりあげることは決してできない。

政治哲学者はこの仕事において多数の意志に反対することによって、もっとも民主主義の役に立つことにしばしばなるであろう。世論が進歩する過程を完全に誤解するときのみ、世論においては政治哲学者は多数の見解に従うべきであるという主張に人を導くことになる。既存の多数意見をあるべき多数意見の基準とみなすならば、全過程は循環的かつ静止的なものとなってしまうであろう。事実、政治哲学者は自分の意見が非常に人気のあることに気づくときほど、切実に自分の仕事が失敗したのではないかと疑わなければならない[17]。多数者が考慮に入れようと望まない事柄を考慮するよう主張し、かれらが不便かつ厄介なものとみなす原則を支持することによって、かれは自らの価値を示さなければならない。知識人にとって単に多数者に支持されているとの理由からある信念に屈服することは、かれの固有の任務にたいする裏切りばかりか民主主義それ自体の価値にたいする裏切りでもある。

多数者の権力の自己制限を説く原則は、民主主義がそれを無視しても間違っていることにはならないし、また自由主義者が間違っているとみなさざるえないことを民主主義がしばしばおこなうとしても、それが望ましくないということにはならない。自由主義者はその信念として一つの主張をもっており、適切に理解されるならば、多数者がその権力の行使の制限を自らおこなうであろうというのがそれであり、また特定の問題を決定するときの指針として多数者がそれを受けいれるよう説得されうることを期待している。

## 9　民主主義保持の条件

　これらの制限の無視は、長期的には繁栄と平和ばかりでなく民主主義自体をも破壊するだろうということは、この自由主義の主張の大事な点の一つである。自由主義者は民主主義がそれ自体に制限を課すことを望むが、その制限が民主主義を効果的に機能させ、また多数者が政府の行動を本当に指揮し、管理しうる制限であると信じている。民主主義が自らつくった一般的規則によってのみ個人を抑制するかぎり、それは強制の権力を管理統制する。もし民主主義が一般的規則をより特定のものに向けるときは、それは達成されるべき目的を示すだけとなり、目的を達成させるべき方法についての決定は専門的官吏にまかせることになるであろう。そして多数決が目的を示しうるだけであり、それを成し遂げることは行政官の自由裁量にまかされるべきことがひとたび一般に受けいれられれば、この目的を達成するためのほとんどどんな手段も正当であるとやがて信じられるようになるであろう。

　個人として、多数者の可決するどんな一般的な法を恐れる理由はまったくない。しかし多数者がその指令を具体化するよう、個人の上に立つ支配者にまかせるならば、そういう支配者を恐れる理由は十分にある。つまり民主主義的な議会が効果的に振るうことのできる権力ではなく、それが特定の目的を達成することを託して行政官に引きわたす権力こそ、今日個人的自由にとっての危険となっているのである。個人的目的を追及する際に従おうと思っている規則を多数者が規定すべきことにわれわれは同意したが、実はその実行機関の命令と恣意的な意志にますます従属させられているのである。いかにも意義深く思われるのは、無制約的民主主義の支持者の大半はやがて恣意の弁護者となり、また共同社会にとって善が何であるかの決定を専門家にまかせるべきだとする見解の弁護者となるばかりではない。しかもそのような多数者の無制約的権力を熱狂的に支持する人の大半が行政官であって、かれらはひとたびその権力を握れば実際にその権力を行使するのが自分自身であって、多数者ではないことを一番よく知っているのである。この事柄について近代の経験が何かを証明してきたとすれば、それはひとたび強制力が特定の目的のために政府機関に与えられれば、民主主義的な議会はそのような権力を効果的に管理することができないということである。もし民主主義的な議会が採用さるべき手段を自身で決定しないならば、その実行機関の決定は多かれ少なかれ恣意的になるであろう。

一般的考察と最近の経験とが等しく示すところによれば、民主主義を有効に維持するには、政府が強制的な行動に際して自らを民主主義的に実行できる職務にとどめておく場合だけである[18]。もし民主主義が自由を保持する一つの手段であるとすれば、個人的自由は民主主義が働くための基本的条件に他ならない。民主主義はおそらく制約された政府の最善の形態であろうが、もしそれが無制約的な政府に変質するならば馬鹿げたものとなる。民主主義が全能であると公言し、どのような特定の時点においても多数者の望むものをすべて支持する人びとは、民主主義の崩壊のために働いていることになる。古い自由主義者のほうが教条的民主主義者よりはるかに民主主義のよき友人である。というのはかれらは民主主義が機能するための条件を保持することに心を配っているからである。多数者にたいしてある限界が存在することを説き、その限界を越える多数者の行動は有益ではなくなること、また多数者が自身で考えてつくったものでない原則に従わねばならないことを説得しようとするのは、「反民主主義的」ではない。民主主義を永続させるためには、民主主義は自身が公正の源泉ではないことを認め、またあらゆる特定の問題において必ずしも通俗的な見解としてあらわれることのない公正の概念を認識する必要があることを認めなければならない。危険なことは公正それ自体のために公正を確保する手段を間違えることである。したがって多数がその正しい権力にたいする適切な限界を認めるよう説得に努力する人びとは、民主主義的行動のために新しい目的をたえず指摘する人びと同様に、民主主義的過程にとって必要である。

本書の第二部において、われわれは政府にたいする制限をさらに考察する。それは民主主義が機能するための必要条件であるように思われ、また西欧の人びとが法の支配の名のもとに発展させてきたものである。ただここで付け加えておきたいことは、どんな人びともまず最初に法の支配の伝統によく馴染むことなしには、政府の民主主義的な装置の操作と保持に成功することを期待する理由はほとんどない。

# 第八章　雇用と独立

とある草叢にそれを隠匿するためではなく、
列車の給仕に仕えるためでもなく、
自主独立という
光栄ある特権のためにこそ
ひとは働く

ロバート・バーンズ（Robert Burns）

## 1　人口に占める被雇用者の割合の増大

これまでの各章で再論した理想と原則とは、重要な点でわれわれの社会とは異なる社会で発展した。それは比較的多くの人びとや、世論を形成するにあたり重きをなす人びとのほとんどが、自分の生計をたてる活動において独立していた社会であった。(1)われわれの大多数が大組織の被雇用者として働き、自分では所有しない資源を利用し、ほとんど他人によって与えられる指令にもとづいて行動するとき、上のような社会に通用していたこれらの原則は今日なおどれほど有効であるだろうか。とくに今日、独立人（independents）が社会のますます小さくかつ影響力の少ない部分を構成しているとすれば、この理由により自由社会の幸福にたいするかれらの貢献度は重要性を失っているのだろうか。それともかれらは未だそのために欠くことができないものであろうか。

主題に入る前に、被雇用者階級の増大に関する一つの神話に捕られわれぬようにしておかなければならない。それはマルクス主義者にだけきわめて粗雑な形で信じられているのだが、世論を混乱させるほど広く受けいれられている。この神話とは、無産プロレタリアートの出現が収奪（expropriation）の過程の結果であって、その中で大衆は以前には独立して生計を可能にしていた財産を奪われてしまったという神話である。事実の語るところは非常に違っている。近代資本主義の発生以前には、ほとんどの人びとにとって家庭を営み子供を育てられるかどうかは、住宅や土地および必要な生産用具の相続に依存していた。両親から土地や道具を相続しない人びとが後になって生きのび著しく増えることができたのは、富める者が資本をもちいて多数の人びとに仕事を与えることが可能になり有利となったという事実によるのである。もしも「資本主義がプロレタリアートを生みだしたのだ」とするならばその場合、多数の人びとを生き残らせ増殖を可能にしたからである。もちろん現在の西欧世界では、この過程の結果はもはや古い意味でのプロレタリアートの増加ではなく多数の被雇用者の成長であって、多くの点でかれらは自由社会の推進力を構成する多くのものと相容れず、しばしば有害となっているのである。

最近二百年間の人口増加は、ほとんど都市の産業における被雇用労働者によって生じている。技術的変化は大規模企業を助長し、事務職労働者の新しい巨大な階級の創造を助けて、明らかに総人口のうちの被雇用者部分の成長に寄与してきたが、自らの用役を提供する無産者の増大が、たぶん逆に大規模組織の成長を助けたのである。

この発展の政治的意義をことさらに強める次の事実は、従属的で財産のない人びとがその数をきわめて急速に増加させていたときに、選挙権をも与えられたということであって、かつてはかれらの大半がそれから除外されていたのである。その結果おそらく西欧のすべての国では、選挙民の大多数の前途はかれらが雇用される立場にあるという事実によって決定されるようになった。いまではかれらの意見が大いに政策を支配するようになり、このことが被雇用者の地位の魅力を高め、独立者のそれをますます失わせる手段をもたらしている。被雇用者がこのようにかれらの政治力を利用するのは当然である。問題は、そのために社会が漸進的に一つの巨大な雇用の階層組織《ヒエラルヒー》に変わるとすれば、その政治力がかれらの長期的な利益になるかどうかである。多数の被雇用者が相当数の独立者の存続を確保することが、かれらにも有利であると認めるようにならなければ、そのような状態はいかにもありそうな結果である。なぜかといえば、もしかれらがそのことを認めないとすれば自由がすでに冒されてきたことにわれわれすべてが気づくであろうし、それと同様に、かれらは選択すべき雇用者に幅広い多様性がなくなって、自分の立場がかつてのようではないことに気づくであろうからである。

## 2　被雇用者の自由の条件

問題は、自由をいくたびも行使することが被雇用者にとってはほとんど直接的な関心にならないということと、かれらの暮らし方全体に直接関係のない決定を他人ができることにかれらの自由が依存しているという事実が、しばしば理解しにくいということである。かれらはそのような意思決定をおこなわずに生活できるし、またそうしなければならないのでその必要がわからず、生活には滅多に生じない行動機会に対してほとんど重要性を認めないのである。独立者がかれの役割を遂行しようとすれば、自由を幾度も行使することが大切であるのに、そのような自由をかれらは不必要とみなす。そしてかれらは功績（deserts）と適切な報酬について、独立者とはまったく違った見解をもっている。かくして多数の被雇用者が生活基準やその考え方をその他の人びとに押しつける傾向のために、今日自由は深刻に脅かされている。被雇用者大衆に次のように説得することは、たしかにあらゆる仕事のなかでもっとも困難なものとわかるであろう。すなわち、社会の一般的利益のためにまたかれら自身の長期的利益のためにも、かれらには得がたく、努力し危険を冒す価値がないと見える地位に少数者が到達できるような条件を保持すべきであると。

たとえ被雇用者の生活のなかで自由のある種の行使がほとんど関係ないとしても、これはかれらが自由でないことを意味するものではない。ある人がかれの生活様式や生活の手段を稼ぐ方法についておこなうすべての選択は、結果としてある種のことをおこなうにはほとんど関心をもたないことを意味する。多くの人びとが雇用を選ぶのは、それがどんな独立の地位よりもかれらが望む種類の生活を営むためのよりよい機会をかれらに提供するからである。被雇用者たる地位がもたらす相対的な安定と危険や責任の欠如をとくに望まない人たちの場合でさえ、決定的な要素は独立が手の届かないものというのではなくて、雇用がかれらにより満足のいく行動を提供し、たとえば独立の商人として稼ぎうるよりもより高い所得を提供するという場合が多い。

自由とはあらゆるものを欲しいがままに手に入れることができることを意味しているのではない。一つの人生路を選択する場合、われわれはいつも利益と不利益の複合物のなかから選択しなければならない。そしてひとたび選択をしてしまえば、純利益のために若干の不利益をしのぶ覚悟をしなければならない。労働を売る報酬として定期的な所得を求める人は誰でも、その労働時間を他人が割りあてた当面の仕事に振りむけねばならない。他人の命令どおりに行動することが被雇用者にとっては自分の目的を達成する条件である。それにもかかわらず時々かれはまったくいやになるかもしれないが、通常はかれは強制されているという意味での不自由ではない。たしかにかれが職務を放棄するときにともなう危険あるいは犠牲はしばしばあまりにも大きくなり、たとえその仕事をひどく嫌いながらも仕事を続けねばならなくなるかもしれない。しかし、これは人が束縛される他のどんな職業についても、おそらく多くの独立な立場についてもほとんど当てはまるであろう。

重要な事実は、競争社会においては広範な失業の期間を除いて、被雇用者が特定の一雇用者のなすがままにはならないということである。賢明にも法は人がその労働を永久に売却する契約を認めてはいないし、一般に特定の仕事のために契約を強制することさえない。誰も特定の支配者のもとで労働の継続を強制されることもない。たとえかれがそのような契約を結んでいるとしてもである。そして正常に機能している競争社会においては、代替的な雇用が利用できるであろう。ただしそれはしばしばその報酬を減ずることになるかもしれない[2]。

被雇用者の自由が、いろいろな種類の雇用者が多数存在することに依存するということは、もし雇用者がたったひとりすなわち国家しか存在せず、職に就くことがただ一つ許された生計の手段である場合に存在するような状況を考察すれば明白である。社会主義の原則を首尾一貫して適用すれば、雇用の権限を名目的に独立している公的企業などに移譲して表面をどんなに取りつくろうとしても、必然的に単一の雇用者の出現となるであろう。この雇用者の行動が直接的であろうと間接的であろうと、かれが個人を強制する無限の権力をもつに至ることは明らかである。

## 3　被雇用者の道徳水準

それゆえ、被雇用者の自由はかれらとは違った立場に立つ人びとの集団の存在に依存している。しかもかれらが多数派を形成している民主主義においてはそうした集団が存在しうるか否か、そしてその機能を十分に発揮することができるか否かを決定できるのは、まさに生活に関するかれらの考え方なのである。支配的な考え方は大多数の考え方であるが、かれらは階層的組織の成員であって、かれらが内部で働いている別々の構成単位間の関係を決定する問題や考え方がどのようなものであるかにほとんど気づいていない。そのような多数が発展させる基準は、かれらを社会の有用な成員たらしめるかもしれないが、自由社会を維持しようとするならばその基準を社会全体に適用することはできないのである。

被雇用者の利益や価値が、資源利用を組織する危険と責任を担う人びとのそれと、いくぶん異なってしまうことは避けがたい。一定の給与あるいは賃金で誰かの監督のもとで働く人は、たえず選択に直面しなければならない人と同様に、良心的で勤勉で知性的であるかもしれない。しかしかれは同じように創造的あるいは実験的ではほとんどありえない。というのはかれの仕事における選択の範囲が、単により多く制約されているからである。[3]規定することのできない活動、あるいは慣習的でない活動の遂行を、通常かれは期待されていない。たとえより多くをおこなう能力があるとしても、かれに割りあてられた仕事を超えて進むことはできない。割りあてられた仕事は一定の領域に限定され、あらかじめ決められた分業にもとづいた必然的に制約された仕事なのである。

雇用されているという事実は、人の指導力や創造力以上の影響力をもっている。かれは資源を管理する人びとや、たえず新たな調整や組み合わせに携わらなければならない人びとの責任についてはほとんど理解していない。あるいは、財産や所得の利用に関わる意志決定の必要性が生みだす生活態度や様式をほとんど知らない。独立人の場合、一定の所得に応じて自分の時間を売る被雇用者のように、その私生活と職業生活とのあいだに明確な区別をつけることができない。被雇用者の場合、労働とは主として一定時間、自分自身を与えられた枠組に適合させることであるが、独立人の場合には、生活設計を構築したり再構築する問題であり、つねに新しい疑問にたいして答えを見つけだす問題である。とくに何を正当な所得とみなすか、どんな機会を捉えるべきか、どんな生活様式をもっとも成功に役立つものとして採用すべきかについての考え方において、被雇用者と独立人とでは異なっているのである。

しかし両者のあいだに存在するもっとも大きな差異は、さまざまな仕事に見合う適切な報酬がいかに決定されるべきかについてのかれらの意見に見られる。大組織の一構成員として指令にしたがって人が働く場合にはいつでも、かれの個人的な仕事の価値を確かめることは難しい。どれほど忠実に理性的に規則や指令に従ったか、どれほど十分に全体機構に自分自身を適応させたかは、他人の意見によって決められるに違いない。時には成果とは関係なく、評価された能力にしたがって報酬を受けるに違いない。もし組織内に満足感があるべきであるとするなら、もっとも重要なことは報酬がいつも公正とみなされ、それがよく知れわたったわかりやすい規則に従っており、そして誰でもその同僚がかれに帰すべきであるとみなすだけのものを受けとることについて、ある人事機関が責任をもつことである。(4)しかしかれに相応しいと他人が考えるものにしたがって報酬を与えるというこの原則は、自分自身の発意にもとづいて活動する人びとには適用できない。

## 4　被雇用者の決定する立法の効果

被雇用者の多数が立法と政策を決定する場合、事情はその集団の基準に適合され、独立人に好ましくないものとなる傾向がある。その結果、被雇用者の立場は着実に魅力のあるものとなり、その相対的な勢力はさらに強くなる。今日、小組織にたいして大組織がもっている利益でさえ、その一部は過去において独立人をめざした多くの人びとにたいして、被雇用者の立場をより魅力的なものとした政策の結果であるかもしれない。

いずれにしても雇用が現実に多数の人びとの地位となったばかりでなく、多数の人びとが選好する地位となっていることにはほとんど疑いない。かれらは雇用こそが主として望むものを与えてくれると思っている。すなわち当座の支出に向けることのできる確定所得の保証、所得増加、老齢にたいする準備などである。かくして、人びとは経済生活にかかわる責任の一部からは解放されている。そして雇用する組織の衰退や失敗の結果、経済的な不幸が生じるとき、ごく自然にそれはかれらの失敗ではなくて誰か他の者の失敗であると感じる。そういうわけで自らはわからないが、かれらの生計が依存している指揮活動を監視するより高度な後見的権力があればよいと考えることは驚くにあたらない。

この階級が支配するところでは、社会的正義の概念はほとんどその階級の必要にあわせて調整される。このことは法律ばかりでなく、制度や業務慣行にも当てはまる。課税は基本的に被雇用者の所得概念にもとづいておこなわれるようになってくる。温情主義的な社会的サービスの供給はもっぱら、かれらの要求にあわせて仕立てられる。消費者信用の基準や手続きでさえ、主としてそれに合うように調整される。生計をたてる一部としての資本の所有と使用に関するあらゆる事柄は少数の特権的集団の特別な利益として取りあつかわれるようになり、これに差別を加えて不利に扱うことが公正ともなるのである。

アメリカ人には、こうした記述は未だ誇張と映るかもしれない。しかしヨーロッパ人にとって、これらの特徴のほとんどがまったくありふれたものである。この方向への発展に一般にさらに強く拍車がかけられるのは、ひとたび公務員が被雇用者のうちでももっとも多数でもっとも影響力のある集団となり、かれらの享受する特殊な特権があらゆる被雇用者によって権利の一項目として要求されるようになるときである。かれらの利益にではなく公共の利益のために、公務員に賦与された年功序列による任期保証や自動昇進という特権は、そうなるとこの集団を越えて拡大してゆく傾向がある。個人の用役がもつ特殊な価値を確かめることができず、それゆえかれが成果よりもむしろ評価可能なメリットにもとづいて報酬を受けねばならないことは、他の大組織の場合よりも政府官僚制にさらによりよく当てはまるのである。[5] 官僚制に広がっているこうした基準は被雇用者の必要に応じる立法や新制度にたいする、公務員の影響力を通して少なからず拡大する傾向がある。多くのヨーロッパ諸国では、特に新しい社会的サービスをおこなう官僚制が重要な政治的要素となってきている。それは必要とメリットという新概念の道具でもあり創造者でもあって、その基準に人びとの生活はますます従属していくのである。

## 5　被雇用者の統一した階層制のもとでは不可能な自由

多種多様な雇用機会が存在することは、究極的には独立の個々人の存在に依存するもので、かれらは組織を再構成し再指導する連続的な過程のなかで創意を発揮することができる。多種多様な機会は給料を貰っている経営者によって運営され、多数の株主によって所有されている夥しい数の会社によっても供給されるので、多額の財産をもつ人間は余計な存在であると一見思われるかもしれない。しかし、この種の会社は十分に確立した産業には適合するかもしれないが、競争条件を維持したり企業構造全体の硬直化を防ぐには、新たな冒険的事業のために新組織に着手するようなことがなくてはあまり適合するとは思われない。そういう場合には、危険を冒しうる財産家がなおかけがえのないものなのである。そしてこの集合的意思決定にたいする個人の優越性は、新たな冒険的事業に限定されるものではない。多くの場合には役員会の集合的英知が適切であるかもしれないが、大規模で十分確立した会社の場合でさえ、その顕著な成功はしばしば多額の財産の支配を通じて独立と勢力の地位を獲得したある一個人によることがある。会社制度が、監督する所有者と雇われ管理者との簡単な区別をどれほど曖昧にしてきたとしても、個々別々の企業からなる全体系は被雇用者と消費者の双方にたいして、各組織から強制力の行使を取りあげるに足りるほどの代替物を提供しているのであって、それは私的所有権と資源の利用について個人的な意思決定とを前提とするものなのである。(6)

## 6　独立した財産家の重要性

しかしながら十分な財産をもつ私的所有者の重要性は、かれの存在が競争企業の存在を維持するのに欠くことのできない一条件であるという事実にだけ依存するものではない。自由社会では、独立の財産家は物的利得の追求にその資本を利用している場合ではなくて、物的利得を生まない目的をもつサービスにそれを利用する場合になおより重要な人物となる。市場を維持するよりも、市場機構では十分に行きとどかない目的を支援する場合にこそ、独立の財産家はどんな文明社会においても欠くことのできない役割を引き受けている。(7)

市場機構は価値をつけることのできるサービスを保証するにはもっとも効果的な手段であるが、市場では供給されない重要なサービスが他にもある。それらが個々の受益者に販売できないためである。経済学者はしばしば一般の人が代価を支払うものだけが有用であるとする印象を与えてきたし、あるいは例外を述べるときは、なんであれ望まれるものを市場が供給することができない場合に国家の立入りを是認する議論を説いた。しかし、市場の限界はある種の政府活動を正当とする議論を許すが、それは決して国家だけがそのようなサービスを供給すべきであるとする議論を正当化するものではない。市場では充足できない必要物が存在するという認識があればこそ、政府が引きあわない仕事をおこなう唯一つの機関であってはならないこと、そこに独占があってはならないのであって、そのような必要を満たすには、できるだけたくさんの独立の施設が存在すべきであることは明白である。

自分の信念を資金的に支えることのできる個人なり集団なりの指導性は、とくに文化的な楽しみの分野、美術、教育と調査、自然の美しさや歴史的財宝の保存、とりわけ政治・道徳・宗教における新しい理念の普及において重要である。もし少数者の意見が多数者の意見となる機会があるとすれば、すでに多数によって高く評価されている人びとが活動を開始できることばかりでなく、いろいろな意見や趣味すべての代表者たちがかれらの財産と活動力によって、まだ多数者の支持を得ていない理想を支援する立場にいなければならないこともまた必要である。

もしわれわれにそのような集団を生みだすよりよい方法がわからないとすれば、百人にひとりあるいは千人にひとりを、任意の人びとのなかから随意に選び、かれらに何を選択しようとそれを追及するに十分な資産を授けることを是とする有力な議論があってよいであろう。趣味や意見の大部分が表明され、あらゆる形態の興味に機会が与えられているかぎり、これはたしかに価値あることであろう。たとえ人びとのごくわずかのなかの、すなわち百人にひとりあるいは千人にひとりが、後から顧みて有益であったとわかるような機会を利用するにすぎないとしてもである。両親からの財産相続による選択は社会において実際にそのような状況を生みだしているのであって、少なくとも次の点で有利である（たとえ相続した能力の可能性については考慮にいれないとしても）。すなわち特別な機会を与えられる人たちは普通その機会のための教育を受けてきており、富がもたらす物的便益には慣れており、物的便益が当然のものとみなされるために、それが満足の主要な源泉ではなくなった環境で育っているであろうということである。新たに富者となったものが往々にして心を奪われる粗野な楽しみは、富を相続した人びとにとっては普通、魅力ではない。もし社会的上昇の過程は時としては数世代に渡るという主張に少しでも正当性があるとするならば、さらにもしある人びとがそのエネルギーの大半を生計を立てることに向ける必要がなく、選択する目的がなんであれその目的に向かってかれらが捧げる時間と富をもつべきであることを認めるとするならば、その場合には財産相続がわれわれの知るもっともよい選択手段であることを否定できない。

これとの関連でしばしば見落されている点は、集合的な同意による活動が次のような場合に限定されるということである。すなわち過去の努力がすでに共通の考え方をつくりあげている場合、何が望ましいかについての意見がすでに決まってしまっている場合、そして、問題がすでに一般に認められているいくつかの可能性からの選択であり新しい可能性を発見するという問題ではない場合である。しかしながら世論を喚起させるために、どんな方向に努力が向けられるべきかは世論が決めることはできない。そして、政府にせよその他の現存の組織集団にせよ、そういうことをおこなう独占的な権力をもつべきではない。しかし組織的な努力は必要な資力を所有するか、あるいはそういう人びとの支持を得ている少数の人びとによって動かされなければならない。それらの人びとがいなければ、現在きわめて少数者の意見であるものは、多数者に採用される機会をまったくもたなくなるだろう。多数者から期待しうる指導力がいかに貧弱であるかは、かれらが富裕な後援者にとって代わったところならどこでも、芸術にたいするその支援がどれほど不十分であるかを見ればわかる。そしてこのことは、博愛主義あるいは理想主義の運動についてもさらによく当てはまるのである。それによって、多数者の道徳的価値は変化しているのである。

われわれはここで大義を掲げておこなわれた素晴らしい活動の長い物語をすべて数えあげることはできない。長い物語というのは、孤独な先駆者たちが大衆の自覚を高揚させるために自らの生命と財産を捧げた後にようやく認められた物語、たとえば奴隷制の廃止、刑法や刑務所の改革、児童や動物の虐待防止、あるいは精神病者へのより人道的な待遇のために、長い運動を経てようやく支持を獲得するに至った物語のことである。これらはすべて久しいこと、少数の理想主義者だけの願望であった。かれらはある認められた慣行にたいして圧倒的な多数者がもっている意見を変えるために闘ったのである。

## 7　富める者のエートス

しかしながら、このような仕事を富める者が首尾よく達成できるのはそれだけの条件がなければならない。すなわち、社会が全体として富を所有する人びとにとって唯一の仕事を、富を利殖にもちいかつそれを増殖させることにあるとはみなさないことである。また、富裕階級もその資源を物質的に生産的な用途に充てることをその主要な関心事とする人びとばかりで構成されてはいないことである。別の言葉でいえば、怠惰な富める者の集団の存在にたいする寛容が必要である。怠惰というのは有益なことをなに一つしないという意味ではなく、富める者の目的が物的利益の観念にすっかり支配されてはいないという意味である。大多数の人びとが所得を稼がなくてはならないという事実は、ある人びとがそうしなくてもすむということを望ましくないこととするわけではなく、少数者が他人の評価しない目的を追求できることを望ましくないこととするわけでもない。そのような理由で、もし富が一部の人から恣意的に取りあげられ他の人に与えられるなら、それは疑いもなく腹立たしいことである。またもし多数者がその特権を与えられることとなれば得るところはほとんどないであろう。というのはかれらはすでに自ら承認した目的をもつ人びとを選択するからである。これは単に承認された能力にたいして別の形の仕事あるいは別の形の報酬を生むだけであり、未だ一般に望ましいものと認められていない目的を追求する機会を生みだすものではない。

わたくしは目的のある職業に就かないという意味での怠惰に、眉をしかめる道徳的伝統に称賛を惜しむ者ではない。しかし所得を稼ぐために働かないことが必ずしも怠惰を意味するわけではないし、また物質的報酬をもたらさない職業を尊敬すべきものとみなすべきでないとする理由があるわけでもない。われわれの必要品のほとんどが市場によって供給ができ、このことが大半の人びとに生活手段を獲得する機会を与えるという事実は、どんな人にでも金銭的報酬をもたらさない目的にこの全エネルギーを投じるのを許すべきでないことを意味するのではないし、また多数者だけあるいは組織的な集団だけがそのような目的を追求するのを許されることを意味すべきでもない。少数者だけがその機会をもつことができるのは、誰かがそれをもつことを望ましくないものとすることにはならない。

ある富裕階級がその階級のエートスとして、少なくとも男子の構成員にたいして金儲けによって自分の有用性を証明しなければならないというような要求しかしないとしたら、自らの存在を十分に正当化できるかどうかは疑わしい。独立の財産所有者は自由社会の経済秩序にとっては非常に重要であるが、かれの重要性はおそらく意見や思想、趣味や信念の領域においてさらにいっそう大きいであろう。あらゆる知的、道徳的ならびに芸術的指導者が被雇用者階級に属している社会、とりわけかれらのほとんどが政府に雇用されている社会には何か重大な欠陥がある。しかもいたるところにおいて、そのような事態に向かって動きつつある。フリーの作家や芸術家、そして法律と医学の専門家は独立した意見をもった指導者を輩出しているが、そのような指導力を生むべき人びとの大多数——自然科学および人文科学における学識者——が今日、被雇用者の立場にあり、たいていの国では国家に雇用される立場にある。[8] この点においては一九世紀以来大きな変化があった。当時、無職の資産家—学者たち（gentlemen-scholars）、たとえばダーウィン、[9] マコーレー（Macaulay）、グロート（Grote）、ラボック（Lubbock）、モトレー（Motley）、ヘンリー・アダムズ（Henry Adams）、トクヴィル、シュリーマン（Schliemann）らはきわめて著名な評判の高い人であったし、カール・マルクスのような異端の社会批判者でさえ富裕な保護者を見つけることができ、その人によってかれの同時代人の多数が心から嫌った教養の精緻化と宣伝にその生涯を賭けることが可能になった時代であった。[10]

この階級がほとんどまったく消滅したこと、アメリカのほとんどの分野でこの階級が存在しないことのために、資産家階級は現在では大半が実業家の集団となり、知的領域における指導力を欠き、筋の通った弁護できるほどの人生哲学さえも欠いているという状況になっているのである。有閑階級に一部属する富裕階級が、学者・政治家・文学者・芸術家の占める平均的な割合よりもさらにばらばらに存在するようになるだろう。過去においては、富裕な実業家たちが思想運動や意見形成の討論に加わることができたのは、生活様式をともに分かちあった人びととの社交場での交際を通じてであったのだが。ヨーロッパの観察者にとっては、アメリカにおいていまでも時々その支配階級とみなされる者がまったく意気地のないのに驚かざるをえない。このことは富裕階級内部にいる有閑集団、すなわち富裕によって与えられる独立を利用して俗に経済的と呼ばれる目的以外の目的を求める集団の成長を妨げる伝統があったという事実にもとづくものと思われる。しかしながら、資産家階級のうちに文化的エリートをこのように欠くというのは、いまではヨーロッパでもあらわれてきている。そこではインフレーションと課税が重なりあった結果であって、ほとんど古い集団を破壊し、新たな有閑集団の台頭を妨げてしまっている。

## 8　非物質的な価値の指導性

否定するまでもないことであるが、このような有閑集団は学者や公務員よりもずっと多くの割合で美食家（*bons vivants*）を生みだすであろうし、有閑集団はその派手な浪費により一般市民の良識に衝撃を与えるであろう。しかしそのような浪費はどこにおいても自由の代価なのである。怠惰な富める者のなかでもっとも怠惰な人びとの消費を浪費的であると判定する基準は、アメリカ大衆の消費を、エジプトの農夫あるいは中国人苦力《クーリー》が浪費的と判定するその基準とはまったく異なっていると主張することは難しいであろう。量的には富める者の娯楽にともなう浪費は、大衆の似たような同じく「不必要な」娯楽にともなう浪費と比較すればたしかにわずかなものである。(11) 大衆の娯楽は、ある種の倫理的基準にもとづいて重要であると思われる目的からは著しくはずれたものである。怠惰な富める者の生活における浪費には目立つことと見慣れない性質とがあるためにこそ、かれらは特別に非難に値する者のように映るのである。

一部の人びとの浪費的な支出がその他の人にとってきわめて嫌悪するものである場合でさえ、特殊な例であろうともっとも愚かな生活上の試みでさえ一般的には有益な結果をもたらすものではないだろう、と断定しきれないこともたしかである。新しい可能性の水準での生活がはじめのうちはほとんど無益な見せびらかしになってしまうことは驚くにあたらない。このように言うことは嘲笑を招くかもしれないが、余暇をうまく利用することさえ工夫を必要とするものであり、現在では普通になっている生活様式の多くは時間のすべてを生活の技術に捧げた人びとのおかげを蒙っており、(12) また後には大衆の娯楽の手段となった多くの玩具やスポーツ用品は道楽者《プレイボーイ》によってつくりだされたということに、わたくしはなんの疑いも抱いていない。

さまざまな活動の有用性にたいするわれわれの評価は、これと関連して金銭的な基準が至るところに存在することのために奇妙に歪められてきた。しばしば驚くことであるが、われわれの文明がもつ物質主義をもっとも声高に非難するその人自身が、どんなサービスについてもその有用性の基準として人びとが進んでその対価を支払うべきであるという基準以外のものを認めようとしないことである。一体テニスやゴルフのプロ選手のほうが、こうした競技の完成に時間を捧げた富裕な素人よりもいっそう有用な社会の成員であるとなおもはっきりいえるであろうか。あるいは公立博物館の有給学芸員のほうが、私的な収集家よりも有用であるとはっきりいえるであろうか。読者があまりに急いでこれらの問題に答える前に考えてもらいたいことがある。それは、もし富裕な素人がテニスやゴルフなどのプロ選手や博物館の学芸員に先立っていなかったら、かれらがはたして存在したかどうかということである。人間の一生のある短い時間のあいだに娯楽性に富んだ探求に耽ることのできる人びとのなかから、他の新しい興味がまた発生してくるとわれわれは期待できないであろうか。生活の術や非物質的価値の発展が、まったく物質的な悩みをもたない人びとの活動から、非常に多く恩恵を得てきたというのはまったく当然である。[13]

われわれの時代の重大な悲劇の一つは、大衆が富める者を倒した結果として高い物的厚生水準にかれらが到達したと信じるようになったり、そしてそのような階級が存続あるいは出現すればかれらが別の方法で得たと考え、しかもかれらに当然帰すべきとみなすものが奪いとられることを怖れるようになっていることである。これまでに明らかにしたように、進歩する社会においては少数者の享受する富は、もしかれらがそれを享受することが許されなかったならば存在しなかったであろう。富は他の人たちから取りあげられたものでもなければ差し押えたものでもない。それは前衛に属する人たちがはじめた新しい生活様式の最初の徴候なのである。他人の子供あるいは孫のときにようやく享受する可能性のあるものを現に見せびらかす特権をもつ人びとは、一般にもっとも称賛に値する個々人ではなくて、ただその羨しい立場に偶然おかれた人にすぎないことは確かである。しかしこの事実を成長の過程と切り離すことはできない。それはいつも、どんな一個人あるいは一集団が予測できる以上に先へ進んでゆく。誰かがある利益を最初に享受するのを妨げると、それは残りの人びとがそれを享受することを妨げてしまうことになるのも当然で、もし羨望のためにある種の例外的な生活を不可能にするならば、結局われわれはすべて物質的にも精神的にも貧困に悩むことに終るであろう。前進を可能にするこれらの力を同時に破壊してしまうのでなければ、個々の成功の不愉快な観察を排除することはできない。成金の人たちの見栄、悪趣味および浪費性を嫌う点ではまったく同じ考えをもっているとしてもなお認めなければならないことは、もしわれわれが嫌うものをすべて妨げてしまうとすれば予測できない良いこともまたこのようにして妨げられるわけで、そのほうがたぶん悪いことより多いだろうということである。多数者がその好まないものすべての出現を妨げることのできる世界は、停滞したおそらく衰えゆく世界であろう。

# 原注

『自由の条件』全3部を通して繰り返しでてくる書名は以下のように省略する。ただし、書名が少々長い著作のみにかぎる。

Acton, *Hist. Essays: Historical Essays and Studies*, by John E.E. Dalberg-Acton, First Baron Acton. Edited by J.N. Figgis and R.V. Laurence. London, 1907.

Acton, *Hist. of Freedom: The History of Freedom and Other Essays*, by John E.E. Dalberg-Acton, First Baron Acton. Edited by J.N. Figgis and R.V. Laurence. London, 1907.

*A.E.R.: American Economic Review*.

Bagehot, *Works: The Works and Life of Walter Bagehot*. Edited by Mrs. Russell Barrington. 10 vols. London, 1910.

Burke, *Works: The Works of the Right Honourable Edmund Burke*. New ed. 14 vols. London: Rivington, 1814.〔『エドマンド・バーク著作集』みすず書房、中野好之編訳『バーク政治経済論集』法政大学出版局〕

Dicey, *Constitution: Introduction to the Study of the Law of the Consititution*, by A.V. Dicey. 9th ed. London, 1939.〔伊藤正己・田島裕訳『憲法序説』学陽書房〕

Dicey, *Law and Opinion: Lectures on the Relation between Law and Public Opinion in England during the Nineteenth Century*. 2d ed. London, 1914.〔清水金二郎訳『法律と世論』法律文化社〕

*E.J.: Economic Journal* (London).

*E.S.S.: Encyclopaedia of the Social Sciences*. 15 vols. New York, 1930-35.

Hume, *Essays: Essays Moral, Political, and Literary*, by David Hume. Edited by T.H. Green and T.H. Grose. 2 vols. London, 1875. 特に第二巻には、*Enquiry concerning Human Understanding*〔斎藤繁雄他訳『人間知性研究』法政大学出版局〕と *Enquiry concerning the Principles of Morals*〔渡部峻明訳『道徳原理研究』晢書房〕が含まれている。

Hume, *Treatise: A Treatise of Human Nature*, by David Hume. Edited by T.H. Green and T.H. Grose. 2 vols. London, 1890.〔大槻春彦訳『人性論』岩波文庫〕

Locke, *Second Treatise: The Second Treatise of Civil Government and A Letter concerning Toleration*, by John Locke. Edited by J.W. Gough. Oxford, 1946.〔鵜飼信成訳『市民政府論』岩波文庫、生松敬三訳「寛容についての書簡」世界の名著27　中央公論社〕

*J.P.E.: Journal of Political Economy* (Chicago).

*Lloyds B.R.: Lloyds Bank Review* (London).

Menger, *Untersuchungen: Untersuchungen über die Methode der Socialwissenschaften und der politischen Oekonomie insbesondere*, by Carl Menger. Leipzig, 1883.〔戸田武雄訳『社会科学の方法に関する研究』日本評論社〕

J.S. Mill, *Principles: Principles of Political Economy, with Some of Their Applications to Social Philosophy*, by John Stuart Mill. Edited by W.J. Ashley. London, 1909.〔末永茂喜訳『経済学原理』岩波文庫〕

Montesquieu, *Spirit of the Laws: The Spirit of the Laws*, by Baron De Montesquieu. Translated by T. Nugent. Edited by F. Neumann. ("Hafner Library of Classics") 2 vols. in one. New York, 1949.〔野田良之他訳『法の精神』岩波文庫〕

*Proc. Arist. Soc.: Proceedings of the Aristotelian Society* (London).

*R.E.&S.: Review of Economics and Statistics* (Cambridge, Mass).

Smith, *W.o.N.: An Inquiry into the Nature and Causes of the Wealth of Nations*, by Adam Smith. Edited by E. Cannan. 2 vols. London, 1904.〔水田洋監訳・杉山忠平訳『国富論』岩波文庫〕

Tocqueville, *Democracy: Democracy in America*, by Alexis de Tocqueville. Translated by Henry Reeve. Edited by Phillips Bradley. 2 vols. New York, 1945.〔井伊玄太郎訳『アメリカの民主政治』講談社学術文庫〕

*U.S.: United States Reports: Cases Adjudged in the Supreme Court*. Washington: Government Printing Office.（アメリカの標準的な法慣習にしたがって、この報告書、そして "Dallas" "Cranch" "Wheaton" そして "Wallace" などのような連邦訴訟のより早い報告書、また州裁判所における訴訟報告にたいする参照等は巻数がまずでてくる。そして、その訴訟の報告書がはじまる頁数がそれに続き、次に、必要なところには、参照されている頁が続く。）

(*Op. cit., loc. cit., ibid.* などの参照符はいつも同章の同注より前にでてくる注に引用されている同著者の著作である。)

本書標題の頁の引用文は、Algernon Sidney, *Discourses concerning Government* (London, 1698), p.142, *Works* (new ed.; London, 1772), p.151 からとったものである。

## 序　言

冒頭の引用は、トゥキュディデス（Thucydides）の報告によるペリクレス（Pericles）の Funeral Oration からとったもの。Thucydides, *The Peloponnesian War* ii. 37-39, trans. R. Crawly ("Modern Library" ed., p.104)〔久保正彰訳『戦史』岩波文庫〕ii, pp.37-39.

（1）　言葉のなかには、かつてある重要な真理を表現したため流布し、その真理がすべての人に知られるようになって使われ続け、しかも何度も、また機械的に使用されることによって、明瞭な意味を失うに至った時にもなお使われているものがある。しかしいかなる思想も誘発しなくなると、言葉は結局消えてしまう。だがその言葉も、一世代の冬眠の後に再発見されることがある。しかもその場合には、本来の意味のような何かをもった新しい力を備えて使われる――そしてそれがもし成功するならば、結局同じようなサイクルを再び繰り返す。

（2）　自由社会の原則を再説した最新で包括的なものは、大学の教科書という制約をもつ形ではあるが、すでに大いに評価されている、H・シジウィック（H. Sidgwick）の *The Elements of Politics* (London, 1891) である。それは多くの点で優れた著作であるが、イギリスの自由主義の伝統としてみなされるべきものではなく、社会主義を導く合理的功利主義にすでに汚染されている書物である。

（3）　イギリスは、ヨーロッパのどの国よりも自由の伝統が永く続いた国であるが、早くも一八八五年には、自由主義者たちのあいだで広く読まれていた一人の作家が、これらの自由主義者たちについて「個人の自由でなく、社会の改造が彼らにとって最緊要の課題である」と記しえたのである（F.C. Montague, *The Limits of Individual Liberty*, [London,

1885〕p.16)。

(4) Frederick Watkins, *The Political Tradition of the West* (Cambridge: Harvard University Press, 1948), p.10.

(5) また私は、S・T・コールリッジ (S.T. Coleridge) がE・バーク (E. Burke) に与え、そして特に現代において重要性をもつ警告にたいし、きっかけを与えたくない。その警告というのは次のようなものである。「政治制度を強盗や刺客にのみ魅力のあるものとして、また愚者や狂人の頭のなか以外には自然的起源をもたないと主張することは悪い知謀である。というのは、経験は次のように示しているからだ。政治制度のもつ大きな危険は、それが高貴で想像力に富む人物に、すなわち青年らしい慈善行為に愛想よく酔っていて、自分自身の最上の徳と最適の力をその人物の平均的な質や特性と見誤る傾向のあるすべての人物に及ぼすと考えられる特殊な魅惑からなっているのである。」(*The Political Thought of Samuel Taylor Coleridge*, ed. R.J. White [London, 1938], p.235)

(6) Henry James, *The American Scene* (New York, 1946) へのW・H・オーデン (W.H. Auden) の序文 p.18 の「自由は価値の一つではなくて、価値の基礎である」参照。また C.Bay, *The Structure of Freedom* (Stanford, Calif.: Stanford University Press, 1958)〔横越英一訳『自由の構造』法政大学出版局〕p.19 に「自由は、他の諸価値が十分成長するために必要な土壌である」とある。(この後者の著作は、あまりにも遅く手にしたので、注ではほんの少ししか参照できなかった。)

(7) A.N. Whitehead, *Adventure of Ideas* (New York: Mentor Books, 1955)〔山本誠作他訳『観念の冒険』ホワイトヘッド著作集第12巻、松籟社〕p.73 参照。「不幸にして、自由の概念は、それに捧げられた文学的扱いによって、骨抜きにされてきた。……自由の概念は、同世代の人びとに衝撃を与える瞑想的な人びとの抱く像に近づいてきた。自由について考える時、われわれは、思想の自由、出版の自由、宗教的意見の自由に限定する傾向がある。……これは全くの誤りである。自由の文学的表現は、主として、飾りを扱っている。……事実、行為の自由こそ、その第一の要求なのである。」

(8) C.L. Becker, *New Liberties for Old* (New Haven: Yale University Press, 1941), p.4.

（9）　本書全体を通じてよき伴侶であり賢明な指導者でもあるデヴィッド・ヒューム（David Hume）は、一七四二年（*Essays*, II, p.371）〔小松茂夫氏訳『市民の国について』岩波文庫〕すでに次のように述べている。「偏見や錯誤を変革するという口実のもとに、あの完全性への大それた哲学的努力が、心の中の最も愛情のこもった感情や、人間を支配することのできる最も有益な心理傾向や本能を、すべて打ち壊してしまう。」また、次のようにわれわれに警告する（p.373）。「幸福、あるいは完全性をあまりに精巧に追求することによって、処世や行動についての受け入れられている格率から、あまり遠くはずれるな。」

（10）　W. Wordsworth, *The Excursion* (London, 1814), Part II.

## 第一部

第一部標題の下の引用文は、H.B. Phillips, "On the Nature of Progress," *American Scientist*, xxxiii (1945), p.255 より。

### 第一章　自由と個別的自由

本章の冒頭の引用文は、*The Writings of Abraham Lincoln*, ed. A.B. Lapsley (New York, 1906), VII, p.121 より。同様の指摘については Montesquieu, *Spirit of the Laws*, 〔前掲邦訳『法の精神』〕XI, 2 (I, p.149) 参照。「自由という言葉ほど、多くの違った意味が認められ、多くの違った印象を人間の心に与えた言葉はない。ある人びとは、自由を暴君的権威を与えてきた者を廃する手段として考えてきた。また他の人びとは、彼らの服従すべき高位の者を選ぶための手段と考えてきた。また、他の人びとは武装して、しかも、それによって暴力を行使する権利と解釈してきたし、また他の人びとは、結局は、自国の人間による、あるいは自国の法によって統治される特権と解釈してきた。」

（1）　「自由」（Freedom）と「自由」（Liberty）に一般的に承認された区別はないので、これを同義語とみなすことにする。私には Freedom のほうが気に入っているが、Liberty のほうが濫用は少ないと思う。フランクリン・D・ローズベルト

(Franklin D. Roosevelt) が「欠乏からの自由」(Freedom from Want) を自由の概念の中にいれた時のかれの「格調あるだじゃれ」(Joan Robinson, *Private Enterprise or Public Control* [London, 1943]) には、それはほとんど適用できなかったであろう。

(2) Liberty という言葉に関する非常に鋭い言語学的分析ですらもつ限定的な価値については、M. Cranston, *Freedom: A New Analysis* (New York, 1953)〔小松茂夫訳『自由 哲学的分析』岩波新書〕がよく説明している。同著は、哲学者たちがいかに自分の性癖に従って定義しているかを知りたい読者にとっては参考になるであろう。Mortimer Adler, *The Idea of Freedom: A Dialectical Examination of the Conceptions of Freedom* (New York, 1958) も参考になる。私はそれを草稿で見る光栄に浴した。また、H・オフスタッド (H. Ofstad) のより包括的な著作が Oslo University Press から発刊されることが予告されている。

(3) J. Bentham, *The Limits of Jurisprudence Defined*, ed. C.W. Everett (New York: Columbia University Press, 1945), p.59「自由とは二つまたはそれ以上の種類があり、強制のないことを意味するが、強制がどこから生じるかで種類が異なる。」また、M. Schlick, *Problems of Ethics* (New York 1939)〔安藤孝行訳『倫理学の諸問題』世界の思想11、法律文化社〕p.149、及び F.H. Knight, "The Meaning of Freedom", *The Philosophy of American Democracy*, ed. C.M. Perry (Chicago: University of Chicago Press, 1943) の p.75「社会における自由の第一の意味は、……常に、消極的概念である。……そして、強制が実際に定義されねばならない用語である」を参照。また、同著者のより完全な議論は "The Meaning of Freedom," *Ethics*, Vol. LII (1940)、及び "Conflict of Values: Freedom and Justice," *Goals of Economic Life*, ed. A. Dudley Ward (New York, 1953) を参照。また、F. Neumann, *The Democratic and the Authoritarian State* (Glencoe, Ill., 1957)〔内山秀夫他訳『政治権力と人間の自由』河出書房新社〕p.202 の次の記述、「自由は強制の欠如と同じである、という定式化はいまもなお正しい。……この定式化から、基本的には文明世界の完全な合理的法制度が生まれるのである。……われわれが放棄できないのは、自由の概念の外ならぬこの要素である。」及び、C. Bay, *The Structure of Freedom* (Stanford, Calif.: Stanford University Press, 1958)〔前掲邦訳『自由の構造』〕

p.94、「あらゆる自由の目的の中で、最優先権が与えられねばならないのは、すべての人の強制からの自由を極大化する目的である」を参照。

（4）今日では、「市民的自由」（civil liberty）という言葉は、個人的自由の行使のうちでも、特に民主主義の機能にとって重要なもの、たとえば言論の自由、集会の自由、出版の自由などに関して使用されている。そしてアメリカでは特に権利章典（Bill of Rights）で保障された事柄に関して用いられている。「政治的自由」（political liberty）という言葉も、“inner liberty” と特に対照させて、集団的な自由というわれわれの使用する意味とは異なり “personal liberty” を意味するように用いられる。モンテスキューはこの使い方を認めているが、今日では混乱をもたらすだけである。

（5）E. Barker, *Reflections on Government* (Oxford: Oxford University Press, 1942), p.1〔足立忠夫訳『現代政治の考察』勁草書房〕参照。「もともと自由とは奴隷と対立する自由人または自由な生産者の特質または地位を意味した。」語源学的には free という語のゲルマン的語源は、一社会内の、ある保護された者の地位を表わしたのである（G. Neckel, “Adel und Gefolgschaft,” *Beiträge zur Geschichte der deutschen Sprache und Literatur*, XLI [1916] 特に p.403 の「『自由』とは、起源的には、保護と法の存在するものであった」を参照。また、O. Schrader, *Sprachvergleichung und Urgeschichte*, II/2, *Die Urzeit* [3rd. ed.; Jena, 1906-7], p.294 及び A. Waas, *Die alte deutsche Freiheit* ([Munich and Berlin, 1939], pp.10-15 を見よ）。同じくラテン語の *liber* やギリシャ語の *eleutheros* も種族内の一員を示す言葉からきている。後に法と自由の関係を検討するときに、その意義がわかるであろう。

（6）T.H. Green, *Lectures on the Principles of Political Obligation* (London, 1911)〔北岡勲訳『政治義務の原理』駿河台出版〕p.3 参照。『自由』に与えられる意味に関して、もちろん次のことが認められねばならない。ある人間と他の人びととの社会的また政治的関係以外の何かを表現するすべての自由の用法は、ある比喩を含むということである。自由の意味はその本来の用法においてさえ、決して固定的なものではない。それはつねに他の人びとによる強制からの免除を意味しているが、この免除の範囲や条件は、社会の異なった状態にいる『自由人』によって享有されるので極めて多種である。『自由』という用語がある人間と他の人びととの確立された関係とは異なった他の何かに適用されるようになるや否や、その意味はよりいっそう変動する。」また、L. von Mises, *Socialism* (Yale University Press, 1951), p.191の「自由とは社会学的概念である。それを社会以外の条件に適用することは無意味である」また、p.124の「したがって、これは人間の外的生活における自由である——すなわち、人間がかれの仲間たちの専断的権力に依存していないことが自由ということだ」を参照。

（7）F.H. Knight, "Discussion: The Meaning of Freedom," *Ethics* LII (1941-42), p.93参照。「もしクルーソーが穴に落ちたり、あるいはジャングルの繁みに迷い込んだりしたならば、自分自身を自由にするとか、あるいは自分の自由を取りもどすという用法はたしかに正しいであろう——またこうした用法は、動物にも同様に適用されるであろう。」そうした用法は今ではもう確立されたものであろう。にもかかわらず、それはナイト教授が擁護する強制の欠如とは異なった自由の概念に関わるものである。

（8）"free"とそれに相応する名詞が言語としていろいろな用途に移り変っていく原因は、英語（ドイツ語・ラテン語系も同じ）に、あるものの欠けていることを示すのに一般的に用いられる形容詞がないことである。"devoid"とか"lacking"は何か望ましいもの、あるいは普通に存在するものが欠けていることを表わすだけに用いられ、望ましくないものまたは異質のものが欠けているのを表わすには、（"free of"以外の）対応する形容詞がない。われわれは一般に、あるものは害虫から、不純物から、あるいは悪弊からfreeであると言うであろう。だから自由はこうして望ましくないものの欠如を意味するようになった。また同じように、あるものが外の要因によって規定、あるいは影響されずに、それ自身だけで動くときにはいつも通常それと関係のない影響からfreeであるということがある。科学においては、既知のあるいは仮定上の決定要因の影響を受けないいくつかの可能性がある時、われわれは「自由度」についてさえ語る（Cranston, *op. cit.*, p.5参照）。

（9）これらのことをH・ラスキ（H.J. Laski）のしかたで表現するとすれば、すべてunfreeと記さねばならないだろう（*Liberty in the Modern State* [new ed.: London, 1948], p.6）〔飯坂良明訳『近代国家における自由』岩波文庫〕。ラスキは、次のように主張した。「参政権は、自由にとって基本的なものである。したがって、それから排除されている市民は自由でないことになる。」同様に自由を定義することによってH・ケルゼン（H. Kelsen）は勝ちほこったように、次のような結論に達している（"Foundations of Democracy", *Ethics*, LXVI, No.1, Pt.2［1955］, p.94）〔古市恵太郎訳『民主政治の真偽を分つもの』理想社〕。「自由と所有のあいだの本質的な関係を証明しようとする試みは失敗してきた。」もっともそうした関係を主張したすべての人は、個人的自由については語ってきたが、政治的自由は語ってこなかったけれども。

（10）E. Mims, Jr., *The Majority of the People* (New York, 1941), p.170.

（11）Montesquieu, *Spirit of the Laws*, XI, 2 (I, p.150)〔前掲邦訳『法の精神』〕「民主政治においては、国民はほとんど自ら欲するところを行なっているように見えるので、この種の政体が最も自由であるとされた。したがって、国民の権力と自由とが混同されてきたのである。」また、J. L. de Lolme, *The Constitution of England* (new ed.: London, 1800), p.240 参照。「法律の制定がある人の賛成投票で起こるということは、権力における占有を、それが何であれ享受することである。つまり、法律が万人に平等であり、また行使されることが保障されている国に生きることは、……自由であるということである。」また、第七章の注2、5に引用されている文章も参照。

（12）ウィリアム・ジェームズ（William James）が、イグナティウス・ロヨラ（Ignatius Loyola）の手紙（*Varieties of Religious Experience*［New York and London, 1902］〔桝田啓三郎訳『宗教的経験の諸相』岩波文庫〕p.314）の一つから引用したイエズス会修道士にふさわしい心理状態が以下のように完璧なまでに記述されている。「修院長の手の中で、私はやわらかい蠟のようにならねばならない。すなわち、手紙を書くことであれ、受け取ることであれ、修院長に話しかけることであれ、話しかけないことであれ、その他そうした類のものは何であれ、修院長が気にめすものはなんでも要求できるようなものとならねばならない。そして私は、命令されたことを一心にまた正確に行なうことに私のすべての情熱を注がねばならない。私は自分自身を知性も意志ももたない死体と考えねばならない。抵抗せず、誰かを喜ばすかもしれないところへ運ばれるままになる物質のかたまりのように扱われ、老人の手に握られているステッキのように、老人の必要に従って使われ、老人の気に入ったところにおかれる。私はそんなふうに、修道会の手の下にあって、修道会が最も有益だと判断する方法で、それに奉仕しなければならない。」

（13）この「内面的自由」と強制の欠如の意味の自由との区別を、中世のスコラ哲学者たちは明白に認めていた。彼らは必然からの自由（*libertas a necessitate*）と強制からの自由（*libertas a coactione*）とのあいだにはっきりとした区別をしていた。

（14）Barbara Wootton, *Freedom under Planning* (London, 1945), p.10. 私が知っている自由を権力の意味に用いたもっとも早い明白な例は、Voltaire, *Le Philosophe ignorant*, XIII にしばしばでてくる。これは B. de Jouvenel, *De la souveraineté* (Paris, 1955), p.315 に引用されている。「真に自由であるということは、権力を意味する。私が欲することを私ができる時、それが私の自由である。」それは、われわれが後に（第四章）、自由の「合理主義的」またはフランス的伝統として区別すべきものとつねに密接に関係し続けてきたように思われる。

（15）P. Drucker, *The End of Economic Man* (London, 1939), p.74〔上田惇生訳『「経済人」の終り』ダイヤモンド社〕「本当の自由が少なければ、それだけ『新しい自由』について述べることが多くなる。だがこの新しい自由は、これまでヨーロッパが自由によって理解してきたすべてのものとまさに矛盾するものにかぶせる単なる言葉に過ぎない。……しかしながら、ヨーロッパで強く説かれているその新しい自由は、個人にたいする多数者の権利である。」この「新しい自由」がアメリカでも同様に説かれているということは、Woodrow Wilson, *The New Freedom* (New York, 1913)〔関和知訳『新自由主義』勧学社〕特にその p.26 に見られる。これに関するより最近の説明は、次の論文参照。A.G. Gruchy, "The Economics of the National Resources Committee", *A.E.R.* XXIX (1939), p.70. そこで著者は、賛意を表して、次のように考察している。「国家資源委員会の経済学者にとって、経済的自由とは、個人の活動にたいする制限の欠如の問題ではなく、自由が個人的保護によって達成されるように、個人や集団にたいし課される集合的制限と指導の問題なのである。」

（16）制限のないという意味での定義は、たとえば E.S. Corwin, *Liberty against Government* (Baton Rouge: Louisiana State University Press, 1948), p.7 参照。「自由とは、われわれ自身の選択の自由や行動の自由にたいする他の人びとの

制限の欠如を意味する」ということは、したがって、まったく受け入れることができるであろう。

(17)　*The Shorter Oxford English Dictionary* (Oxford, 1933) は “coerce”（強制）について第一の定義として次のように示している。「権力による抑制、制限、あるいは権力に基礎を置く権威による抑制、制限。」

(18)　B. Russell, “Freedom and Government,” *Freedom, Its Meaning*, ed. R.N. Anshen (New York, 1940), p.251.

(19)　T. Hobbes, *Leviathan*, ed. M. Oakeshott (Oxford, 1946), p.84.〔水田洋訳『リヴァイアサン』岩波文庫〕

(20)　J.R. Commons, *The Legal Foundations of Capitalism* (New York, 1924)〔新田隆信他訳『資本主義の法律的基礎』コロナ社〕特にその二―四章。

(21)　J. Dewey, “Liberty and Social Control,” *Social Frontier*, November, 1935, p.41 およびかれの論文 “Force and Coercion,” *Ethics*, XXVI (1916) の p.362。「力の使用が正当かどうかは、実質的には、目的達成における手段の効率（経済を含む）の問題である。」そして同 p.364、「価値の基準は、目的にたいする手段として、力の消費の相対的効率性や節約にある」を参照。デューイの自由の概念にたいする手品は実際、あまりにもひどいものであるから、D. Fosdick の *What Is Liberty?* (New York, 1939), p.91 における判断は正当である。「しかしながら、その段階は、この（ある原理、たとえば平等と自由を同一視することの）ために、完全に措定されている。しかし、それが妥当するのは、自由と平等の定義が両者ともだいたい行為の同じ条件に関わるものであるというように、曲解されてきた時のみである。このような手品の極端な例は、ジョン・デューイによって、かれが次のように言う時に与えられる。『もし自由が、かなりの平等と結合され、保護が文化的また道徳的保護、したがってまた物質的安全を意味すると解されるならば、保護が自由以外の何ものとも両立することができる、と私は思わない。』自由と平等はおおよそ行為の同じ条件を意味すると両者の概念を再定義したのち、かれは両者は両立可能であるとわれわれに請け合う。このような手品には際限がない。」

(22)　J. Dewey, *Experience and Education* (New York, 1938),p.74〔市村尚久訳『経験と教育』講談社学術文庫〕また W. Sombart, *Der moderne Kapitalismus*, II (Leipzig, 1902),p.43〔岡崎次郎訳『近世資本主義』生活社〕を参照。そこには

「技術」は「自由への発展」であると述べられている。同じ考えが詳述されているのはE. Zschimmer, *Philosophie der Technik* (Jena, 1914), pp.86-91である。

(23) R.B. Perry, *Freedom: Its Meaning*, ed., R. Anshen (New York, 1940), p.269参照。「『福祉』と自由との区別はすっかりこわれてしまう、というのは人の有効な自由とはその人の資力に比例するからである。」この考えは他の人びとを次のような結論に導く。すなわち、「もしより多くの人びとが自動車を買い、そして休暇をとるならば、より多くの自由があることになる。」（これに関しては第一六章、注72参照。）

(24) これのおもしろい例は、D. Gabor and A. Gabor, "An Essay on the Mathematical Theory of Freedom," *Journal of the Royal Statistical Society*, Ser. A, CXVII (1954), p.32である。著者たちは次のような主張をもってはじめる。自由とは「望ましからざる制限の欠如を意味する。だから自由の概念は、望ましいことであれば、すべてのものにほとんど拡張される。」だからこの明らかに無用な概念を捨て去る代わりに、彼らはそれを採用するばかりかさらに議論を進め、この意味で自由を「計測する」のである。

(25) Lord Acton, *Lectures on Modern History* (London, 1906), p.10参照。「自由と権力とのあいだには永遠と時間とのあいだと同様、なんの比例関係もない。」またB. Malinowski, *Freedom and Civilization* (London, 1944), p.47.「もしも軽率に自由と権力とを同一視するならば、われわれは明らかに暴政を育てることになる。ちょうど、自由を抑制の欠如と同一視して無政府状態におちいると同じように。」そのほか、F.H. Knight, "Freedom as Fact and Criterion," *Freedom and Reform* (New York, 1947), pp.4 ff. 及びJ. Cropsey, *Polity and Economy* (The Hague, 1957), p.xiまたM. Bronfenbrenner, "Two Concepts of Economic Freedom," *Ethics*, Vol. LXV (1955)を見よ。

(26) 「積極的」自由と「消極的」自由の区別は、T・H・グリーン（T.H. Green）により広められたが、もとはヘーゲル（Hegel）に由来する。特にグリーンの講義"Liberal Legislation and Freedom of Contract," *The Works of T.H. Green*, ed. R.L. Nettleship (London, 1888), Vol. III〔山下重一訳「自由立法と契約の自由」『國學院大學栃木短期大学紀要』№.８〕を見よ。ここで主として「内面的自由」に関わるその考えは、それ以来、いろいろな意味に使われてきた。

たとえば、Sir Isaiah Berlin, *Two Concepts of Liberty* (Oxford, 1958)〔小川晃一他訳『自由論』みすず書房〕参照。また、保守主義者による社会主義的議論の特徴的継承については、次を見よ。Clinton Rossiter, "Toward an American Conservatism," *Yale Review*, XLIV (1955), p.361. そこでかれは以下のように論ずる。「保守主義者は、自由の定義に積極的で包括的な内容を与えなくてはならぬ。新保守主義の辞書では、機会、創造性、生産性および安全保障のような言葉の助けをかりて自由の定義を下すことになろう。」

(27) W.L. Westermann, "Between Slavery and Freedom", *American Historical Review*, L (1945), pp.213-272.

(28) 少なくとも現実はこうであった。おそらく厳密な法律ではそうではないであろう（J.W. Jones, *The Law and Legal Theory of the Greeks* [Oxford: Oxford University Press, 1956], p.282 参照）。

(29) F.H. Knight, *Freedom and Reform* (New York, 1947), p.193 参照。「政府の第一の機能は、強制を防ぐことであり、したがって仲間との自由な連合によって、自分自身の生活を生きる権利をすべての人に保障することである。」また、その問題の議論は、上の注３に引用した論文にも見られるので参照されたい。

(30) R. von Ihering, *Law as a Means to an End*, trans. I. Husik (Boston, 1913) p.242〔和田小次郎訳『「イエリング」法律目的論』早稲田大学法学会〕及び Max Weber, *Essays in Sociology* (New York, 1946), p.78「国家は物理的な権力の合法的使用の独占をうまく主張する人間共同体である。」そのほか、B. Malinowski, *Freedom and Civilization* (London, 1944), p.265. 国家とは、「権力を独占している唯一歴史的な制度である。」また J.M. Clark, *Social Control of Business* (2d. ed.; New York, 1939), p.115.「強制力をもった強制は、国家の独占物と考えられている。」また E.A. Hoebel, *The Law of Primitive Man* (Cambridge: Harvard University Press, 1954)〔千葉正士他訳『法人類学の基礎理論』成文堂〕第二章を見よ。

## 第二章　自由な文明の創造力

本章の冒頭の引用文は、A.N. Whitehead, *Introduction to Mathematics* (London, 1911), p.61.〔大出晃訳『数学入門』

ホワイトヘッド著作集第二巻、松籟社〕からのもの。本章の元の論文はかつて *Essays on Individuality*, ed. F. Morley (Pittsburgh: University of Pennsylvania Press, 1958) に掲載された。

（1） A. Ferguson, *An Essay on the History of Civil Society* (Edinburgh, 1767), p.279〔大道安次郎訳『市民社会史』白日書院〕参照。「ビーバーやアリやハチのもっている巧みさは、自然の叡智といえる。洗練された国民の巧みさは、彼ら自身に帰されるものであり、未開人のそれに優る能力を示すものと考えられる。だが、人間の制度は動物のそれと同じく自然によって示唆され、したがって本能の結果であり、人類が置かれるさまざまな情況によって左右される。そのような制度は、一般的結果を意図することなくなされた連続的改善から起こったものである。そして制度は人間の事象を複雑な状態に導く。その状態は人間性を飾っている能力が最高度に発揮されても考え及ばないようなものである。その全ての能力がもちいられても、完全には理解し得ないような状態である。」

（2） M. Polanyi, *The Logic of Liberty* (London, 1951), p.199〔長尾史郎訳『自由の論理』ハーベスト社〕参照。「千年——あるいは、おそらく五〇年でさえ——後のわれわれ自身の考えを判断する基になる概念は、われわれの推測力を超えている。たとえ紀元三千年の蔵書が今日手に入ったとしても、その内容を理解することはできないであろう。まさにその性質上、理解を超えている将来を、われわれはいかに目的意識的に規定しなければならないのか。そうした仮定は、謙遜のあずかり知らない展望の狭量さのみを表わしている。」

（3） Leslie A. White, “Man’s Control over Civilization: An Anthropocentric Illusion,” *Scientific Monthly*, LXVI (1948), p.238.

（4） G. Ryle, “Knowing How and Knowing That,” *Proceedings of the Aristotelian Society*, 1945/46, また M. Polanyi, *Personal Knowledge: Towards a Post-critical Philosophy* (London and Chicago, 1958)〔長尾史郎訳『個人的知識』ハーベスト社〕とも比較せよ。

（5） F.P. Ramsey, *The Foundations of Mathematics* (Cambridge: Cambridge University Press, 1925), p.287〔伊藤邦武・橋本康二訳『ラムジー哲学論文集』勁草書房〕「科学以外に知るべきものはない」という句はよく引用される。

（6）これら各種の知識については、著者の論文 “Ueber den ‘Sinn’ sozialer Institutionen,” *Schweizer Monatshefte*, October, 1955 参照。本章の議論全体を特殊の経済問題に適用したものは “Economics and Knowledge” と “The Use of Knowledge in Society” の二論文で、*Individualism and Economic Order* (London and Chicago, 1948)〔本全集第三巻『個人主義と経済的秩序』〕に再録されている。

（7）G. de Santillana, *The Crime of Galileo* (Chicago: University of Chicago Press, 1955), p.34〔一瀬幸雄訳『ガリレオ裁判』岩波書店〕参照。ハーバート・スペンサー（Herbert Spencer）はまた、ある箇処で次のような注意を与えている。「科学においては、われわれがますます多く知れば知るほど、われわれの無知との接触がますます拡大する。」

（8）H.G. Barnett, *Innovation: The Basis of Cultural Change* (New York, 1953) 特に、p.19 参照。「すべての個人は、いつでも、イノベーターである。」また、p.65「個人主義と革新的潜在能力とのあいだには正の関係が存在する。自分の経験世界を探求しようとする、また、自分の感覚的印象に対し自分自身の解釈に従ってその要素を組織化する個人の自由が拡大すればするほど、新しい考えが起こる確率は増大する。」

（9）W.A. Lewis, *The Theory of Economic Growth* (London, 1955), p.148.「こうしたイノベーターはいつも少数である。新しい考えは最初は、一人か二人あるいは極めて少数の人によって実行される。たとえそれらの新しい考えが技術におけるものであれ、新しい組織形態におけるものであれ、新しい商品におけるものであれ、あるいは、他の新奇なものにおけるものであれそうである。そのような新しい考えは、急速に他の人びとによって受け入れられるかもしれない。あるいはそれらは懐疑または不信をもって迎えられるほうが多いかもしれない。たとえ迎えられるとしても極めてゆるやかであろう。しかししばらくすると、新しい考えが成功していることがわかり、それからはだんだん多くの人びとに受け入れられるようになる。こうして変化はエリートの仕事であるとか、変化の量はコミュニティーのリーダーシップの質に依存するとかといったことがしばしば言われる。このことが大多数の人びとはイノベーターではなく、単に他の人びとがするのを模倣するだけであること以上を意味しないならば、十分に真実なのである。しかしながらそのことが、ある特定の階層あるいは集団がすべての新しい考えを手に入れる、ということを意味すると考えられるならば、それはいささか誤解を招くであろう。」また p.172 に「新しい考えに対する集団的判断はしばしば誤るので、進歩は集団的な同意にもかかわらず、自分自身の判断に自由に賭けられる個人に依存する、と主張しうる。……政府委員会に決定の独占権を与えることは、両方の世界に不利益をもたらすであろう」とある。

(10)　少なくともこの点を明瞭に認めた少数の著者のうちに、F・W・メイトランドがある。かれは次のように強調する（F.W. Maitland, *Collected Papers* [Cambridge: Cambridge University Press, 1911] I, p.107）。「最も強力な議論は、われわれの主人の無知、必然的な無知にもとづく議論である。」しかしながら、また次の論文も見よ。B.E. Kline and N.H. Martin, "Freedom, Authority and Decentralization," *Harvard Business Review*, XXXVI (1958) 特に p.70 には次のようにある。「命令的階層制、あるいは、われわれの社会におけるどんな集団にとって、もっとも特徴的なことは知識ではなく無知である。どんな一人の人間もかれの周りに起こっていることのほんの一部分しか知ることができないことを考えてみよ。人間が知っていることの、あるいは信じていることの大部分は、真実であるよりもむしろ誤りであろう。……一定の時点では、命令の鎖の中にいる一人の人間によって、あるいはすべての組織によって知られている事柄は、知られていないものに比較すればはるかに少ない。——したがって効率性を増大させるために、われわれ自身を権力階層制の中に組織化することは、実際、無知を制度化しているのかもしれない、といってよいように思われる。われわれは誰も知らないものをより有効に利用しながら、大多数の人びとがわれわれの知識を超えた隠された領域を探求することを妨げられていることを確認しているのである。」

一つの重要な点であるが、「無知」という用語は、われわれの目的にとってあまりにも狭小である。多くの場合、何が正しいかについて、われわれが知らない時には「不確実性」(uncertainty) を使ったほうがたぶんよりよいであろう。というのは特定の文脈のなかで、何が正しいかを誰も知らない時、これこれが正しいと有意味的に述べることができるか疑わしいからである。そのような場合、既存の道徳がある問題にたいし解答を与えていない、というのが事実かもしれない。もっとも極めて価値のある解答があるかもしれないが。もしその解答が知られていて、広く受け入れられればの話だが。この点について私は、ピエール・F・グッドリッチ (Pierre F. Goodrich) 氏に多くを負っている。かれのこの議論についてのコメントは、私にとって、この重要な点を明瞭にするのに役立った。もっとも私は、無知を強調するところで「不完全性（imperfection）」という用語を一般に使うことに納得はしなかったのだが。

(11) J.A. Wheeler, "A Septet of Sibyls: Aids in the Search for Truth," *American Scientist*, XLIV (1956), p.360 参照。「われわれの問題のすべては間違いをできるだけ早くすることだ。」

(12) ルイ・パストゥール（Louis Pasteur）の指摘「研究において、偶然が助けてくれるのは、いつもその用意をしている人のみである」――R. Taton, *Reason and Chance in Scientific Discovery* (London, 1957), p.91 より引用。

(13) A.P. Lerner, "The Backward-leaning Approach to Controls," *J.P.E.* LXV (1957), p.44 参照。「自由貿易理論は、一般的規則としては有効である。それは、一般的に使用されれば有益である、という意味においてである。あらゆる一般的規則についていえることは、もしそれに付随するすべての情況や、それがすべての方面に及ぼす完全な効果をわれわれが知っているならば、その規則が適用されないほうがよいような特殊なケースがある。しかしこのことは、その規則を役に立たない規則とすることではないし、あるいはまた通常の場合におけるように、そのケースを望ましい例外とするようなすべての効果を知らないところでその規則を適用すべきでないということに根拠を与えるものはない。」

(14) H. Rashdall, "The Philosophical Theory of Property," *Property: Its Duties and Rights* (New York and London, 1915), p.62 参照。「自由に対する嘆願は、ローウェス・ディキンソン（Lowes Dickinson）氏（*Justice and Liberty: a Political Dialogue, e.g.* pp.129, 131）によって雄弁にかつユーモラスになされているように、通常の資本主義体制の下にいる無産労働者は、社会主義がかれから奪っている自由を享受している、という仮定のもつ不合理性を主張することによっては十分論駁されない。というのは次の点が極めて重要であるかもしれないからだ。ある人びとが自由に享受すべきである――ごくわずかな人でも、自分自身の方法で、自分の時間を自由に使うことができるべきである――ことがそれである。もっともそうした自由は、大多数の人びとにとっては不可能で望ましいものではないかもしれないが。文化が社会的情況の下で広範な差異化を要求することは、また疑いえない重要な原理である。」また、上の注10で記したクライン（Kline）とマーティン（Martin）の論文の p.69「自由を利用しようとするごくわずかの人のために、自由が存在しなければならないならば、自由は多くの人びとに与えられねばならない。もしなんらかの教訓が、歴史から明らかならば、これもそうである」も参照。

(15) 「形成」という用語——ここでは、通常使われる「制度」よりもっと適切である——の使用については、私の研究 *The Counter-Revolution of Science* (Glencoe, Ill., 1952)〔佐藤茂行訳『科学による反革命』木鐸社〕p.83を参照。

(16) 私の論文 "Degrees of Explanation," *British Journal for the Philosophy of Science*, Vol. VI (1955) 参照。

(17) A. Director, "The Parity of the Economic Market Place," *Conference on Freedom and the Law* ("University of Chicago Law School Conference Series," No.13 [Chicago, 1953]).

(18) 私の著書 *The Road to Serfdom* (London and Chicago, 1944)〔西山千明訳『隷属への道』春秋社〕第七章参照。

(19) K.R. Popper, *The Open Society and Its Enemies* (American ed.: Princeton: Princeton University Press, 1950)〔内田詔夫・小笠原誠訳『開かれた社会とその敵』未来社〕、特にp.195「人間的でありたいと願う以上、われわれのとるべき道はただ一つ、開かれた社会への道しかない。われわれは未知、不確実、不安の社会へいかなくてはならぬ、安全と自由の両方を求めて、計画を立てるどんな理由をもちいようとも。」

## 第三章　進歩の常識

本章の冒頭の引用文は *Mémoires du Cardinal de Retz* (Paris, 1820), II, p.497 からのもの。そこで、クロムウェルがかつてベリエーヴル大統領に次のように言ったと記されている。「ひとは自分がどこへ向かっているか知らないときほど高いところへ登るものである。」この文句は一八世紀の思想家に深刻な印象を与え、デヴィッド・ヒューム (*Essays* I, p.124)、A・ファーガソン (A. Ferguson) (*An Essay on the History of Civil Society* [Edinburgh, 1767]〔前掲邦訳『市民社会史』〕p.187) が引用している。また、(D. Forbes, "Scientific Whiggism," *Cambridge Journal*, VII [1954], p.654に従えば)、テュルゴーなどによって引用されている。それは再び、より適切にダイシー (Dicey) の *Law and Opinion*, p.231〔清水金二郎訳『法律と世論』法律文化社〕に現われた。死後公刊されたゲーテ (Goethe) の

*Maximen und Reflexionen: Literatur und Leben* (*Schriften zur Literatur: Grossherzog Wilhelm Ernst Ausgabe* [Leipzig, 1913] II, p.626〔岩崎英二郎他訳『ゲーテ全集　第13巻』潮出版社〕)には、次のようなやや変わった形ででている。「ひとは、どこへ行くかをもはや知らないときほど、先へ行くものである。」これに関してまた、G・ヴィーコ (G. Vico) の次の文句を参照 (*Opere*, ed. G. Ferrari [2d ed.: Milan, 1854], V, p.183)。「人間は思考しないことで完全になる (Homo non intelligendo fit omnia)。」以下で、ヴィーコに言及する機会がないであろうから、ここで次のことを注意しておきたい。すなわち、かれとかれの偉大な弟子F・ガリアーニ (F. Galiani) が、大陸においてイギリスの反合理主義の伝統にたいし、唯一重要な同じ伝統を形成しているということである。イギリス的伝統については、次章でもっと詳しく考察することになろう。本章の以前のまた、もうすこし長い草稿のドイツ語訳は、*Ordo*, Vol. IX (1957) に発表されている。

(1) J.B. Bury, *The Idea of Progress* (London, 1920), p.2〔高里良恭訳『進歩の観念』創元社〕参照。

(2) J.S. Mill, "Representative Government," in *On Liberty*, ed. R.B. McCallum (Oxford, 1946), p.121〔水田洋訳『代議制統治論』岩波文庫〕参照。

(3) A. Ferguson, *History of Civil Society* (Edinburgh, 1767), p.12〔前掲邦訳『市民社会史』〕「もしも宮殿が不自然だとするなら、掘立小屋も同じく不自然である。洗練を極めた政治上・道徳上の配慮も、わざとらしいという点では、感情と理性の最初の働きと変らない。」またW・ロッシャー (W. Roscher) は、*Ansichten der Volkswirtschaft* (2d ed.: Leipzig, 1861) で、厳格な道徳家がいろいろな時に攻撃した「腐敗した精製品」の説明として、フォーク、手袋、それにガラス窓を挙げる。また、プラトンは、『パイドロス』のなかで、対話者の一人に、文字の発明は記憶力を弱めるので退化へ導くであろう、という恐怖を語らせている。

(4) もし既成の使い方を変えることができるのならば、「進歩」という言葉をある一定の目的に向かう意図的な前進に限定し「文明の進化」についてのみいうのが望ましい。

(5) J.B. Bury, *The Idea of Progress* (London, 1920), pp.236-37〔前掲邦訳『進歩の観念』〕参照。「こうして進歩の理論

は、二つの異なったタイプに分化し、根本的に対立する二つの政治理論に対応し、そして二つの敵対する気質に訴える。一つのタイプは設計主義的理想主義者や社会主義者のそれで、彼らがすぐ近くにあると想像する『黄金の町』のすべての通りや塔に名前をつけることができると彼らは考える。人間の発展は閉鎖システムであり、その限界は既知であり、到達しえる範囲にある、と考える。他のタイプは、人間の漸進的向上を調べ、人間をこれまで導いてきた諸力の相互作用によって、また人間が戦い勝ちとってきた自由のさらなる発展によって、人間は調和と幸福を増大させる状態へと徐々に向っていっていると信じている人びとのタイプである。ここでは、発展は無限で、その限界は未知であり、はるか遠い未来にある。個人的自由がその原動力であって、そしてそれに対応する政治理論は自由主義である。」

（6）　K.R. Popper, *The Poverty of Historicism* (London, 1957)〔久野収他訳『歴史主義の貧困』中央公論社〕、および私の *The Counter-Revolution of Science* (Glencoe, Ill., 1952)〔前掲邦訳『科学による反革命』〕参照。

（7）　I. Langmuir, "Freedom, the Opportunity to Profit from the Unexpected," (General Electric) *Research Laboratory Bulletin*, Fall, 1956 の次の言は適切である。「研究作業に当って、発見を計画することはできないが、発見へ多分導くだろうと思われる作業を計画することはできる。」

（8）　M. Polanyi, *The Logic of Liberty* (London, 1951)〔前掲邦訳『自由の論理』〕参照。またこの問題についての初期の注目すべきものとして、S. Bailey, *Essays on the Formation and Publication of Opinions* (London, 1821) 特に、その序文における考察を参照。「役に立つものを知るためには、無用な多くのものから学ばねばならない、ということは人間学の必要条件であるように思える。また先験的に経験し、われわれが取得したものの価値を知ることは不可能なので、人類がすべての知識の利益を保証しうる唯一の方法は、あらゆる方向においてそれらの探求を遂行することである。科学の進歩にもっとも障害になるのは、極めて明瞭な効用に、たえず気を使うことである。一般的な結果が、有益になることが保証されれば、すべての個々の努力の直接的価値にあまり気を使うことは賢明でない。そのうえあらゆる科学においては、一定の完全性が達成されねばならない。そのため、他の場合にはなんの価値もない多くの特殊な事柄を獲得しなければならない。しかし、ささいな明らかに無用と思われる取得物が、しばしば重要な発見の必要な準備であることも忘れてはならない。」

（9）　A. Smith, *W.o.N.*, I. p.83. 比較のためにはJ・S・ミルを参照。かれは一八四八年（*Principles*, IV, vi, 2, p.749）〔前掲邦訳『経済学原理』〕でまじめに次のように主張した。「後れた国では生産の増加が重要な課題であるが、もっとも進歩した国では、経済的に必要なのは、生産の増加でなくて、分配の改善である」と。かれは極端な貧困の治療を再分配でおこなうことが、文化的生活とみなしたものを破壊してしまい、目的を達しえないことに気がついていなかった。

（10）　G. Tarde, *Social Laws: An Outline of Sociology*, trans. H.C. Warren (New York, 1907) p.194〔小林珍雄訳『社会法則』創元社〕。

（11）　*Times Literary Supplement* に所載の二つの重要な論文 "The Dynamic Society," February 24, 1956（これはパンフレットにもなっている）、及び "The Secular Trinity," December 28, 1956 を参照。

（12）　H.C. Wallich, "Conservative Economic Policy," *Yale Review*, XLVI (1956) p.67 参照。「金銭的に見て極めて明白なことは、長期的には、もっとも貧しい人びとでさえ、いかなる考えられる所得分配よりも、より急速な経済成長によって、より多くのものを獲得する。実質生産高が年一％だけでも成長したほうが、経済的にもっとも弱い人びとをさえ、どんな所得分配ももたらしえないような所得階層にすぐに引き上げるであろう。……経済学者にとって経済的不平等は、経済成長の考えのおかげで、機能的な正当化を獲得するのである。その最終的な結果は、はじめのうち敗者のように見えた人にさえ利益を与えるのである。」

（13）　世界のもっとも遠い地域の一つにおけるこの影響については、John Clark, *Hunza: Lost Kingdom of the Himalayas* (New York, 1956), p.266 を参照。「西欧との接触は、直接的にあるいは間接的に、最果ての遊牧民、もっとも奥まったジャングルにある村落まで達した。十億以上の人びとがわれわれ西欧人のほうが自分たちより、より幸福な生活を営んでいること、もっと面白い仕事に就いていること、そしてより大きな肉体的快適さを享受していることを学び知った。ほとんどのアジア人は、自分たちの習慣はできるだけ変えずに、われわれ西欧が優れているすべてのものを望んでいる。」

## 第四章　自由、理性および伝統

本章の冒頭の引用文は Tocqueville, *Democracy*〔前掲邦訳『アメリカの民主政治』〕Vol. I, chap. xiv, pp.246 f より。また Vol. II, chap. ii, p.96 参照。「自由がもたらす利益は時の経過を待ってはじめてわかる。そのためいつも利益の源となる原因を見誤りやすいのである。」この章は、それより以前に少しばかり長い形で *Ethics*, Vol. LXVIII (1958) にでた。

（1） トクヴィルはあるところで次のように記している。「一八世紀以来、また革命以来、二つの流れが現われた。第一の流れは人びとを自由の制度に導いたが、これに対し第二の流れは人びとを絶対権力に導いた。」Sir Thomas E. May, *Democracy in Europe* (London, 1877), II, p.334 における考察を見よ。「現代におけるフランス史は、民主主義の歴史であって、自由の歴史ではない。これに対して、イギリス史は自由の歴史であって、民主主義の歴史ではない。」また、G. de Ruggiero, *The History of European Liberalism,* trans. R.G. Collingwood (Oxford: Oxford University Press, 1927), 特に pp.12, 71, 81 参照。フランスに、真の自由主義の伝統が欠けていたことについては、E. Faguet, *Le Libéralisme* (Paris, 1902) 特に p.307 参照。

（2） 「合理主義」および「合理主義的」の語は、B. Groethuysen, “Rationalism,” *E.S.S.,* XIII, p.113 による定義の意味にもちいる。すなわち「理性の原則にしたがって個人および社会の生活を規制し、非合理的なものをできるかぎり排除するか、あるいは背後に追放する」志向である。また、M. Oakeshott, “Rationalism in Politics,” *Cambridge Journal*, Vol. I (1947),〔嶋津格・森村進他訳『政治における合理主義』勁草書房〕参照。

（3） E. Halévy, *The Growth of Philosophic Radicalism* (London, 1928), p.17.

（4） J.L. Talmon, *The Origins of Totalitarian Democracy* (London, 1952)〔市川泰治郎訳『フランス革命と左翼全体主義の源流』拓殖大学海外事情研究所〕参照。タルモンは、「社会的」民主主義と「全体主義的」民主主義を同一視していないが、私は、H・ケルゼンに同意せざるをえない（“The Foundations of Democracy,” *Ethics* , LXVI, Part 2 [1955],

95 n.)〔古市恵太郎訳『民主政治の真偽を分つもの』理想社〕。そこでケルゼンは、次のように述べている。「タルモンが、自由主義的民主主義と全体主義的民主主義の緊張として描く対立は、実をいえば、自由主義と社会主義の対立であって、二種類の民主主義の対立ではない。」

（5）Francis Lieber, "Anglican and Gallican Liberty"——最初は South Carolina 新聞（一八四九年）に発表され、*Miscellaneous Writings* (Philadelphia, 1881) に再録——p.282 参照。また、p.385 の次の記述を参照。「フランス・カトリックの自由は、すべてを組織に期待する。それに対し、英国国教徒の自由は、発展に心が向く、という事実は、フランスにおいて、なぜ、制度の改善や拡大がまったく見られないかを説明する。しかし、改善が試みられる時には、それ以前の状態がすべて廃止される——そもそものはじめから——基本的な原理が再討議される。」

（6）自由の政策のための知的基礎を提供するこの成長に関する哲学の適切な説明は、まだ書かれねばならないが、しかし、ここに試みることはできない。スコットランド＝イギリス学派の伝統と、フランス合理主義的伝統との相違に関するより完全な評価については次のものを参照せよ。D. Forbes, "Scientific Whiggism: Adam Smith and John Millar," *Cambridge Journal*, Vol. VII (1954) また、拙論 *Individualism, True and False*. (Dublin, 1945) ——*Individualism and Economic Order* (London and Chicago, 1948)〔ハイエク全集第三巻『個人主義と経済的秩序』〕に再録——を参照（ここでは触れていない、特にこの伝統におけるB・マンデヴィルの果たした役割については後者を参照）。詳細は、*Ethics*, Vol. LVXIII (1958) 所収の本章の元になった論文を見よ。

（7）特に、下記注20で言及されているマシュー・ヘイル卿（Sir Matthew Hale）の著作を見よ。

（8）モンテスキュー、コンスタン、トクヴィルは当時の仲間からアングロ派とさえいわれた。コンスタンはスコットランドである程度まで教育を受けたし、トクヴィルは自ら「私の思想や感情の多くが、あまりにもイギリス人と同じなので、イギリスは私にとって、心の第二の故郷となった」と述べた（A. de Tocqueville, *Journeys to England and Ireland*, ed. J.P. Mayer [New Haven: Yale University Press, 1958], p.13）。合理主義的な「フランス的」伝統より、むしろ発展（進化）論的な「イギリス的」伝統に属する有名なフランスの思想家のリストをもっと完全にするには、若きテュルゴー（Turgot）やE・B・ド・コンディヤック（E.B. de Condillac）も入れるべきであろう。

（9）ジェファーソンはフランスに滞在して、イギリス的伝統からフランス的伝統へ移った。これについては重要な著作であるO. Vossler, *Die amerikanischen Revolutionsideale in ihrem Verhältnis zu den europäischen* (Munich, 1929)を見よ。

（10）Talmon, *op. cit.*, p.2.

（11）*Ibid.*, p.71. またL. Mumford, *Faith for Living* (New York, 1940), pp.64-66参照。そこでは「理想主義的自由主義（ideal liberalism）」と「現実主義的自由主義（pragmatic liberalism）」とが対照されている。また、W.M. McGovern and D.S. Collier, *Radicals and Conservatives* (Chicago, 1958)を参照。ここでは「保守的自由主義者（conservative liberals）」と「急進的自由主義者（radical liberals）」が区別されている。

（12）A. Ferguson, *An Essay on the History of Civil Society* (Edinburgh, 1767), p.187〔前掲邦訳『市民社会史』〕。

（13）[Francis Jeffrey], "Craig's Life of Millar" *Edinburgh Review*, IX (1807), p.84. F・W・メイトランド（F.W. Maitland）は、ずっと後で同じようにどこかで「つまずきながら、われわれの経験的な流儀に向かい、へまをやりながら叡智に出あう」と語った。

（14）Forbes, *op. cit.*, p.645.　文化人類学の先駆者としてのスコットランド派道徳哲学者たちの重要性は、E.E. Evans-Pritchard, *Social Anthropology* (London, 1951)〔難波紋吉訳『社会人類学』同文館〕pp.23-25が手ぎわよく描いている。

（15）L. von Mises, *Socialism* (new ed.; New Haven: Yale University Press, 1951) p.43. ミーゼスは、社会契約に言及して、次のように書いている。「合理主義は、古い信念を処理してしまった後は、社会契約説以外に考えられる説明を見いだすことができなかった。古い信念とは、社会制度を神の配慮あるいは少なくとも神の霊感を通して人間の中に入り込む採光に帰すような信念である。合理主義が現在のような状態を導いたので、人びとは社会生活の発展を絶対的に目的志向的かつ合理主義的なものとしてみなすようになった。一体この発展は、それが目的志向的で合理的であるという認識の下に、目的意識的な選択がなされなければ、もたらされなかったものであろうか。」

（16） Talmon, *op. cit.*, p.73 の引用。

（17） M. Tullius Cicero, *De re publica* ii. 1, 2 また、ii. p.21, p.37〔岡道男訳『国家について』キケロ選集 8、岩波書店〕参照。後に、*Corpus iuris civilis* のなかに引用されているローマの法律学者ネラティウス（Neratius）は、法律家たちに次のように訓戒するまでになった。「われわれは、確立されたものの存在理由の探求を避けなければならない。さもなければ多くの確立されたものが転覆するだろうからである。」この点に関しては、ギリシャ人のほうが、より合理的であったけれども、法の成長といった同様の概念は、決して欠如してはいなかった。たとえばアテネの雄弁家アンティフォン（Antiphon）の *On the Choreutes* par 2. (*Minor Attic Orators*, ed. K.J. Maidment [“Loeb Classical Library” (Cambridge: Harvard University Press, 1941)], I, p.247)〔高畠純夫訳「第六番弁論」『弁論集』所収、京都大学学術出版会〕参照。かれはそこで法律について語り「この国においてもっとも古いものに属す功績」をもつもので「そして、そのことが、よい法律のもっとも確実なしるしである。というのは、時間と経験が人類に何が不完全であるかを示すからである」と述べている。

（18） R. Descartes, *A Discourse on Method*（“Everyman” ed.), Part II, p.11〔三宅徳嘉他訳『方法序説』デカルト著作集 1 白水社〕。

（19） Talmon, *op. cit.*, p.142. スパルタ的理想がギリシャ哲学に及ぼした影響、特にプラトン（Plato）とアリストテレス（Aristotle）への影響については、F. Ollier, *Le Mirage spartiate* (Paris, 1933) 及び K.R. Popper, *The Open Society and Its Enemies* (London, 1945)〔前掲邦訳『開かれた社会とその敵』〕参照。

（20） W.S. Holdsworth, *A History of English Law*, V (London, 1924) pp.504-5 に付録として復刻された。“Sir Matthew Hale's Criticism on Hobbes, Dialogue on the Common Law,”（つづりは現代表記になっている）。ホールズワースは、これらの議論のいくつかとエドマンド・バークの議論との類似性を適切に指摘している。もちろんそれはエドワード・コーク卿（Sir Edward Coke）（ホッブズが批判した）の思想、とりわけ、有名な「人為的理性（artificial reason)」の概念を、結局は精緻化しようとする試みである。かれはそれについて次のように説明している（*Seventh Report*, ed. I. H. Thomas and I.F. Fraser [London, 1826], IX, p.6)。「地上におけるわれわれの時代は、しかし、古代や過去の時代に対していえば、一つの影である。法はそのなかでもっとも優れた人びとの叡智によって何世代にもわたって、長い連続的な経験（知識と真理の審査）によって、精製、精錬されてきた。それはどんな人でも一人では（時間が短いので）一世代のあいだに影響を与えたり、獲得できないものである。たとえかれが世界中のすべての人びとの叡智をもっていたとしても。」また、次の法諺「さまざまな慣用を通して、経験が法律をつくった（Per varios usus experientia legem fecit)」を参照。

（21）　社会的成長過程の性質に関する最善の理論は、私にとっては、C. Menger, *Untersuchungen*〔前掲邦訳『社会科学の方法に関する研究』〕Book III と Appendix VIII, 特に pp.163-165, pp.203-4n, と p.208 である。また A. Macbeath, *Experiments in Living* (London, 1952), p.120 参照。そこには「フレイザー（Frazer）〔*Psyche's Task*〔永橋卓介訳『サイキス・タスク』岩波文庫〕, p.4〕によって提示され、マリノフスキー（Malinowski）や他の人類学者によって承認をえている原理、すなわちいかなる制度もある有益な機能を果たさなければ、長く存続することはないであろうという原理」について述べられている。またある注で次のような意見が述べられている。「制度が一定の期間に資する機能は、それが最初につくられた時の目的に資するものではないかもしれない。」また次の一節のなかで、アクトン卿（Lord Acton）は、どんなにかれが、古代およびキリスト教における自由を素描し続けているのかを明らかにしている。（*Hist. of Freedom*, p.58）「私は次の関係を明らかにしようと思ってきた。すなわち自由な国家の形成についての真の法が、誰によってまたどういった関連で認識されたのかということと、その発見が発展、進歩、連続といった言葉で、他の諸科学に対し新しいより深い方法を与えたものと極めて同じように、安定と変化という古い問題をいかに解決し、また思想の進歩において伝統の権威をいかに決定するか、とのあいだの関係である。すなわちジェームズ・マッキントッシュ卿が、憲法はつくられるものではなく成長するものであるといって表現したあの理論、法の製作者は政府の意志ではなく慣習や被支配者の国民的資質である、という理論がいかに打ち立てられたかということである。」

（22）ダーウィン（Darwin）が特にマルサス（Malthus）（また、かれを通して、R・カンティロン〔R. Cantillon〕）の人口理論に影響を受けたことをさしているのではなく、一九世紀の社会思想を支配していた進化論的哲学の一般の空気について述べているのである。この影響は、しばしば認められている（たとえば、H.F. Osborn, *From the Greeks to Darwin* 〔New York, 1894〕, p.87 を参照）が、体系的に研究されることはこれまでなかった。もしそうした研究がなされるならば、ダーウィンの使ったほとんどの概念装置がすでにかれの手にしうるものであったことが明らかになるだろうと、私は思っている。ダーウィンの目に触れた当時のスコットランドの進化論的思想家の一人は、地質学者ジェームズ・ハットン（James Hutton）であったろう。

（23）A.O. Lovejoy, "Monboddo and Rousseau"（1933）参照。同論文は、*Essays in the History of Ideas* (Baltimore: Johns Hopkins University Press, 1948)〔鈴木信雄他訳『観念の歴史』名古屋大学出版会〕に再録されている。

（24）言語学の領域でこのことをはっきり理解したウィリアム・ジョーンズ卿（Sir William Jones）が、老練な法律家でしかも確信に満ちた有力なホイッグ党員であったことはおそらく重要なことである。一七八六年の二月二日に、*Asiatick Researches*, I, p.422 に発表され、またかれの『著作集』(*Works* 〔London, 1807〕, III, p.34) に再録された "Third Anniversary Discourse" のなかの次の有名な文章を見よ。「サンスクリット語は、その古さにもかかわらず、素晴らしい構造をしている。ギリシャ語よりもより完全であり、ラテン語よりも言葉が多く、どちらよりもより精巧であるが、しかし動詞の起源と文法の型の両方において、どちらにも偶然が生みだしたとはとてもいえないほど強い親近性をもっている。実際、その親近性があまりにも強いので、いかなる哲学者もそれら三言語をいまはたぶん存在しないある共通の起源から発生したものと信じないでは検討を加えることはできないであろう。」言語に関する考えと政治制度についての考えの関係は、デュガルド・スチュアートによる、やや後にはなるが、もっとも完全なホイッグ党の教義の言明の一つのなかにもっともよく示されている。Dugald Stewart, *Lectures on Political Economy*（一八〇九―一〇に発表）*The Collected Works of Dugald Stewart* (Edinburgh, 1856) IX, pp.422-24 所収、また、*Ethics*, Vol. LXVIII (1958) のこの章の元の論文のなかの注に長く引用されている。これが特に重要なのは、スチュアートがホイッグ党の最後のグループ、すなわち『エディンバラ評論』グループに影響を及ぼしたからである。ドイツのもっとも偉大な自由の哲学者、ヴィルヘルム・フォン・フンボルト（Wilhelm von Humboldt）が、またドイツのもっとも偉大な言語学者であったことは偶然であろうか。

(25) Josiah Tucker, *The Elements of Commerce* (1755) in *Josiah Tucker: A Selection*, ed. R.L. Schuyler (New York: Columbia University Press, 1931), p.92.

(26) 特にアダム・スミスにとって有効な経済制度の機能が依存するのは、いかなる意味における「自然的自由」でないことは明らかであり、それは法の下における自由であった。それは、『国富論』のなかの次の文章からも明らかである（*W.o.N.* Book IV, chap. v, II, pp.42-43）。「大ブリテンの法がすべての人に与えている保障、すなわち各人は自分自身の労働の果実を享受してよいという保障は、それだけであれやこの二〇にも上る商業上の愚かな規制があっても、いかなる国をも繁栄させるに十分である。そしてこの保障こそ、奨励金制度が創設されたのとほとんど時を同じくして起こった革命によって完成された。自分自身の生活状態をよりよくしようとする各個人の自然の努力は、自由と安全とによって自ら努力することが委せられた時非常に強い原理であって、それのみがいかなる援助もなく社会に富と繁栄をもたらしうるばかりでなく、人間のつくった法の愚かさがあまりにもしばしばその活動を妨げる一〇〇にものぼる見当はずれの障害を克服しうるのである。」また、C.A. Cooke, "Adam Smith and Jurisprudence," *Law Quarterly Review*, LI (1935)〔訳者不明「アダム・スミスと法学」『長崎高等商業学校研究館彙報』Vol 23：No 5〕, p.328 には次のようにある。「『国富論』の中にあらわれている政治経済理論は、法と立法の整合的理論と見ることができる。……見えざる手に関する有名な一節は、アダム・スミスの法についての考えのエッセンスとしてそびえ立っている。」また、J. Cropsey, *Polity and Economy* (The Hague, 1957) の興味深い議論も見よ。「私益の追求が個人の意図せざる目的を促進させる」というアダム・スミスの「見えざる手」の一般的議論は、すでにモンテスキューの *Spirit of the Laws* I, p.25（前掲邦訳『法の精神』）にあらわれている。そこでかれは、次のように述べている。「個々人は、自分自身の利益を促進させることだけを考えながら、公共善を推進している。」

(27)　J. Bentham, *Theory of Legislation* (5th ed., London, 1887), p.48〔長谷川正安訳『民事および刑事立法論』勁草書房〕。

(28)　D.H. MacGregor, *Economic Thought and Policy* (Oxford: Oxford University Press, 1949), pp.54-89, また Lionel Robbins, *The Theory of Economic Policy* (London, 1952), pp.42-46〔市川泰治郎訳『古典経済学の経済政策理論』東洋経済新報社〕を見よ。

(29)　E. Burke, *Thoughts and Details on Scarcity*, in *Works* VII, 398〔永井義雄訳『穀物不足にかんする思索と詳論』世界大思想全集第２期11巻、河出書房〕。

(30)　D. Hume, *Essays*, Book I, vi, p.117 と R. Price, *Two Tracts on Civil Liberty* (London, 1778), p.11 を比較参照。ヒュームは、上の箇処で次のように述べている。「政治学者は次のことを格言としてきた。すなわち政府形態を考案し、その憲法のいろいろな抑制と制御を制定しようとする際、人間はすべて悪者であって、したがってすべての行為は利益以外の他の目的をもつものではない、と仮定されねばならない」(そのような考えは、Machiavelli, *Discorsi*, I, 3〔永井三明訳『ディスコルシ』マキャヴェッリ全集第２巻、筑摩書房〕から、おそらく得たものであろう。マキャヴェリは「立法者は、かれの目的のためにすべての人間は悪者である、と仮定しなければならない」と述べている)。また、プライスは上記のところで次のように述べている。「すべての人間の意志は、制約から完全に解き放たれれば、かれを必ず正直と徳行に導くであろう。」また、拙著 *Individualism and Economic Order* (London and Chicago, 1948)〔本全集第３巻『個人主義と経済的秩序』〕pp.11-12 を参照。

(31)　J.S. Mill, *Essays on Some Unsettled Questions of Political Economy* (London, 1844), Essay V〔末永茂喜訳『経済学試論集』岩波文庫〕を見よ。

(32)　エルネスト・ルナン（Ernest Renan）は、一八五八年に初めて公刊され、後にかれの *Essais de morale et de critique*（いまは、*Œuvres complètes*, ed. H. Psichari, II [Paris, 1947], p.45f に入っているが）に収められた自由主義学派の原則と傾向に関して論じた重要な論文のなかで、次のような考察を行なっている。「自由主義は理性の原則の上にのみ打ち建てられることを欲するがゆえに、伝統は不必要だと普通考えている。まさにそこに誤謬がある。……自由主義学派の誤りは熟慮することによって自由を創造することは容易だ、とあまりに信じこみすぎたからであり、創造は歴史的根拠をもってはじめて堅固なものとなることがわかっていなかったことである。……自由主義学派の努力はすべて政府のみを救い出すことを可能とするのであって、決して自由を救い出すことはできないということ、なぜなら自由は国家の権利に先立つ、それよりも優れた権利から生まれたのであって、場当りの声明や多かれ少なかれ演繹によった哲学的推論からの産物ではない、ということを自由主義学派は分らなかったのである。」またR・B・マッカラム（R.B. McCallum）は、J・S・ミルの *On Liberty* (Oxford, 1946)〔塩尻公明他訳『自由論』岩波文庫〕のかれの版の序文のなか（p.15）で、次のような考察を加えている。「ミルは慣習のもつ大きな力と一定限度内でのその使用を認めたが、他方、かれは慣習に依存し、また理性によっては擁護されないすべての規則を批判するつもりだった。ミルは次のように述べている。『国民は、次のように信じることになれているし、また哲学者の性格を得たいと熱望しているある人びとによって、そう信じるよう奨励されている。すなわちこの自然の事柄に抱く国民の感情は理性よりも優れており、理性を不必要にする、という信仰がそれである。』この立場は功利主義的合理主義者としてのミルが決して受け入れなかったものである。それは、ベンサムが合理主義的接近法とは違った別のあらゆる体系の基礎と考えた、『同感—反感』原理だった。政治思想家としてのミルの主要な主張は、すべてのこれらの不条理な仮定は思想家たちの思慮深いまた均衡のとれた判断によって比較考量されなければならない、というものである。」

（33）Joseph Butler, *Works*, ed. W.E. Gladstone (Oxford, 1896), II, p.329.

（34）このことを他の誰よりもよく理解しているH・バターフィールド（H. Butterfield）教授でさえ、「イギリスの名が、一方で自由と他方で伝統と密接に結びついてきた」ことは「歴史の逆説の一つ」と呼んでいる（*Liberty in the Modern World* [Toronto, 1952], p.21）。

（35）T. Jefferson, *Works*, ed. P.L. Ford, XII (New York, 1905), p.111.

（36）たとえば、E. Burke, *A Letter to a Member of the National Assembly*, *Works*, VI, p.64〔「フランス国民議会委員への手紙」前掲邦訳『バーク政治経済論集』〕「人びとは、道徳という鎖を自分たちの欲求にまきつける性向に正確に比例して、市民的自由を享受する資格をもっている。すなわち正義愛が強欲さを打ち負かすに比例して、知性の健全さや冷静さが虚栄心やうぬぼれに勝るに比例して、また邪な人間の御世辞よりも賢人や善人からなる委員会に耳を傾けるのに比例して、人びとは市民的自由を享受する資格をもっているのである。」またジェームズ・マディソン（James Madison）は一七八八年六月二〇日に行なわれたヴァージニア裁可集会における討論のなかで次のように述べている（*The Debates in the Several State Conventions, on the Adoption of the Federal Constitution, etc.*, ed. J. Elliot [Philadelphia, 1863], III, p.537）。「人民に徳がなくても、いかなる政府形態も自由あるいは幸福を保障するであろう、と仮定することは妄想である。」また、トクヴィルも *Democracy*, I, p.12〔前掲邦訳『アメリカの民主政治』〕のなかで次のようにいっている。「自由は道徳なくしては確立しえないし、道徳は信仰なくしては確立しえない。」また同著 II, p.235 に「どんな自由な社会も、道徳がなければ決して存在しなかったのである」と述べている。

(37)　Hume, *Treatise*, Book III, Part I, sec. 1 (II, p.235)〔前掲邦訳『人性論』〕「道徳的特質は、理性に由来するものではない」という見出しの節に「それゆえ、道徳規則は、われわれの理性の産物ではない」とある。それと同じ考えが、すでにスコラ哲学の格言のなかに示唆されている。「理性は媒介者であって裁判官ではない。」道徳に関するヒュームの進化論的見解について、私はC・ベイ（C. Bay）の言明を引用できることを嬉しく思う。それはこれまでためらっていたものである。というのはヒュームの文章にある以上のものをヒュームのなかに読んでいるのではないかと恐れていたからである。しかし、その言明は私の特定の角度からヒュームを考察していない、と私が思う著者によってなされている。C・ベイは、*The Structure of Freedom* (Stanford, Calif.: Stanford University Press, 1958), p.33〔前掲邦訳『自由の構造』〕のなかで次のように書いている。「道徳や正義の基準は、ヒュームの所謂『人為的産物（artifacts）』である。それは、神によって命令されたものでも、生来の人間性の統合的部分でも、純粋な理性によって顕現されたものでもない。それは人類の実際的経験の産物である。したがって、時間の緩慢な検証における考察のみが、それぞれの道徳規則が人間の福利の促進に示しうる効用である。ヒュームは倫理学の領域におけるダーウィンの先駆者といってよいかもしれない。実際、ヒュームは人間の慣習間における適者生存の教義を公言した――よい歯ではなく、最大の社会的効用という意味での適者。」

(38) H.B. Acton, "Prejudice," *Revue internationale de philosophie*, Vol. XXI (1952) 参照。かれの考えはヒュームおよびバークの考えと興味深い類似を示している。また、同著者の講演 "Tradition and Some Other Forms of Order," *Proc. Arist. Soc.*, 1952-53 特に、はじめのところに注意。「自由主義者と集産主義者は、攻撃すべきある『迷信』が存在する場合には、伝統に反対して連合する。」また Lionel Robbins, *The Theory of Economic Policy* (London, 1952)〔前掲邦訳『古典経済学の経済政策理論』〕p.196 n 参照。

(39) おそらくこういうのでさえ強すぎるかもしれない。ある仮説は、はっきりと誤っていると説明されても、その仮説から引きだされる結論に何か新しいと思うものがあれば、まったく仮説がないよりはよい。そのような重要問題に対する試験的な解答は部分的には誤ってはいるが、実際的な目的にとって極めて重要な意味をもっているかもしれない。もっとも科学者はそれが進歩を妨げる傾向があるという理由で嫌うのだが。

(40) Edward Sapir, *Selected Writings in Language, Culture, and Personality*, ed. D.G. Mandelbaum (Berkeley: University of California Press, 1949)〔平林幹郎訳『言語・文化・パーソナリティ』北星堂書店〕, p.558 の次の文を参照。「情況の変化により有益な適応性をもたらすためには、社会行為の諸形態を意識することがしばしば必要である。しかし私は次のように思う。すなわち、通常の生活活動において個人がかれについて回っている文化パターンを意識的に分析を行なうことは無益だしまた有害でさえあり、このことは適用範囲の極めて広い原則として確立しうると。そういうことは、そうした形態を理解することに従事している研究者に委ねるべきである。われわれが従属している社会化されている行為形態を意識しない健全さは、内臓の働きに無知であったり、あるいはうまく気づかなかったりすることが肉体の健康に必要であるのと同じように必要なのだ。」また p.26 参照。

(41) Descartes, *op. cit.*, Part IV, p.26.

(42) E. Burke, *A Vindication of Natural Society*〔水田珠枝訳『自然社会の擁護』世界の名著第34巻、中央公論社〕Preface in *Works*, I, p.7.

（43）　P.H.T. Baron d'Holbach, *Système social* (London, 1773), I, p.55. これはタルモンの前掲書 p.273 に引用されている。同じような素朴な言明を、現代の心理学者の著作のなかに見いだすのは難しくない。たとえば、Ｂ・Ｆ・スキナー（B. F. Skinner）は、*Walden Two* (New York, 1948)〔宇津木保他訳『心理学的ユートピア』誠信書房〕p.85 で、かれのユートピアの主人公に次のような議論をさせている。「実験は何故なされないのでしょうか。問題はいとも簡単なのです。集団に関するかぎり、個人にとってベストの行為とは何でしょうか。一体どうして個人はそのような方法で行動するよう誘導されるのでしょうか。何故これらの問題を科学的精神をもって調査しないのでしょうか。

われわれは第二ウォールデンでまさにそれをすることができたのです。われわれは、すでに行動の規則――もちろんそれは実験による修正に従属していますが――を作り上げたのです。その規則はもし全ての人がそれに従って生活するならば、物事を円滑に管理していくでしょう。われわれの仕事は全ての人がその規則を守ったかを監視することでした。」

（44）　私の論文 "Was ist und was heisst 'sozial'?" (*Masse und Demokratie*, ed. A. Hunold [Zurich, 1957] 所収）、また、その概念の擁護が試みられているのは、H. Jahrreiss, *Freiheit und Sozialstaat* ("Kölner Universitätsreden," No.17 [Krefeld, 1957]――これは現在では、同じ著者の *Mensch und Staat* (Cologne and Berlin, 1957) に再録されている。

（45）　トクヴィルは「一般的見解は強さの証拠ではなく、むしろ人間の知性の不十分さの証拠である」(*Democracy*, II, p.13) という事実を強調している。

（46）　一貫性が社会的行動において一つの道徳的価値であるかどうか、今日ではしばしば問題にされている。一貫性への欲求は合理主義的偏見とさえ言われる。そして個々の場合をその個々のメリットによって判断することが、真に実験的あるいは経験主義的な手続きといわれる。しかし真実はまさにその正反対である。一貫性への欲求は、われわれの理性が個々の場合がもつすべての含意を明示的に理解することの不適切さからきているのである。他方、いわゆる実用的な手続きは、特定の事実を考慮に入れなければならないと教えるあの原理に頼らずとも、そのすべての含意を適切に評価できる、という主張にもとづいているのである。

(47)　B. Constant, "De l'arbitraire," in *Œuvres politiques de Benjamin Constant*, ed. C. Louandre (Paris, 1874), pp.91-92.

(48)　次のことが認められねばならない。論じられた伝統がバークからフランスの反動家やドイツのロマン主義者たちによって引き継がれた後、それは反合理主義的立場から不合理主義的信仰に変わったということ、そしてまた伝統の多くがほとんどこの形態でのみ生き残ったということである。しかしこの誤用――それには部分的にはバークにも責任があるが――によって伝統のなかの価値あるものの信用を失墜させてはならないし、またＦ・Ｗ・メイトランド（F.W. Maitland）（*Collected Papers*, I, [Cambridge: Cambridge University Press, 1911], p.67）がまさしく強調したように、「バークは死ぬまで、徹底したホイッグ党員であった」ことをわれわれから忘れさせてはならないのである。

(49)　S.S. Wolin, "Hume and Conservatism," *American Political Science Review*, XLVIII, (1954), p.1001 参照。また、E.C. Mossner, *Life of David Hume* (London, 1954), p.125 の次の文を参照。「理性の時代に、ヒュームは体系的な反合理主義者として自分自身を他のものから区別したのだ。」

(50)　K.R. Popper, *The Open Society and Its Enemies* (London, 1945)〔前掲邦訳『開かれた社会とその敵』〕の随所に見られる。

## 第五章　責任と自由

本章の冒頭の引用文は F.D. Wormuth, *The Origins of Modern Constitutionalism* (New York, 1949), p.212 からとった。

(1)　この古い真理は、Ｇ・Ｂ・ショウ（G.B. Shaw）の次の言葉「自由は責任を意味する。それなればこそ、多くの人は自由を大いにおそれる」（*Man and Superman: Maxims for Revolutionaries* [London, 1903], p.229〔倉橋健・喜志哲雄訳『人と超人／ピグマリオン』白水社〕）が簡潔に表わしている。このテーマはドストエフスキー（Dostoevski）の小説中（特に『カラマーゾフの兄弟』の大審問官の挿話）に詳しく取りあつかわれている。そして現代の精神分析学者や実存主義哲学者も、ドストエフスキーの心理学的洞察に加えることのできたものはほとんどない。なお E. Fromm,

*Escape from Freedom* (New York, 1941)〔日高六郎訳『自由からの逃走』創元社〕、また M. Grene, *Dreadful Freedom* (Chicago: University of Chicago Press, 1948)、また、O. Veit, *Die Flucht vor der Freiheit* (Frankfort on the Main, 1947) も参照。個人的責任の信念とそれに関連して法に対する尊敬とは、自由社会では一般的であるが、それと反対に法の違犯者に対する同情は不自由な社会には広くひろがる傾向があり、一九世紀のロシア文学の際立った特徴でもある。

（2）一般的決定論の哲学上の問題の注意深い検討については、K.R. Popper, *The Logic of Scientific Discovery ——Postscript: After Twenty Years* (London, 1959)〔大内義一他訳『科学的発見の論理』恒星社厚生閣〕、また私の論文 "Degrees of Explanation," *British Journal for the Philosophy of Science*, Vol. VI (1955) 参照。

（3）C.H. Waddington, *The Scientific Attitude* ("Pelican Books" [London, 1941]), p.110.

（4）この点はすでにジョン・ロック（John Locke）によって明らかに考察されている（*An Essay concerning Human Understanding*, Book II, chap. xxi, sec. p.14〔大槻春彦訳『人間知性論』岩波文庫〕においてロックは次のように述べている。「理解できないので不条理な問題、すなわち、人間の意志は自由であるか否かという問題。というのは、もし私が誤っていないならば、これまで私が述べてきたところから出てくるのは、その問題自身が全く不適切であるということである。」）また、T. Hobbes, *Leviathan*, ed. M. Oakeshott (Oxford, 1946), p.137〔前掲邦訳『リヴァイアサン』岩波文庫〕によってさえ明らかにされている。もっと近年の著作としては以下のものを見よ。H. Gomperz, *Das Problem der Willensfreiheit* (Jena, 1907); M. Schlick, *Problems of Ethics* (New York, 1939)〔安藤孝行訳『倫理学の諸問題』法律文化社〕; C.D. Broad, *Determinism, Indeterminism, and Libertarianism* (Cambridge, England, 1934); R.M. Hare, *The Language of Morals* (Oxford, 1952)〔小泉仰他訳『道徳の言語』勁草書房〕; H.L.A. Hart, "The Ascription of Responsibility and Rights," *Proc. Arist. Soc.,* 1940-41 (*Logic and Language*, ed. A. Flew [1st ser.; Oxford, 1951] に再録); P.H. Nowell-Smith, "Free Will and Moral Responsibility," *Mind*, Vol. LVII (1948) 及び同著者の *Ethics* ("Pelican Books" [London, 1954]); J.D. Mabbott, "Freewill and Punishment," in *Contemporary British Philosophy*, ed. H.D. Lewis (London, 1956); C.A. Campbell, "Is Free Will a Pseudo-Problem?" *Mind*, Vol. LX (1951); D.M.

MacKay, "On Comparing the Brain with Machines" (British Association Symposium on Cybernetics), *Advancement of Science*, X (1954)，特にp.406; *Determinism and Freedom in the Age of Modern Science*, ed. S. Hook (New York: New York Press, 1958); H. Kelsen, "Causality and Imputation," *Ethics*, Vol. LXI (1950-51).

（5）　David Hume, *An Enquiry concerning Human Understanding*, in *Essays*, II, p.79.「そこで、自由によって、われわれが意味しうるのは、意志の決定に従って、行為しあるいは行為しない力、ということのみである。」および拙著 *The Sensory Order* (University of Chicago Press, 1952) secs. 8.93-8.94〔『感覚秩序』本全集第四巻〕の論考を参照。

（6）　この主張は、今日でもまだ、一見パラドックスのように見えるが、その主張は、ヒューム、または明らかにアリストテレスまでさえ溯れる。ヒュームは、はっきりと次のように述べている（*Treatise*, II, p.192〔前掲邦訳『人性論』〕）。「ある人が、自分自身の行動からメリット、デメリットを得るのは、たとえ一般の意見がその反対に傾こうとも、ただ必然性の原理にのみもとづく。」またアリストテレスについては、Y. Simon, *Traité du libre arbitre* (Liége, 1951) またシモンによって引用されているが、K.F. Heman, *Des Aristoteles Lehre von der Freiheit des menschlichen Willens* (Leipzig, 1887) を見よ。また最近の議論は、R.E. Hobart, "Free Will as Involving Determination and Inconceivable without It," *Mind*, Vol. XLIII (1934) また、P. Foot, "Free Will as Involving Determinism," *Philosophical Review*, Vol. LXVI (1957) を見よ。

（7）　もっとも極端な決定論的立場は、次のことを否定する傾向がある。すなわち「意思」という用語がなんらかの意味をもっている（その語は実際、何種類かの超科学的心理学においては、使用禁止となっている）こと、また自発的意思のようなものが存在すること、を。しかし、そのような立場をとる人びとでさえ、合理的考慮によって影響を受けうる種類の行為とそうでない種類の行為とを区別することを避けることはできない。それのみが重要なのである。彼らは次のことを認めなければならないだろう。それは、彼らの立場が帰謬法ということになるのだが、ある人が計画をつくりそれを実行する自分の能力を信じるか否かということが——それは一般に自分の意志が自由か否かということを意味するのだが——かれが行なうであろうものに大いに影響するかもしれないということである。

（8）　ある人にこうしてもらいたいとわれわれが望み、そのための条件をつくったとしても、その人の決意はなお自由であるという。この条件は一義的にその人の行為を決定するものではなく、かれの立場にある人だったら誰でも、われわれが賛成するものを行なうであろうということを、もっと確かにするだけだからである。かれが行なうであろうことに「影響を与えよう」とわれわれは試みるが、それを規定するのではない。他の多くの場合と同じようにこの場合も、かれの行為が「自由」であるという時、われわれがしばしば意味しているのは単にわれわれは何がそれを規定したのかを知らないということだけであって、それはある何かによって規定されたものではないということではない。

（9）　T.N. Carver, *Essays in Social Justice* (Cambridge: Harvard University Press, 1922) 及び拙著 *Individualism and Economic Order*〔『個人主義と経済的秩序』本全集第三巻〕の第一論文参照。

（10）　John Milton, *Areopagitica* (“Everyman” ed. [London, 1927])〔上野精一他訳『言論の自由』岩波文庫〕p.18. 道徳的メリットは自由を前提とするという考えは、すでにスコラ哲学者の幾人かによって強調されていたし、また再びドイツ「古典」文学のなかでも強調された（たとえば F. Schiller, *On the Aesthetic Education of Man* [New Haven: Yale University Press, 1954], p.74〔小栗孝則訳『人間の美的教育について』法政大学出版局〕「人間は自由であってこそ道徳性にかなう」を参照）。

（11）　C.A.R. Crosland, *The Future of Socialism* (London, 1956)〔関嘉彦監訳『福祉社会の将来』論争社〕p.208.

（12）　J. Huizinga, *Incertitudes* (Paris, 1939)〔藤縄千艸他訳『あしたの陰りの中で』ホイジンガ選集2、河出書房新社〕, p.216 の以下の考察も参照。「各々の集産的集団においては、集団的標語のため、個人的責任の一部もまた個人的判断力の一部と一緒になくなってしまう。すべてに対し、すべての人が共同責任を負うべきだという感情が強まってきているが、他方同時に現実の世界において全く無責任な大衆の行為の危険性が非常に高まってきた。」

（13）　D. Riesman, *The Lonely Crowd* (New Haven: Yale University Press, 1950)〔加藤秀俊訳『孤独な群衆』みすず書房〕を参照。

## 第六章　平等、価値、およびメリット

*merit に相当する日本語がないため、ここではカタカナで表記した。本文に説明されているとおり、人間の道徳的精神的な評価をいう。

冒頭の引用文は *The Holmes-Laski Letters: The Correspondence of Mr. Justice Holmes and Harold J. Laski, 1916-1935* (Cambridge: Harvard University Press, 1953), II, p.942〔鵜飼信成訳『ホームズ――ラスキ往復書簡集』岩波書店〕より。本章のもとになった論文のドイツ語訳は *Ordo*, Vol. X (1958) にでた。

(1) たとえば R.H. Tawney, *Equality* (London, 1931)〔前掲邦訳『平等論』〕, p.47 を見よ。

(2) Roger J. Williams, *Free and Unequal: The Biological Basis of Individual Liberty* (Austin: University of Texas Press, 1953), p.23 および p.70. また、J.B.S. Haldane, *The Inequality of Man* (London, 1932) 並びに P.B. Medawar, *The Uniqueness of the Individual* (London, 1957) をも参照。

(3) Williams, *op. cit.*, p.152.

(4) この流行の見解は、H・M・カレン (H.M. Kallen) の論文 "Behaviorism" *E.S.S.* II, p.498 の記述参照。「生まれたての人の赤ん坊は遺伝とは関わりなく、フォード (Ford) 家のひとたちと同じである。」

(5) Plato, *Laws*, vi, 757A〔森進一他訳『法律』プラトン全集第一三巻 岩波書店〕参照。「等しからざるものにとって、等しいことは不平等となる。」

(6) F.H. Knight, *Freedom and Reform* (New York, 1947), p.151.「いかなる形態における相続財産の利益と同じように、遺伝的な個人的能力の利益を、なぜ何人も享受する権利をもっているのか、ということについては明瞭な理由はない。」および W. Roepke, *Mass und Mitte* (Erlenbach and Zurich, 1950), pp.65-75 参照。

(7) これはプラメナッツによって要約されているR・H・トーニー (R.H. Tawney) の立場である。J.P. Plamenatz, "Equality of Opportunity," in *Aspects of Human Equality*, ed. L. Bryson and others (New York, 1956), p.100.

（8）　C.A.R. Crosland, *The Future of Socialism* (London, 1956), p.205〔前掲邦訳『福祉国家の将来』〕。

（9）　J.S. Mill, *On Liberty*, ed. R.B. McCallum (Oxford, 1946), p.70〔前掲邦訳『自由論』〕。

（10）　W.B. Gallie, "Liberal Morality and Socialist Morality," in *Philosophy, Politics, and Society*, ed. P. Laslett (Oxford, 1956), pp.123-25. ギャリーによると自由主義的道徳は自由社会において報酬がメリットに等しいことをいう。これは一九世紀自由主義者によく見られる弱点である。特徴的な例がW・G・サムナー（W.G. Sumner）で、次のように論じた（*What Social Classes Owe to Each Other*――*Freeman*, VI [Los Angeles; n.d.], p.141 に再録）。もしすべての人びとが、「社会によって機会が提供されたり、あるいは制限されるかぎり、平等な機会をもつ」ならば、それは不平等な結果――すなわち個人のメリットに比例するであろうような結果――をもたらす」であろう。このことが正しいのは、もし「メリット」という言葉がこれまでわれわれがつかってきたいかなる道徳的な含みをもたない「価値（value）」という意味でもちいられる場合に、もしそれがよいあるいは正しいことをするための努力とか、理想基準に合致させようとする主観的努力とかに比例することを示す意味であれば、明らかに正しくない。しかし以下に見るように、ギャリー氏がつかっているアリストテレス的用語でいえば、自由主義は交換的正義をめざし、社会主義は分配的正義を目標とするものであるというギャリー氏の議論は正しい。だが大多数の社会主義者と同様、かれは分配的正義が個人の活動選択における自由と両立しえないということがわかっていない。すなわち分配的正義は自由社会の正義ではなく階層的組織の正義なのである。

（11）　メリットと価値のこの区別は、アリストテレスやトマス・アクィナスが、「分配的正義」と「交換的正義」とを区別したとき考えていたものと同じだと私は思うが、時代の流れのなかでそうした伝統的概念と関係するようになったすべての困難や混同とこの議論を結びつけたくはない。ここで「メリットに応じた報酬」といっているものが、アリストテレス的分配的正義に対応していることは明らかである。難しいのは「交換的正義」の概念であって、したがってこの意味で正義について語ることは、つねに少々の混乱を惹起しているように思える。M. Solomon, *Der Begriff der Gerechtigkeit bei Aristoteles* (Leiden, 1937) を見よ。また、さらに広範な文献を調べるには、G. del Vecchio, *Die*

*Gerechtigkeit* (2nd ed.: Basel, 1950) を参照。

(12)　用語上の難しい問題が起こるのは次のような事実からである。すなわち、メリットという語をまた客観的意味で使い、思想や本やあるいは絵の「メリット」について語る。その場合、それらをつくった人によって得られたメリットに関係なく語るだろう、という事実がそれである。しばしばその語は市場価値とは違った、ある成果の「真の」価値を記述するためにも使われる。だがこの意味において最大の価値、あるいはメリットをもつ人間の成果でさえ、それが帰されるべき人間の側における道徳的メリットを必然的に示すものではない。われわれがその語を使うことには、哲学的伝統の拘束力があるように思える。たとえば、D. Hume, *Treatise*〔前掲邦訳『人性論』〕II, p.252 参照。「外的な営みはなんらかのメリットももたない。道徳的性質を見いだすには、心の奥を見なければならない。……われわれの称賛と賛同の窮極的対象はそれらを作り出した動機である。」

(13)　A.A. Alchian の重要な論文 "Uncertainty, Evolution and Economic Theory," *J.P.E.*, LVIII (1950) 特に "Success Is Based on Results, Not Motivation" と題した pp.213-14., Sec. II. を参照。自由社会の理解をもっとも大きく前進させたアメリカの経済学者F・H・ナイト (F.H. Knight) が、かれの学者としての生涯を *Risk, Uncertainty, and Profit*〔奥隅栄喜訳『危険、不確実性および利潤』文雅堂書店〕の研究から出発したこともまたおそらく偶然ではないだろう。また、B. de Jouvenel, *Power* (London, 1948), p.298 参照。

(14)　正義は次のことを要求するとしばしば主張される。すなわち、報酬は仕事の不愉快さに比例すべきであり、したがって街路掃除夫あるいは汚水処理労働者は、医者や事務員より多くの報酬を受けるべきである、と。事実、それがメリットに応じた報酬の原則（あるいは、「分配的正義」）の結果であろう。市場においてはすべての人びとがあらゆる職業で等しく熟練しているので、もっと面白い職業に就いている他の人びとと同じ大きさの額の報酬を手にする人びとが、不愉快な仕事をするためより多くの報酬が支払われねばならない場合のみ、上のような結果が起こるであろう。実際の世界ではそのような不愉快な仕事は、もっと魅力的な職業ではあまり役立たない人びとに、他の職業よりもっと多くの報酬を得る機会を提供する。仲間に資することの少ない人びとが他の人びとと同じ所得を手にすることができるのは、はるかに大きな犠牲を払った場合だけであるということは、個々人が自分のもっとも役立ちうる職種を選択することが認められている制度においては避けられないことである。

(15) Crosland, *op. cit.*, p.235 参照。「すべての失敗者たちが自分たちは平等な機会をもっていたとたとえ確信できたとしても、彼らの不満はまだ緩和されないであろう。いや実際、不満は強められるかもしれない。機会が不平等であり、またその選択が明らかに富あるいは家柄に偏っていることがわかっている時には、人びとは自分たちにはしかるべきチャンスがなかった――そのシステムは不公正であり、天秤ばかりは自分たちには公正ではなかった――といって慰めることができる。しかし、もしその選択が明らかにメリットによるものであれば、この慰めの拠り所は消滅し、そして失敗は口実や慰めのないまったくの劣等感を引き起こす。そして、それは人間性の自然の奇癖によって、実際には他人の成功に羨望や憤慨の念を増大させるのである。」また本書第二四章注８参照。私はまだ見てはいないが、Michael Young, *The Rise of the Meritocracy* (London, 1958)〔伊藤慎一訳『メリトクラシーの法則』至誠堂〕は、いろいろの書評から判断すると、この問題を極めて明瞭に論じているらしい。

(16) R.G. Collingwood, "Economics as a Philosophical Science" *Ethics*, Vol. XXXVI (1926) の面白い議論を見よ。かれは次のような結論を下している (p.174)。「公正な価格、公正な賃金、公正な利子率とは形容矛盾である。人が自分の財や労働の見返りに何を入手すべきかの問題は、絶対的に無意味である。問題はおのれの財または労働と引きかえに何を入手しうるか、人はそれでも売るべきかどうかだけである。」

(17) もちろん、「稼得」所得と「不労」所得、すなわち利益や利得の増分との区別にかなり正確な法律上の意味を付与することは可能である。しかしそれは、それを正当化する道徳的区別に対応することを急速に止める。道徳的区別を実際に適用しようとするいかなる真面目な試みも、主観的メリットを評価しようとする試みと同じ越えがたい困難に直面する。この困難が哲学者たち（前注に引かれたような稀な例を除いて）によって、一般にいかに全く理解されていないかは、L.S. Stebbing, *Thinking to Some Purpose* ("Pelican Books" [London, 1939])〔元野義勝訳『有効なる思索』教材社〕, p.184 によく示されている。その中で、彼女は明らかだが鮮明でない区別の例として、「合法的」利得と「超過」

利得という区別を選択して、次のように主張する。「その区別は『超過利得』（あるいは『不当利得』）と『合法的利得』のあいだで明白である。もっともそれは鮮明ではないが。」

## 第七章　多数決支配の原則

冒頭の引用文は、D. Hume, *Essays*, I, 125 からとった。その思想は前世紀の大論争に由来するものであることは明らかである。ウィリアム・ハラー（William Haller）は、ウェンセスラス・ホーラー（Wenceslas Hollar）の版画が刷り込まれ、一六四一年の日付で"The World Is Ruled and Governed by Opinion"という表題のついた片面刷り大判紙を *Tracts on Liberty in the Puritan Revolution, 1638-1647* (New York: Columbia University Press, 1934) の第一巻の口絵として復刻している。

（1）「全体的」国家という概念の起源や、民主主義ではなく、自由主義との対立については、H.O. Ziegler, *Autoritärer oder totaler Staat* (Tübingen, 1932) のなかの最初のほうの論議、特に pp.6-14 参照。F. Neumann, *The Democratic and the Authoritarian State* (Glencoe, Ill, 1957)〔内山秀夫他訳『政治権力と人間の自由』河出書房新社〕も参照。本章を通してわれわれが「教条的民主主義」と呼んでいるものについての見解は、E. Mims, Jr., *The Majority of the People* (New York, 1941), や H.S. Commager, *Majority Rule and Minority Rights* (New York, 1943) のなかに明瞭に見えている。

（2）たとえば J. Ortega y Gasset, *Invertebrate Spain* (New York, 1937) p.125.「自由主義と民主主義は、たまたま最初は互いになんの関係ももたない二つのものであり、さまざまな傾向に関するかぎり、最後には互いに対立する意味をもったものとなっている。民主主義と自由主義は全く異なった二つの問題に対する二つの解答である。」

「民主主義は、次の問題に対する解答である。すなわち『誰が公権力を行使すべきなのか』という問題に対して。そしてそれが与える解答は、その公権力の行使は集団としての市民に属す、というものである。」

「しかし、この問題は公権力の範囲はどうあるべきかについては何も触れていない。それがかかわっているのは、ただ、そうした権力が誰に属すかを決定することだけである。民主主義が提案しているのは、われわれ全てが統治者である、すなわち、われわれは全ての社会的行為において主権者である、ということである。」

「他方、自由主義は、次のような別の問題に対する解答である。すなわち『誰が公権力を行使するかにかかわらず、その限界はどうあるべきか』という問題に対してである。それが与えた解答は『公権力が独裁者あるいは人民によって行使されても、公権力は絶対的なものではありえない。すなわち、個人は国家を超えた、また国家のいかなる介入をも超越した権利をもっている』というものである。」

また同著者の *The Revolt of the Masses* (London, 1932), p.83〔桑名一博訳『大衆の反逆』オルテガ著作集第2巻 白水社〕をも参照。

また、教条的立場から、マックス・ラーナー（Max Lerner）は“Minority Rule and the Constitutional Tradition” *The Constitution Reconsidered*, ed. Conyers Read (New York, Columbia University Press, 1938) p.199において、次のように強調している。「私がここで、民主主義という時、それを自由主義と鋭く区別したい。今日、素人の頭の中に両者を同一視する傾向があるが、これほど大きな混乱は他にない。」また、H. Kelsen, “Foundations of Democracy,” *Ethics*, LXVI (1955), p.3〔前掲邦訳『民主政治の真偽を分つもの』理想社〕参照。「民主主義の原理と自由主義の原理が同じものではなく、両者のあいだに一定の対立さえ存在していることに気づくことが重要である。」

両者の歴史的解説のなかでもっとも優れたものの一つは、F. Schnabel, *Deutsche Geschichte im neunzehnten Jahrhundert*, II (Freiburg, 1933), p.98.「自由主義と民主主義は、また互いに排除し合う対立物ではなく、二つの異なった事柄を扱うのである。すなわち、自由主義は国家活動の範囲について、そして民主主義は、国家主権の保持者についてそれぞれ語るのである。」また以下を参照。A.L. Lowell, “Democracy and Liberty,” in *Essays on Government* (Boston, 1889), C. Schmitt, *Die geistesgeschichtlichen Grundlagen des heutigen Parlamentarismus* (Munich, 1923)〔稲葉素之訳『現代議会主義の精神的地位』みすず書房〕, G. Radbruch, *Rechtsphilosophie* (4th ed.; Stuttgart, 1950)〔田中耕太郎訳『法哲学』ラードブルフ著作集第一巻、東京大学出版会〕p.137. 以下、特にp.160.; B. Croce, “Liberalism as a Concept of Life," *Politics and Morals* (New York, 1945); L. von Wiese, "Liberalismus und Demokratismus in ihren Zusammenhängen und Gegensätzen," *Zeitschrift für Politik*, Vol. IX (1916). 文献のいくつかの有益なサーベイとして、J. Thür, *Demokratie und Liberalismus in ihrem gegenseitigen Verhältnis*（学位論文 Zurich, 1944）がある。

（3）　F.A. Hermens, *Democracy or Anarchy?* (Notre Dame, Ind., 1941) を見よ。

（4）　ヨーロッパの民主主義国のなかで、最古でしかももっとも成功している国であるスイスにおいては、婦人はいまでも投票権はないが、婦人の大多数がそれを是認していることに留意することは有益である。また未発達の状況では、たとえば土地所有者に限定されている投票権だけでも、政府に対して有効なコントロールを行使する、政府から十分独立した立法府を生みだすであろうことは可能なように思える。

（5）　F.W. Maitland, *Collected Papers* (Cambridge: Cambridge University Press, 1911) I, p.84 参照。「民主主義への道を自由への道と考えた人びとは、一時的な手段を究極の目的と誤解したのである。」また、J. Schumpeter, *Capitalism, Socialism, and Democracy* (New York, 1942), p.242〔中山伊知郎他訳『資本主義・社会主義・民主主義』東洋経済新報社〕参照。「民主主義は、一つの政治的な方法である。すなわち、民主主義は、政治的―立法的、行政的―決定に到達するためのある型の制度的装置であって、したがって、一定の歴史的条件の下でそれが生みだすどんな決定にも関係なく、それ自体では目的となりえないものである。」

（6）　以下のものを参照、E.A. Hoebel, *The Law of Primitive Man* (Cambridge: Harvard University Press, 1954)〔前掲邦訳『法人類学の基礎理論』〕, p.100. また F. Fleiner, *Tradition, Dogma, Entwicklung als aufbauende Kräfte der schweizerichen Demokratie* (Zurich, 1933)――これは同じ著者の *Ausgewählte Schriften und Reden* (Zurich, 1941) に再録されている。及び Menger, *Untersuchungen*, p.277〔前掲邦訳『社会科学の方法に関する研究』〕。

（7）　たとえば、ジョゼフ・チェンバレン（Joseph Chamberlain）が一八八五年四月二八日に「エイティー」クラブで行なった演説（*Times* [London], April 29, 1885 に報道）参照。「政府が女王の権威や特定の階級の考えによってのみ代表されている時は、その権威を抑制し、またその歳出を制限することが、自由に価値を認める人びとの最初の義務であったことは、私は理解できる。しかし事態はすべて変っている。いまや政府は国民の欲求や欲望の組織化された表現であり、だからそうした状況下では政府を疑念をもってみなすことはやめよう。疑念はもっと古い時代の産物であり、ずいぶん前から消えてなくなっている情況の産物である。いまやわれわれの仕事は、政府の機能を拡大し、そしてどんな方法によれば、その機能が有効に拡大されうるかを考えることである。」しかしこのような見解に対して一八四八年の時点ですでに、J・S・ミルは *Principles* Book V, chap. xi, sec. 3, p.944〔前掲邦訳『経済学原理』〕および *On Liberty*, ed. R.B. McCallum (Oxford, 1946), p.3〔前掲邦訳『自由論』〕で反対している。

（8）H. Finer, *Road to Reaction* (Boston, 1945), p.60.

（9）J.F. Stephen, *Liberty, Equality, Fraternity* (London, 1873), p.27 参照。「われわれは、支配者を打倒する代りに、頭数を数えることで力を試すことに同意している。……勝利を得るのはもっとも賢明な人びとの側ではなく、当分のあいだ、優越的な力（疑いもなく、叡智がそのなかの一要素である）を、最大多数の積極的共感を支持にとりつけることによって示す側にある。少数派は譲歩するが、それは間違っていると確信するからでなく、少数派だと確信するからである。」また、L. von Mises, *Human Action* (New Haven: Yale University Press, 1949), p.150〔村田稔雄訳『ヒューマン・アクション』春秋社〕参照。「国内の平和のために、自由主義は民主的政府をめざす。それゆえ民主政治は革命的制度ではない。それどころか、それは革命や内乱を防ぐまさしく手段なのである。民主主義は政治を多数者の意志に平和的に適合させるための手段を提供する。」同時に、K.R. Popper, "Prediction and Prophecy and Their Significance for Social Theory," *Proceedings of the 10th International Congress of Philosophy*, I (Amsterdam, 1948) 特に p.90 参照。「私は個人的には暴力をともなわずに、政権交替の可能な型の政治を『民主主義』と呼び、そうでないものを『専制政治』と呼んでいる。」

（10）Sir John Culpepper, *An Exact Collection of All the Remonstrances, etc.* (London, 1643), p.266.

（11）合理的自由主義者たちが「紳士であれ道化役者であれ、教養のない大衆の判断あるいは意志に、直接的か間接的に訴えることによって」ではなく、「比較的少数の特にその仕事のために教育をほどこされた人びとが、目的意識的に考えて形成した意見によって」政治的問題が解決される統治概念にいかに魅了されたかは、Ｊ・Ｓ・ミルの“Democracy and Government”に関する初期の論文によってうまく説明されている。上の引用文はそこからとった（*London Review*, 1835――*Early Essays*〔London, 1897〕に再録、p.384）。ミルはさらに続けて次のように指摘する。「古代であれ、現代であれ、あらゆる統治の中でその卓越性がもっとも著しい度合いに保有されていたのは、プロシアの統治であった――それは、プロシア王国で、もっとも高度な教育を受けた人びとからなる非常に強力で巧みに組織化された貴族政治であった。」また、*On Liberty*, ed. R.B.McCallum (Oxford, 1946), p.9〔前掲邦訳『自由論』〕の文章も参照。自由や民主主義をあまり教養のない人びとに適用することについては、古いホイッグ党の何人かのほうが、後の急進主義派の人びとよりもかなりリベラルであった。たとえば、Ｔ・Ｂ・マコーレー（T.B. Macaulay）は、ある箇処で次のように述べている。「今日の政治家たちの多くは、何ぴとも、自分たちの自由を使うのに適しくなるまで自由であってはならないことを、自明の命題と断ずる習慣がある。その格言は泳ぐことを習得するまでは水には入らないと決心した古い物語にでてくる愚か者には価値がある。もし人びとが奴隷制の下で賢く、善良になるまで自由を待たねばならないならば、実際には永久に待たなければならないかもしれない。」

(12)　この点はまた、トクヴィル（Tocqueville）の対照、すなわち一方でほとんど全ての特定の点で民主主義の欠陥を執拗に突き、他方で原則的に民主主義を承認するというかれの著作に特徴的な惑うばかりの対照を説明しているように思われる。

(13)　下記注15に引用したダイシー（Dicey）の文章を参照。

(14)　J.S. Mill, “Bentham,” *London and Westminster Review*, 1838 (*Dissertations and Discussions*, I [3d ed., London, 1875], p.330 に再録）〔長谷周三郎訳「ベンサム論」Ｊ・Ｓ・ミル初期著作集第三巻 お茶の水書房〕。文章はさらに次のように続く。「われわれが語っている二人の著作者〔引用者注、ベンサムとコールリッジ〕は、大衆によっては決して読まれなかった。ごくわずかの著作を除いて、彼らの読者はほとんどいなかった。しかし、彼らは師の師であった。イギリスにおいては、思想界の重要な人物で（後になって、かれがどんな意見を採るに至ったかはどうあれ）、その考えをまずこの二人のどちらかに学ばなかった者はほとんどなかった。そして彼らの影響は、こういった中間の媒介者を通して社会全体に伝播しはじめたが、教養ある階級のために書かれた重要な出版物で、この二人が存在しなくても現在と異ならない内容のものは、すでにほとんどないのである。」また、しばしば引用されるケインズ卿の文章参照。かれ自身われわれの世代においてそうした影響力をもった顕著な例だが、かれは、*The General Theory of Employment, Interest, and Money* (London, 1936)〔塩野谷裕一訳『雇用、利子および貨幣の一般理論』ケインズ全集第7巻、東洋経済新報社〕の終りの部分、p.383で次のように論じている。「経済学者たちや政治哲学者たちの思想は、それが正しい時でも間違っている時でも、普通理解されているよりもより強力なものである。実際、世界は他のものによっては支配されていない。自分はいかなる知的影響から全く免れていると信じている実務家も、通常、いまは亡きある経済学者の奴隷である。虚空に声を聞く権威をもった狂人たちも、二、三年前のある学問の上での乱筆家から、彼らの気狂いじみた考えを抽出しているのである、私は既得権益の力が漸次的な思想の浸食に比例してはるかに誇張されていると確信している。もちろん思想の浸食は、すぐにではなくある間隔をおいてではあるが。というのは経済や政治哲学の分野においては、二五歳あるいは三〇歳をすぎて、新理論に影響を受ける者は多くなく、それゆえ役人や政治家やまた煽動家でさえ、現在の出来事に適用する思想は最新のものではないように見えるからである。だが遅かれ早かれ危険となるのは、善かれ悪しかれ、既得権益ではなく思想である。」

(15)　長い期間にわたって思想が政策に及ぼす様式に関する古典的記述は、いまなお、ダイシーの次の著作である。Dicey, *Law and Opinion*〔前掲邦訳『法律と世論』〕p.28以下、特にp.33「法律を変更する世論は、ある意味では、法律が実際に変更される時の世論である。他の意味では、その世論は、イギリスではしばしばその時より二〇年から三〇年前に普及していた世論であった。実際にはその世論はしばしば今日の世論であると同じく昨日の世論だったのである。」

「立法的世論は当時の世論に違いない。というのは法律が変更される時には、いつも変化は一つの修正だという信念の下に行動する立法者によって、その変更が必然的に実行に移されるからである。しかし、この立法的世論は前の時代の世論でもなくてはならない。なぜなら、法律の変更をもたらすほど立法府についに影響を与えた信念は、一般的には法律上の変化が起こるずっと前に、影響を及ぼした思想家や著述家によってつくられたものである。このように、一つの革新に賛成の議論を提供した教師たちが自分たちの墓のなかに納まっている時とか、あるいはまた――このことは注目に値することだが――行動や立法の世界では、十分な効果を発揮している思想に逆らうような運動が、理論の世界ですでにはじまったような時に、成し遂げられるということは、十分起こることかもしれない。」

(16) H. Shoeck, "What Is Meant by 'Politically Impossible'?" *Pall Mall Quarterly*, Vol. I (1958) を参照。また次のものも見よ。C. Philbrook, "'Realism' in Policy Espousal," *A.E.R.*, Vol. XLIII (1953).

(17) A. Marshall の次のような観察 (*Memorials of Alfred Marshall*, ed. A.C. Pigou [London, 1925], p.89)〔宮島綱男監訳『マーシャル経済学論集』宝文館〕参照。「社会科学の学究たちは、大衆の是認を恐れねばならない。あらゆる人が、彼らについてよく言う時こそ、彼らに禍があるのである。もし新聞がそれを支持することで購読者数を増やすことができるような世論があるとすれば、その時には、社会科学を学ぶ者は世界全体、特に自分の国を自分が生まれていなかったとした時の状態よりより良いものにして残したいと望むのであれば、その世論の中にあると思われる限界や欠点や誤謬について論じなければならなくなる。そしてそのための討論においてさえも、それを無条件に擁護してはならない。その学究が、真の愛国者になったり、かれの存命中に愛国者という評判を得るようになることはほとんど不可能である。」

(18) さらに詳細な議論は、私の *The Road to Serfdom* (London and Chicago, 1944)〔前掲邦訳『隷属への道』〕第五章参照。また Walter Lippman, *An Inquiry into the Principles of the Good Society* (Boston, 1937)〔服部弁之助訳『自由全体主義』(抄訳) 白揚社〕特に p.267 参照。「[国民は] 民主主義がいかに自ら統治できるかを理解する時にのみ統治できる。すなわち民主主義は、個人、結社、共同体、そして役人自身などの権利、義務、特権やそれらの免除を宣言する法律を決定したり、実施したり、改定するために代表を決めることでのみ統治できるということである。そして、それらは互いに密接に関連しているのである。」

「これは自由な国家の政体である。一九世紀の民主的な哲学者たちは代議制の不可避的な結果がある特定の型の統治であるということを明確に理解しなかったために、法と自由、社会的統制と個人的自由とのあいだに推測される矛盾に当惑したのであった。これらの矛盾は、社会的統制が相互の権利が実施され調整される法的秩序によって成し遂げられるところでは存しない。こうして自由な社会では人間の事柄を管理することはない。国家は自分自身の事柄を管理する人間のあいだにある正義を管理するのである。」

## 第八章　雇用と独立

本章冒頭の Robert Burns からの引用文は、Samuel Smiles, *Self Help* (London, 1859)〔大野一郎訳『自立心』星文社〕から借用したもので、同著第九章、p.215 の冒頭のところで同じように使われている。

（1） C.W. Mills, *White Collar* (New York, 1951), p.63〔杉政孝訳『ホワイト・カラー』創元社〕参照。「一九世紀初期は、正確な数字はないが、雇用人口の五分の四は自営業者であった。一八七〇年には約三分の一、一九四〇年になると約五分の一ほどだけが、まだこの古い中産階級に残っているくらいだった。」こうした発展は主として農業人口の減少の結果であったが、その減少は農業人口の政治的意義を変えていない。その程度については、同著 p.65 を参照。

（2） 記憶しておくべき重要なことは、年齢や本人の能力の特殊性のために個人的には地位の変更を考慮することの困難な人びとでさえ、使用者側からみれば必要な新労働力の流入を確保するための労働条件をつくり出す必要のために保護されていることである。

（3） これらの問題の興味ある議論は、E. Bieri, "Kritische Gedanken zum Wohlfahrtsstaat," *Schweizer Monatshefte*, XXXV (1956) 特に p.575 参照。「従業者に対する非自営業者の人数が、絶対数においても割合においても、急速に増加してきた。自営業の人びとは自分自身と将来とに対する責任感が手近な理由から生き生きと発達する。彼らは長期的視点から計画しなければならないし、また熟練と独創力をもって不況時に備える可能性をもたなくてはならない。これに対して一定の期間をおいて給料を受けとる非自営業の人びとは、別の静止的な生活感覚をもっている。彼らは長期的視点で計画をたてるのは稀であり、ほんの少しでも変動があると恐れる。彼らの念願努力は、安定と安全に向けられる。」

（4） C.I. Barnard, *The Functions of the Executive* (Cambridge: Harvard University Press, 1938)〔山本安次郎他訳『経

営者の役割』ダイヤモンド社」における議論参照。

（5）　官僚組織とその慣行（実践）と、損益計算の不可能性との関係については、特にL. von Mises, *Human Action* (New Haven: Yale University Press, 1949), pp.300-307〔前掲邦訳『ヒューマン・アクション』〕参照。

（6）　これらの全てについては、J. Schumpeter, *Capitalism, Socialism, and Democracy* (New York and London, 1942)〔前掲邦訳『資本主義・社会主義・民主主義』〕参照。大組織の性格に関するさらなる議論は、本書第一七章第八節参照。

（7）　立派な社会で、独立した資産をもった人間が果たす不可欠の役割について、故ケインズ卿が雄弁に語っているのを、私はかつて聞いたことがあるが、その雄弁さを私も思うままにできればと思う。このことが最初は「金利生活者の安楽死」を歓迎していた人間からでてきているとは、私にはいくぶん驚きであった。ケインズが切望していた地位のためには独立した財産をもつ財団が必要であることをケインズ自身どのくらい正確に感じ取っていたか、かれがこの財産を得るのにどの程度成功していたかをもし私が知っていたら、私はそれほど驚かなかったであろう。ケインズの伝記作者が言っているように、三六歳の時にケインズは「給料とりの単調な骨折り仕事に、逆もどりはしないと決心していた。かれは経済的に独立していなければならなかった。かれはそうした独立を正当化するものが自分の中にあると感じていた。かれは国民に語るべき多くのものをもっていた。だからかれは十分な資力を欲したのである。」こうしてかれは投機に深く入り込み、事実上ゼロから出発して、一二年で五〇万ポンド儲けたのである（R.F. Harrod, *The Life of John Maynard Keynes* [London, 1951], p.297〔塩野谷九十九訳、『ケインズ伝』東洋経済新報社〕)。それゆえ、その問題に関してかれを引っぱり出そうとする私の試みに対して、かれが高等教育を受けた財産のある人間が文明の成長のなかで果たした役割についての熱心な賛辞で応じたことに、私は驚くべきではなかったのである。私は豊富な例を挙げたこの説明が早く活字化の栄誉に浴していたらばと望むのみである。

（8）　私自身も属している知識階級、すなわち大学教授、ジャーナリスト、役人などが果たした役割に対して、私はたしかに反対しようと思わない。だが雇用された集団であるために、彼らは彼らの職業的偏倚をもっていることを私は認める。その偏倚は何か重要なことに関して自由社会の必要条件と対立するものであり、異なった立場からのアプローチ、すなわち組織のヒエラルヒーの構成員ではなく、生活における地位がその人の表明する見解の一般性から独立しており、富裕で力のある人びとと同等の条件で接することのできる人びとの見方によって反発を受けるか、少なくとも修正される必要のあるものである。歴史上では、しばしばこの役割は土地を所有している貴族（一八世紀後半のヴァージニア地方の紳士階級など）によってなされてきた。このような階級をつくるのに世襲特権は必要ない。そして、多くの共和制商業都市の貴族の家は、この点に関してはあらゆる高貴な称号以上の信用を得てきたようである。しかし、地位の高い人や顧客たちに対して自分の行動を正当化する必要もなく、自分の選んだどんな価値に対しても自分の生命を捧げることのできる人びと、認知されているメリットへの報酬に依存していない人びとが少数でもいなくては、これまで非常に有益であった発展のチャンネルは閉じられてしまうであろう。（Edward Gibbon がかれの *Autobiography* [“World's Classics” ed.]〔村上至孝訳『ギボン自叙伝』岩波文庫〕の p.176 で呼んでいるような）この「人生無上の幸福たる独立」が、ごくわずかの人しか所有できないという意味で「特権」であるとすれば、何人かの人びとがそれを享受することは少なからず望ましいことである。この数少ない特典が人間の意志によって割りあてられるのではなく、少数の幸運な人に偶然降りかかるようにとわれわれは望みうるのみである。

（9）ダーウィン自身はこのことを非常によく知っていた。*The Descent of Man* (“Modern Library” ed.), p.522〔石田周三他訳『人間の由来』ダーウィン全集第6—7巻、白揚社〕参照。「日々のパンのために働く必要のない人間で、十分な教育を受けた人びとの集団が存在することは、過大評価しえないぐらい重要である。というのは高度に知的な仕事のすべては、彼らによって続けられていくのであり、そうした彼らの仕事にあらゆる種類の物質的進歩が依存している。その他のより高度な利点はいうまでもない。」

（10）富裕な人が現代アメリカにおいて急進的な意見を拡げた重要な役割については、M. Friedman, “Capitalism and Freedom,” *Essays on Individuality*, ed. F. Morley (Pitsburgh: University of Pensylvania Press, 1958), p.178 を見よ。また、L. von Mises, *The Anti-capitalistic Mentality* (New York, 1956) および、私の論文 “The Intellectuals and Socialism,” *University of Chicago Law Review*, Vol. XVI (1949) を参照。

(11) アメリカの住民がタバコと飲酒に払う支出は、大人一人当り年約一二〇ドルに相当する！

(12) イギリスの家屋建築と生活習慣の進化を研究したある著名なオランダの建築家はこう言った。「イギリスの文化では、怠けることがあらゆる善の根源となってきた」（S.E. Rasmussen, *London, The Unique City* [London and New York, 1937], p.294）〔兼田啓一訳『ロンドン物語』中央公論美術出版〕。

(13) B. de Jouvenel, *The Ethics of Redistribution* (Cambridge: Cambridge University Press, 1951) 特に p.80 を参照。

# 旧版解説

気賀健三

ハイエクはこの書物で、その当時、衰退の兆候のあった自由主義の再興をめざした。一九五〇年代は、第二次大戦の後を受けて、東西対立の下で自由主義諸国は戦争の傷跡をいやすことに忙しかった。各国には、国家的な権力に訴えて、所得の再分配によって国民の福祉を保証するという、いわゆる福祉国家の思想や社会主義運動がきわめて有力であった。福祉国家思想は、伝統的な自由主義思想からの明白な後退であり、自由主義と対立的な社会主義思想との妥協の産物といってよいであろう。社会主義にたいする鋭い批評家であるハイエクにとっては、この妥協は不満であった。自由主義の退勢を挽回して、人間社会にたえざる前進の可能性を与える唯一の方法を内蔵する自由主義の途を、ハイエクは改めて説きあかそうとしたのである。

かれの説く自由の思想は、直接的には一八世紀中葉に唱道されたスコットランドの個人主義哲学の思想家たち、デヴィッド・ヒューム、アダム・ファーガソン、アダム・スミス等々を受けつぐものである。しかしかれは、尊敬するこれらの先輩の思想を祖述するにとどまらず、古代ギリシャ、ローマの時代の思想に溯って自由主義の淵源を求め、現代の思想的環境のもとで、現代の言葉により、現代の社会問題を眺めながら、根本に溯って自由の意義と、その目的と、そして自由を実現する方法とを、詳しく説いたのである。かれが自説の論証のために本書中で利用する古今の文献はおびただしいものがある。読者はこの文献によっても啓発を受けること大なるものがあろう。

この書物は三部にわかたれる。第一部は、「自由の価値」と題し、共同生活を営む個人にとっての自由の意味と、自由が尊重せられるべき、もっとも勝れた価値のある所以をるるとして説いている。第二部は「自由と法」と題し、人間の社会生活において、法律こそが自由を守るための枠をなすものであること、すなわち法の下における自由と、法の前における平等とを主眼として自由の在り方を説明する。自由と法の関係を論じることは、当然に国家の概念と国家に備わる強制力（権力）の性格を論じることになる。自由主義の立場からみる国家と法がこの第二部において詳しく論究されている。民主政治の政体の下で生活しながら自由主義における国家の意義を深く理解していないわれわれ日本人にとっては、この章は考えさせられることの多いものであろう。

ハイエクは、自由国家における法の支配ということを最重要の特徴として説いているが、近代の社会主義思想やそれにみまがう福祉国家の思想家たちが法の支配を歪め、法治国家の矩を越えて、国家権力が自由を侵害しはじめたことの災いを指摘しているのである。

第三部は、かれの自由主義論を現実社会の問題に適用して、各種の具体的問題にたいして具体的な回答を与えたものである。第三部の標題は、「福祉国家における自由」となっており、かれがこの著述に志した時代の福祉国家思想の隆盛期における、かれの勇気に満ちた批判は、福祉国家論者の耳をも傾けさせる論旨をふくんでいる。それがとりあげている問題は、一般的な福祉国家思想そのものからはじまって、労働組合と雇用、社会保障、所得再分配論、そのほかインフレーション、住宅問題から教育論まで、広い範囲にわたっている。ハイエクが第三部で力点を置いて論難していることは、いわゆる平等論である。経済的平等にせよ、社会的な平等にせよ、およそ等しからざるものを、何等かの恣意的な基準にもとづいて等しく遇しようという平等主義が個人の自由を圧縮し、行政国家の権力を限りなく増大させ、人間の活力を減殺することをハイエクは、論理を尽して説いている。

以上の三部門の記述のあとに、ハイエクは一つの論文「なぜわたくしは保守主義者ではないか」をつけ加えている。かれの自由主義論は、一八世紀に育ち、一九世紀から二〇世紀の初期において隆盛期を迎えた自由主義の現代版を志すものであるから、その政治上の立場は保守主義とみられてもおかしくはない。かれはしかしそれに満足しない。自由主義が保守にとどまるものでなく、つねに変化を歓迎し、発展を望む思想であることをかれはこの論文で強調する。これにたいし保守主義は、変化に反対し、既成の地位や状態の保全をのぞむものである。自由主義は自由な社会においてこそ社会的進化が進行し、新しい思想が生まれ、競いあって、ある種の進歩をもたらすことを可能にするのである。ハイエクの自由論の真価の一端が、この論文にうかがわれる。

本書第一部は、自由の意味を明白かつ精確に定義して、自由が現代文明の原動力となり、将来もまた自由を保つことによって文明の進歩・発展が期待されるゆえんを説くのである。

第一章は自由のさまざまの概念の基本となる個人の自由をまず第一に取りあげる。そして他人の恣意的な強制を受けない状態に個人の自由の意味があるとする。自由はあくまでも人と人とのあいだの関係についての状態であって、人と物との関係ではないし、人の内面の問題でもない。奴隷制度が存在した社会における自由人と奴隷との区別を考え合せれば、自由の意味、内容がわかる。今日、通俗的に自由の解釈として受け入れられているのは、自由をもって人間のもっている一つの力とすることである。経済力の大小、社会的地位の高低から生ずる人間個々の支配力に自由の程度をみるのである。社会主義思想家たちは好んでこの解釈をとる。この種の自由解釈は矛盾を内蔵している、すなわち一部の人間の自由の力の増大は、他の一部の人間の自由の喪失となり、自由をめぐって闘争が絶えない。自由主義者のとらざるところである。他人を犠牲にする自由は、自由主義者の望む自由ではない。

各個人が他人の恣意的な強制を受けることのもっとも少ない自由社会において、人間の知識が交換せられ、多様の経験が積み重ねられ、もろもろの価値が追求される。そこに自然発生的に文明が発達し、豊かな生活が展開するのである。

自由が尊重されるのには、一つには人間の知識の不完全という事情がある。知識の不完全は、人間にとっての宿命とでもいうべきものであるが、それは人間がいつまでも無知のままでいることではない。知識の進歩は無限といってもよく、自由な環境のもとで知識の進歩は知られない世界の領域を広くするのである。近代の自由主義思想の一つであったフランスの主知主義は、人間の理性の合理的知識の完全を信じ、人間社会の制度の合理的な設計が可能であるかのごとき観念にとらわれる。そこから権力者による専制的な社会制度が組立てられる危険が生じる。

ハイエクは自由と背反する平等を論じて明快な議論を展開する。自由のために重要な条件の一つは、法の前の平等である。国家が強制する規則がすべての人間に等しく適用されることが、自由のために役立つ唯一の平等である。この平等は人間を平等であると想定しているからでなく、個人には、はなはだしい差異があることを認めるからである。しかるに今日、平等の要求に正義の根拠をすえるひとたちはしばしば、不平等なる人間を平等化しようと望むのである。この要求はもし実現されるならば、かえって恣意的な基準にもとづく不平等な状態に人間を置き、そして人間の自由を抑圧するにいたる。自由はもともと等しからざる人間を法の前で等しく取扱うことによって、人間に各自の能力を発揮する機会を開放し、各自の価値の追求を歓迎する。その結果として、人間のあいだに実質的に不平等の状態が生まれることはたしかである。その不平等が極端な形で永く続くことは決して喜ぶべきことではない。しかしその故をもって、その不平等が、恣意的なる平等を強制して自由を抑圧するに足るほどの悪であるとはハイエクは認めない。自由の価値を何よりも重くみるハイエクにとっては、通俗的な平等主義はきわめて危険な、いむべき思想なのである。

終りに一言付記しておきたいのは、本書の標題を、『自由の条件』と訳したことである。原著の“*The Constitution of Liberty*”は自由の憲法と訳したくなるのであるが、ハイエク教授の来日された折に、わたくしは直接に教授に Constitution の意味を問いただした際、そのときの返事は、憲法ではなく、‘conditions’ということであった。

# 新版解説

古賀勝次郎

『自由の条件』（*The Constitution of Liberty*）は一九六〇年に出版されたが、当時それほど反響はなかった。先進欧米諸国では、社会主義への期待は既に揺らいでいたものの、社会民主主義がまさに興隆しようとしていた時期で、F・A・ハイエクの自由主義を受け容れるにはまだ早かったのである。経済学の領域で最も歓迎されていたのはケインズ経済学であったし、その十一年後の一九七一年にJ・ロールズの『正義論』（*A Theory of Justice*）が出て、社会民主主義は全盛期を迎えることになる。

K・R・フーヴァは、『イデオロギーとしての経済学』（*Economics as Ideology*, 2003）において、二十世紀を三つの時期に分け、各時期に最も影響力のあった思想家を取り上げ、二十世紀の思想史を描いている。要するに、一九四〇年代末までが「H・ラスキの時代」で、社会主義が支配的な思想であった、五〇年から八〇年頃までが「J・M・ケインズの時代」であって、混合経済とその背後にある社会民主主義思想が支配していた、そしてそれ以後「ハイエクの時代」になったというのである。同書では、ロールズについて触れられていないので、一言付け加えておくと、ロールズは九〇年代に入ってもその影響力を保っていたが、しかし、『政治的自由主義』（*Political Liberalism*, 1993）刊行後、次第に失っていった（正確にいえば、ロールズが自由主義に近づいたので、社会民主主義者の支持を失うことになったということである）。また、『自由の条件』についても付言しておけば、ハイエクはその自由主義が当時の世界に受け容れられるような状況にないことを知っていたので、期待を未来に託して同著を「二十一世紀のために」執筆したのだったから、当人にしてみれば、「ハイエクの時代」は意外に早くやってきたということになろうか。

ところで『自由の条件』は、ハイエクの長い研究者としての生涯を前後に画する重要な著書である。それまで専ら経済学者として遇されていたハイエクだが、それ以後は社会哲学者として迎えられることになったのである。周知のように、ハイエクは経済学者として学究生活を始めたのであり、一九三〇年代の有名なケインズとの論争も、また社会主義者たちとの所謂「経済計算論争」も、経済学者として議論した。だが、これらの論争を通してハイエクは、問題の性質が経済的側面だけでなく、政治的側面はいうにおよばず多面的な側面を持っていることを理解するようになった。

ハイエクは、研究を経済学の領域に限っていては、論争を決着に導くことはできないと考え、研究領域を次第に拡大していった。若い頃から生物学や心理学などに関心を寄せ研究も行っていたハイエクだったので、その移行はそれほど困難なことではなかった。だが、研究領域をいかに拡大したとしても、総合的学問としての社会哲学を確立することは難しく、何かその基礎に哲学がなくてはならない。ハイエクにとって、それは「自由の哲学」と呼ばれてよいものであった。そして、ハイエクはその哲学を、知識の考察と理性の吟味を通して得たのである。

近代初期の社会科学者、とりわけ経済学者は、近代社会がそれ以前の社会と違った特徴を分業の発達に見た。分業の発達によって、近代の社会科学は中世のそれとその内容を著しく異にするようになった。ハイエクは、その分業(division of labor)、即ち「労働の分割」を「知識の分割」(division of knowledge)と読み替え、知識が社会に広く分散している事実に注目する。そして広く社会に分散している知識を、いかに収集、伝達、利用するか、そのメカニズムを研究することが、社会科学の主要な課題であると考えるようになった。ハイエクのこのような考えは、「経済学と知識」("Economics and Knowledge," 1937)、「社会における知識の利用」("The Use of Knowledge in Society," 1945)、などの論文によって明らかにされている。何れも、『個人主義と経済秩序』(*Individualism and Economic Order*, 1948) に収められている。なお注意されたいのは、ハイエクは知識という用語を、経済的知識のみでなく、職人の技術や慣習、道徳や法など、極めて広い意味で使っているということである。

ところでここに次のような問題が起こる。それは、社会に広く分散している知識の収集、伝達、利用が、一人の人間あるいは一つの機関のよくなし得ることであろうか、という問題である。ハイエクはこの問題を、根本的には理性の問題と捉え、理性の能力の吟味を行う。ハイエクによれば、西洋では古代ギリシア以来、理性優位の考えが支配的だが、この傾向はデカルト以後の近代合理主義思想の中に、その最も極端な形を見ることができる。そこでは、理性の能力にたいする無限の信頼が表明されている。これを思想史的に論述したのが『科学による反革命』(*The Counter-Revolution of Science*, 1952) である。いうまでもなく社会主義はこの近代合理主義思想から現れたのである。社会主義の中核である計画経済は、社会に広く分散している知識の収集、伝達、利用が中央計画当局によって可能であるという考えを前提としている。だがその前提が誤っていたことは、社会主義諸国の崩壊によって実証されたといってよい。

ではケインズ経済学の方はどうであろうか。ケインズは社会哲学を殆ど展開しなかったので、これについて詳しく論ずることはできない。しかしケインズ経済学の背景には、明らかに社会民主主義という社会哲学があった。ハイエクがケインズとの論争を中止したのも、ケインズ経済学の背景に社会哲学があり、その社会哲学に対抗できなければ、ケインズとの論争も余り意味がないと考えたからである。だが当時、社会民主主義を体系的に論じた思想家はいなかった。そのため、ハイエクは『自由の条件』では、ウェッブ夫妻、C・A・R・クロスランド、W・ベヴァリッジなど多くの思想家の議論を取り上げなければならなかった。もしロールズの『正義論』が『自由の条件』の前に出ていたならば、ハイエクは何よりも『正義論』を取り上げ、その社会哲学全体を問題にしたであろう。しかし興味深いことに、『自由の条件』の出版の方が十一年も早かったにも拘らず、同著は、『正義論』のほぼすべての議論をカヴァーしていて、その反論になっていたということである。一九七〇年代以降の世界の社会哲学が、ハイエクとロールズを対立軸として展開していったのは当然であった。

経済学者として出発したハイエクだったが、上述のように、知識の考察と理性の吟味を通して、それまで個別的になされていた研究は、次第に総合化され社会哲学の形を取ることになった。その記念碑が『自由の条件』であった。同書は三部からなっており、第一部が「自由の価値」、第二部が「自由と法」、第三部が「福祉国家における自由」である。第一部「自由の価値」は、『自由の条件』の基礎編というべきものであって、まさしく知識と理性の問題が議論の中心になっている。

さてハイエクは、本書の冒頭で自由（liberty or freedom）を定義し、社会において他人による恣意的な強制のない状態、としている。即ち、自由とは人間が自らの決定と計画に従って行動する可能性のことを意味しており、それ故、他人が恣意的にその人間に特定の仕方で行動するよう強制することが、自由の反対ということになる。ハイエクはこうした自由が、少なくともヨーロッパでは古来、この言葉の本来の意味だったという。勿論、強制を全面的に避けることはできないのであって、ここに政府の役割が生じることになる。実に、この政府の役割について詳しく論じたのが、本書第三部である。

では何故、自由は最も重要な価値なのか。それは人間が「無知」だからである。この議論の核心は次のところにある。「個人的自由を擁護するのは、われわれの目的と福祉の成就を支配する非常に多数の要素に関し、われわれがいずれもみな無知をまぬがれがたいことを認める点にあるから」だ。確かに、人間が全能であれば、現在の状況だけでなく、将来についても正確に予見できるであろう。だが人間にこうしたことを期待することはできない。人間の持っている知識は極めて少なく、また断片的だからである。このように無知が不可避的にもたらす予見の不可能性に対して余地を残しておくために、自由は必要不可欠なのである。そして、無知である点では、政府についても同じことが言える。知識は個人の知識として存在し、社会全体にまとまった形としては存在しないからである。

ハイエクによれば、自由論についてはイギリス的伝統とフランス的伝統の二つがあった。前者が経験的で非体系的であるのに対して、後者は合理的で体系的である。前者が、道徳、慣習、伝統などに制約されつつ、自生的に成長してきたのに対し、後者は、人間理性の産物とされ、ユートピアの建設を目指してきた。イギリス的伝統は、A・ファーガソン、D・ヒューム、A・スミスなどによって論じられ、フランス的伝統は、百科全書派、J・J・ルソー、コンドルセなどによって説かれた。そしてハイエクによれば、前者から自由民主主義が、後者から全体主義的民主主義が導かれた。

言うまでもなくハイエクは、自由のフランス的伝統に反対し、イギリス的伝統に立って反合理主義を擁護する。しかし、反合理主義は不合理主義ではない、従って理性を放棄するものではない。理性は人間の最も尊い財産であるともハイエクはいっている。ハイエクは、理性の限界とその役割について論ずるのである。もし人間の理性を全能と考え、全能の理性が社会をその全体において設計することができるとするならば、どういうことになるか。理性が自らを破壊することになりはしないか。全能の理性を社会において想定することは、卓越した知識を有する排他的な権力機関を認めることであるから、それは全体主義へと向かわざるを得ない。何れにせよそこでは、理性が誤用、濫用されているのである。そうした理性の誤用、濫用を気づかせてくれるのも実は理性の作用なのであって、そこに理性の役割が認められる。要するにハイエクは、理性に反対するのではなく、理性の適切な利用を説くのである。

しかし、人間が無知であること、理性に限界を認めた時、文明は発展する。ソクラテスも、「おのれの無知を認めることが叡智のはじまりである」と、いっているし、O・クロムウェルも「人はどこへ向かっているかを知らない時ほど、高いところへ登るものである」、といっている。ここでハイエクは進歩とか進化といったものを改めて考察し、もし、進歩を特定の目的の実現への前進を意味するならば、社会的進化は進歩と呼ぶことはできない、という。社会的進化は、既知の手段を使い特定の目的に向かって努力する人間の理性によって達成され得るものではないからである。進歩は絶えず変化する状況への適応と学習の過程と考えるのが正しい。従って、理性によって進歩の結果を正確に予測することはできない。いやこれは社会の領域においてだけでなく科学の領域でもそういえるのである。実に人間の理性は、それが誤っていたところを見出すことを通して前進するのである。ここでも問題は、広く社会に分散している知識から、どのようにすればすべての人が利益を得ることができるか、ということである。そしてこの問題は「市場」を通して最も適切に解決できる、とハイエクはいう。分業、即ち知識の分割がますます進んでいる現代社会においては、政府よりも市場の方が、社会に広く分散している知識の利用を円滑になし得るからである。

またハイエクは、「社会的」(social)という概念の使い方に疑問を投げかける。例えば近年、「社会的良心」とか、「社会的善」といった用語が使われるが、何故、「道徳的」といえばよいところを「社会的」というのか。ハイエクはそうした使い方の背後に合理主義の影響を見る。即ち、「社会的」という言葉を使うのは、社会において自生的に発展した道徳規則を軽蔑し、人間の理性の卓越した力を信仰しているからである。「社会的」なるものに訴えるには、人間の知性の能力を超える知識が必要であるが、しかしこの要求に応じるには、法と道徳の規則によって定められた範囲内で自らの目的を追求する場合よりも、社会のメンバーとしての有用性は減少せざるを得ない。

自由と責任の不可分性を説いたところでも、「社会的責任」という用語に疑問が漏らされている。確かに、共同体、国家、世界の恵まれない人々に対する「社会的」責任を常に留めておくことは、行動を要求する責任と要求しない責任との相違がなくなるまでわれわれの感情を抑える効果はあろう。しかしそれが効果的であるためには、責任は限定されねばならず、個人がもっている具体的な知識を用いて自分の行動を決定でき、また自分の道徳原理を自分の知っている事情に適用できるようにしなくてはならない。

更に、「社会的正義（公正）」についても疑念が表明されている。「法の前の平等」は、古典自由主義の原則の一つであり、そこから「機会の平等」という考えが導かれるのだが、現代社会では「機会の平等」以上のことが要求されている。その要求は、実際には羨望の感情から出ているのだけれども、「社会的正義」という概念に訴えることでその要求を正当化しようとしている。しかしそれは、羨望を社会的正義という尊敬すべき外観で偽装しているに過ぎず、そうした現代の傾向は自由にとって重大な脅威にまで発展しつつある、とハイエクはいう。

またハイエクは、民主主義が自らを制約するものを失った時、民主主義そのものの破壊を導くとして、現代民主主義に警鐘を鳴らす。自由主義は常に政府権力の制限に関心を向けてきたが、民主主義は政府権力に対しては、ただ一つ多数意見という制限しか持たない。しかしその多数意見というものが絶対的なものとなると、つまりそれが人民主権と同じものになるとどうなるか、民主主義は無制約的民主主義にならざるを得ないであろう。また、達成されるべき目的の実現方法を専門の行政官に委ねることになれば、事態は一層その傾向を推し進めるであろう。何故なら、専門の行政官も無制約的権力を持つ民主主義と利害を同じくするからである。こうした現代民主主義の傾向を止めるには、いま一度、「法の支配」を見直す必要があるとし、本書第二部でその考察を行う。

第一部最終章では、自由社会における富裕な独立人の役割が論じられている。何よりも、富裕な独立人は市場における経済活動において重要な役割を演じているが、しかも、その活動が多種多様であることが、多数の被雇用者の自由を保障している。もし、雇用者がただ一人、つまり国家だけなら多数の被雇用者の自由は保障され得ないからである。しかし富裕な独立人は、市場以外の領域においてより一層重要な役割を果たす。特に文化的な領域において、即ち、美術、教育や調査、自然の美や歴史遺産の保存、政治、道徳、宗教などの新しい理念や教えの普及において極めて大きな役割を演じる。しかし、欧米社会でそうした富裕な独立人の数が少なくなってきていることに、ハイエクは自由社会の衰退の予兆を見ている。

『自由の条件』の中で萌芽的に見られた論点が、その後の著作で、より詳細かつ緻密に論じられているので、ハイエク研究者の中には、『法と立法と自由』(*Law, Legislation and Liberty*. 1973~79) をハイエクの最も重要な著書と評価する者もいなくはない。だが、『法と立法と自由』の「第三部まえがき」で、ハイエク自身いっているように、『法と立法と自由』は『自由の条件』を補完するものでそれに取って代わるものではないのである。それ故、ハイエクの社会哲学を理解するには、先ず、『自由の条件』を読むことが必要であろう。

（こが・かつじろう▼早稲田大学教授）

本書は「新版ハイエク全集」第一期第五巻『自由の条件 Ⅰ』（二〇〇七年）を普及版にしたものです。

自由の条件 I　自由の価値 ［普及版］

発　行　2021 年 7 月 20 日　第 1 刷

著　者　フリードリヒ・A・ハイエク
訳　者　気賀健三／古賀勝次郎
発行者　神田　明
発行所　株式会社　春秋社
〒 101-0021　東京都千代田区外神田 2-18-6
電話　(03) 3255-9611（営業）・9614（編集）
振替　00180-6-24861
https://www.shunjusha.co.jp/
印刷所　萩原印刷株式会社


ISBN 978-4-393-62203-2

定価はカバーに表示

■フリードリヒ・A・ハイエク／西山千明訳

## 隷属への道

自由の危機はいまだわれわれの目前にある。ケインズ政策、ナチズム、スターリニズムに対向して、「自由」と「市場」の価値を20世紀の歴史から説きあかすハイエクの主著。M・フリードマンによる序文付き。二〇九〇円

■ラニー・エーベンシュタイン／田総恵子訳

## フリードリヒ・ハイエク

社会主義と戦争に明け暮れた二〇世紀の最前線で、自由主義思想を蘇らせるために奮闘したオールランド思想家の本懐。その思想の歩みと研究人生、多彩な交友関係等あますところなく活写した評伝の決定版。三八五〇円

■マーク・スカウソン／田総恵子訳

## 自由と市場の経済学
### ウィーンとシカゴの物語

自由社会における政府のありようとは。ミーゼス、ハイエクからフリードマン、シュティグラーまで、斯界の理論的中心たるオーストリア学派とシカゴ学派の核心に迫り、「小さな政府」の有効性を提唱する視点。三五二〇円

■ヘスース・ウエルタ・デ・ソト／蔵研也訳

## 通貨・銀行信用・経済循環

法学、経済理論、通貨・資本・経済循環理論にもとづき、普く経済思想史の射程において展開するダイナミックな学際的研究。ミーゼス、ハイエク、ロスバードの経済思想を継承するオーストリア学派理論の集大成。七一五〇円

＊価格は税込（10％）